浙江省普通本科高校"十四五"首批新工科、新文科、新医科、新农科重点教材

旅游目的地管理：原理、方法、实务

主　编　管婧婧

副主编　夏　明　董雪旺

浙江工商大学 出版社
ZHEJIANG GONGSHANG UNIVERSITY PRESS
·杭州·

图书在版编目(CIP)数据

旅游目的地管理：原理、方法、实务 / 管婧婧主编；
夏明，董雪旺副主编. — 杭州：浙江工商大学出版社，
2024.6

ISBN 978-7-5178-6009-9

Ⅰ. ①旅… Ⅱ. ①管… ②夏… ③董… Ⅲ. ①旅游地
—旅游资源—资源管理 Ⅳ. ①F590.3

中国国家版本馆 CIP 数据核字(2024)第 084422 号

旅游目的地管理：原理、方法、实务
LÜYOU MUDIDI GUANLI：YUANLI、FANGFA、SHIWU

主编 管婧婧 副主编 夏 明 董雪旺

策划编辑	郑 建
责任编辑	李兰存
责任校对	李远东
封面设计	胡 晨
责任印制	包建辉
出版发行	浙江工商大学出版社
	（杭州市教工路 198 号 邮政编码 310012）
	（E-mail：zjgsupress@163.com）
	（网址：http://www.zjgsupress.com）
	电话：0571－88904980，88831806（传真）
排 版	杭州朝曦图文设计有限公司
印 刷	杭州宏雅印刷有限公司
开 本	787mm×1092mm 1/16
印 张	18.25
字 数	377 千
版 印 次	2024 年 6 月第 1 版 2024 年 6 月第 1 次印刷
书 号	ISBN 978-7-5178-6009-9
定 价	59.00 元

编委会

前　言

挺过了"历史性艰难时刻",2023年的中国旅游业迎来了复苏。然而,时代变化为旅游目的地的管理带来了新挑战,比如游客对安全和健康的要求更高,对个性化和深度体验的追求更高,对文化传承和生态保护的关注更多,也更离不开旅行中信息技术所带来的种种便利。旅游管理类专业的高等教育承担着为旅游行业培养高质量人才的使命,既要把握时代脉搏和行业前沿,又要探索理论之基和方法之道。

秉持这一理念,在编写《旅游目的地管理:原理、方法、实务》时,作者期望能够将现状与趋势相结合,将理论与实践相结合,在以下四个方面形成特色:一是增加教学的理论厚度,将针对旅游目的地的科学研究成果纳入本教材。经过国内外诸多学者的多年潜心研究,在旅游目的地领域已经慢慢累积和形成了学界普遍认可的理论,比如旅游目的地生命周期理论、旅游目的地形象理论等。学习理论有助于我们在执行实务之时,从纷繁复杂的表象中把握事情的本质,有助于高阶思维和底层逻辑的形成。二是教授学生以科学的方法,将旅游目的地实践中适用的管理工具纳入本教材。长久以来,对于旅游目的地的管理更多依靠经验,但管理科学化是未来的发展趋势,我们越来越需要运用科学的方法和工具去分析和研究,为管理提供决策依据和实践指导。因此,本教材纳入了客源市场的调查、分析和预测技术,以及旅游目的地公共营销绩效评价技术等内容,从方法层面为旅游目的地管理助力。三是简化学生的认知图式,将旅游目的地管理的实例纳入本教材。例证方式可以让抽象的理论变得具象化。本教材不仅在理论阐述中加入例证,而且围绕理论加入了二十余个适配的案例,使得理论阐述更加清晰和形象。四是适应教育技术的发展,将新形态教学资源纳入本教材。随着时代的发展,阅读早已不仅是文字阅读,视频观看与文字阅读的融合并存、相互促进构建了新的学习生态。因此,本教材配有相应的电子资源,包括讲解视频、习题等,为学生提供多种学习方式。

坦诚而言,本教材编写不易。作为旅游活动发生的主阵地,从广义的角度来说,旅游目的地管理包括几乎所有与旅游活动相关的内容,跨越旅游者管理、旅游业管理、地方管理等多个层次。为避免本教材成为无所不包的"大箩筐",作者几经斟酌,将本教材的视角更多地聚焦地方政府层面,将旅游目的地视为地方政府提供的公共产品,研究这一公共产品的管理创新,最终目的是为游客提供更好的公共服务。因此,在教材的结构安排上,前三章主要介绍旅游目的地的概念、基础理论及系统;第四章从需求的角度介绍了旅游目的地的客源市场;第五章、第六章和第七章分别从供给的角度介绍了旅游目的地的产品、形象和公共营销、公共服务;第八章、第九章和第十章从地方政府的角度探讨了旅游目的地的公共管理、危机管理和数字化管理,其中危机管理是对突发性公共事件的响应,数字化管理则是为了对接数字经济时代的到来;第十一章介绍了旅游目的地的社会效益;第十二章展望了旅游目的地的未来发展方向。此外,在编排体例上,每一章都以"学习目标"开始,随后进行主体内容介绍,并在其中穿插适当的案例。每一章的最后既有本章小结和复习思考题帮助学生巩固知识点,又有习题和参考文献帮助学生拓展学习。

需要说明的是,虽然作者以地方政府的视角来统筹整书的理论体系,但就具体内容而言,本教材立足旅游目的地管理的区域性、综合性特点,力图从地理学、管理学等多学科交叉的角度对旅游目的地管理展开解析,培养学生的空间思维、管理思维、公共思维和宏观思维,体现了"新文科"教材的要求。本教材适合作为高等学校旅游管理类专业本科生和研究生的教材,也能为所有乐意了解旅游目的地管理的从业人员提供有用信息,帮助他们把握旅游目的地管理的发展趋势。

每一本教材都关乎旅游管理类专业人才的培养,因此作者在编写此教材时唯朝乾夕惕,尽所学所知,意求言必有中,虽不能说斐然成章,但只要能对相关课程的学习和教学有些许裨益,也是幸甚。若书中有疏漏之处,请广大读者不吝赐教,深以为谢。

目　录

第一章　旅游目的地管理基本概述 ……………………………………………………… 001

　　第一节　旅游目的地概念 ………………………………………………………… 001

　　第二节　旅游目的地分类 ………………………………………………………… 005

　　第三节　旅游目的地构成要素和基本特征 …………………………………… 007

　　第四节　旅游目的地管理 ………………………………………………………… 011

第二章　旅游目的地基本理论 ………………………………………………………… 019

　　第一节　旅游目的地生命周期理论 …………………………………………… 019

　　第二节　旅游目的地竞争力理论 ……………………………………………… 021

　　第三节　旅游目的地发展动力理论 …………………………………………… 033

　　第四节　旅游目的地可持续发展理论 ………………………………………… 036

第三章　旅游目的地系统 ……………………………………………………………… 044

　　第一节　旅游目的地的结构系统 ……………………………………………… 044

　　第二节　客源地与旅游目的地间的流动 ……………………………………… 052

　　第三节　旅游目的地间的竞争与合作 ………………………………………… 058

第四章　旅游目的地客源市场分析 …………………………………………………… 064

　　第一节　旅游者目的地选择 ……………………………………………………… 064

　　第二节　旅游目的地客源市场调查分析 ……………………………………… 072

第三节　旅游目的地客源市场预测技术 ···························· 079

第五章　旅游目的地产品开发 ··································· 091

第一节　旅游目的地产品类型 ································· 091

第二节　旅游产品创新 ······································· 095

第三节　旅游产品的开发要点 ································· 103

第四节　旅游资源开发与保护 ································· 106

第六章　旅游目的地形象和公共营销 ······················· 113

第一节　旅游目的地形象的基本内容 ··················· 113

第二节　旅游目的地的形象设计与传播 ··············· 121

第三节　旅游目的地的品牌定位 ····················· 126

第四节　旅游目的地的公共营销 ····················· 130

第七章　旅游目的地公共服务 ··························· 141

第一节　旅游目的地公共服务的概念与内涵 ········· 141

第二节　旅游目的地公共服务体系的构成 ··········· 145

第三节　旅游目的地公共服务体系的设计与运行 ····· 151

第四节　旅游目的地公共服务供给机制 ············· 154

第八章　旅游目的地公共管理 ······················· 164

第一节　旅游目的地公共管理基本概念 ············· 164

第二节　旅游目的地公共管理内容 ················· 168

第三节　旅游目的地公共管理手段 ················· 179

第九章　旅游目的地危机管理 ····················· 185

第一节　旅游目的地安全管理 ··················· 185

第二节　旅游目的地危机 ······················· 191

第三节　旅游目的地危机管理 ··················· 195

第十章　旅游目的地的数字化管理 ················ 203

　　第一节　旅游目的地数字生态系统 ··········· 203

　　第二节　旅游目的地数字化服务 ············· 209

　　第三节　旅游目的地数字化营销 ············· 214

　　第四节　旅游目的地数字化管理 ············· 219

第十一章　旅游目的地的社会效益 ················ 224

　　第一节　旅游业的发展对目的地居民的影响 ····· 224

　　第二节　旅游目的地的社区参与 ············· 229

　　第三节　旅游目的地的主客共享 ············· 238

　　第四节　旅游目的地社会责任 ··············· 245

第十二章　旅游目的地发展新趋势 ················ 251

　　第一节　可持续旅游目的地发展 ············· 251

　　第二节　全域旅游目的地发展 ··············· 262

　　第三节　高质量旅游目的地发展 ············· 267

　　第四节　文旅融合下的旅游目的地发展 ········· 273

后　记 ·· 281

第一章　旅游目的地管理基本概述

学习目标

理解旅游目的地的概念、内涵和分类，熟悉旅游目的地管理的概念、基本内容，掌握旅游目的地的基本构成要素、基本特征、管理的原则。通过向学生展示一系列旅游目的地建设的成就，把青年学生培养成为拥有"四个自信"的时代新人。

第一节　旅游目的地概念

旅游目的地概念

一、旅游目的地的定义

国外对旅游目的地的研究始于 20 世纪 70 年代，最初它被认为是一个明确的地理区域。美国学者 Gunn(1973)提出了"目的地地带"的概念。所谓"目的地地带"包括主要的通道和人口、社区(包括吸引物和基础设施)、吸引物综合体和连接道路(吸引物综合体和社区之间的联系通道)。之后，学者们从不同的角度对旅游目的地提出各种定义，对旅游目的地的认识存在着一个从客体到主客耦合再到主体的连续谱。

(一)客体视角的旅游目的地定义

一类旅游目的地的定义主要从客观存在的角度描绘了旅游目的地。Davidson 和 Maitland(1997)认为，传统意义上的旅游目的地就是指有着良好基础设施的地理区域，如一个国家、一个岛屿或一个城镇。保继刚等(1996)也指出，一定空间上的旅游资源与旅游专用设施、旅游基础设施，以及相关的其他条件有机地集合起来，就成为旅游者停留和活动的目的地，即旅游目的地。

有学者进一步对旅游目的地的客体构成进行了解构，董观志、张巧玲等(2008)提出旅游

001

目的地包括三个层次：一是具有一定规模、相对集中的地域空间范围；二是已经对一定的旅游资源开发利用，具有显著的旅游吸引功能；三是具有内部联系紧密的综合性旅游产业结构与相对完备的游乐和接待服务功能，从而使旅游业在该地域经济结构中占有相当的比重。因此，旅游目的地是以一定旅游资源为核心，以综合性的旅游设施为凭借，以可进入性为前提的旅游活动与旅游服务地域综合体，它是旅游者停留并开展旅游活动的核心载体。

此外，旅游吸引物和旅游目的地的综合管理被学者们所强调。邹统钎（2006）指出，旅游目的地中最核心的要素有两点：一是旅游吸引物；二是人类聚落，要有永久性的或者临时性的住宿设施，游客一般要在这里逗留一夜以上。一般的景点留宿，不应该是旅游目的地。更进一步，崔凤军（2002）认为，旅游目的地是具有统一的和整体的形象的旅游吸引物体系的开放系统。世界旅游环境中心对旅游目的地的界定中，除了列举了旅游目的地的类型，如乡村、度假中心、海滨或山岳休假地、小镇、城市或乡村公园等，特别强调，人们要对这一特定的区域实施特别的管理政策和运作规则，以影响游客的活动及其对环境的冲击。Buhalis（2000）指出旅游目的地是一个特定的地理区域，是被旅游者公认的一个完整的个体，有统一的旅游业管理与规划的政策司法框架，也就是说由统一的目的地管理机构进行管理的区域。

（二）主客耦合视角下的旅游目的地定义

基于主客耦合的视角，学者们指出旅游目的地不仅要拥有特定性质的旅游资源，具备一定的旅游吸引力，而且要能够吸引一定规模的旅游者进行旅游活动（张辉，2002）。黄震芳（2003）在对已有旅游目的地定义分析的基础上，指出要成为旅游目的地，通常需要具备三个基本条件：一是有旅游吸引物，即拥有一定数量和等级的旅游资源与旅游产品，对一定范围的旅游者具有吸引力；二是有良好的环境与服务设施，拥有宜居宜游的生态、文化、社会和生活环境，配备足够的旅游基础设施、公共服务设施和商业服务设施，能满足旅游者旅游活动及相关服务的需要；三是有一定的游客流量，能吸引一定规模的以到访该地为主要目的的旅游者。据此提出旅游目的地是以旅游吸引物、服务设施及生活环境为依托，能吸引一定规模的旅游者专程到访该地，并提供其所需的旅游活动和相关服务的地域。

（三）主体视角下的旅游目的地定义

在主体视角下，学者们提出旅游目的地就是吸引旅游者到此一游，并在此体验对其具有吸引力的景点的地方（Leiper，1995）。因此，旅游目的地是能够使旅游者产生动机，并追求动机实现的各类空间要素的总和（魏小安，2002）。张立明、赵黎明（2005）也强调，旅游目的地是对应于旅游客源地、旅游过境地而言，它不同于一般的旅游地或旅游景区，是具有独特的旅游地形象、完善的区域管理与协调机构，能够使潜在旅游者产生旅游动机，并做出出游决策实现其旅游目的的区域。Robbins（2007）认为，旅游目的地要能够提供旅游者需要消费的一系列产品和服务。

二、旅游目的地与旅游景区的区别

依据《旅游景区质量等级的划分与评定》，旅游景区是以旅游及其相关活动为主要功能或主要功能之一的空间或地域，是具有参观游览、休闲度假、康乐健身等功能，具备相应旅游服务设施并提供相应旅游服务的独立管理区。该管理区应有统一的经营管理机构和明确的地域范围，包括了风景区、文博院馆、寺庙观堂、旅游度假区、自然保护区、主题公园、森林公园、地质公园、游乐园、动物园、植物园，以及工业、农业、经贸、科教、军事、体育、文化艺术等各类旅游景区。从该定义来看，旅游目的地和旅游景区之间有一些共同要素。首先，两者都具有一定的旅游吸引物，能够吸引游客的到来；其次，都具有一定的组织结构和管理体系；最后，通常都具有一定的服务体系，能保障旅游活动的有序开展。但两者也有一定的区别。

(一)空间尺度上不同

通常，旅游目的地的空间尺度更大一些。在国际旅游情境中，旅游目的地可以是一个大洲、一个国家、一个省份或城市，而旅游景区则通常是城市或乡镇内的某一个空间区域。从空间范围来看，旅游目的地通常大于旅游景区，旅游目的地可能包含若干个旅游景区。

(二)涵盖的旅游要素范围不同

旅游目的地通常涵盖的旅游要素更齐全，而旅游景区以旅游吸引物为主，附加部分旅游基础设施和服务设施。

(三)管理主体不同

旅游目的地的性质通常是行政区域，受政府部门管理，而旅游景区则通常受企业或事业单位的管理。

案例分析一

探索世界级旅游目的地的奥妙

当我们谈论世界级旅游目的地时，不仅仅是在谈论一个地理标签，更是在描绘一幅充满魅力与活力的画卷。近年来，中国各地纷纷踏上这一征程，力求在全球旅游舞台上占据一席之地。那么，究竟什么是世界级旅游目的地呢？

让我们以西班牙为例，这个国家的旅游魅力如同一个巨大的磁场，吸引着世界各地的游客。贾云峰教授团队经过研究总结出西班牙作为世界级旅游目的地具有以下特点。

第一，它展现出了令人瞩目的经济效益。每年的外国游客如同潮水般涌入，为西班牙的经济注入了源源不断的活力。2018年，西班牙接待了 8 260 万名外国游客，这一数字几乎是西班牙人口的两倍，显示出其强大的旅游吸引力。即使在受疫情影响的 2022

年3月，国际游客在西班牙的总支出仍高达50.69亿欧元，与2021年同月相比增长了惊人的832%。

第二是西班牙拥有令人惊叹的世界遗产。截至2023年5月西班牙共有50项世界遗产，全球排名第五。这些珍贵的文化遗产和自然遗产如同镶嵌在西班牙大地上的宝石，闪耀着独特的光芒。它们见证了西班牙悠久的历史和灿烂的文化，也吸引了无数游客前来探寻和感受。

第三是西班牙在美食方面更是独领风骚。从高档的米其林餐厅到街头巷尾的小吃摊，从精致的海鲜饭到香脆的塔帕斯，西班牙的美食让人目不暇接、流连忘返。每一道美食都蕴含着西班牙人对生活的热爱和对美食的追求，如西班牙海鲜饭、塔帕斯、伊比利亚火腿等深受游客喜爱，成为西班牙旅游的重要组成部分。

第四是西班牙的民俗活动也是其旅游魅力的重要组成部分。从奔牛节到西红柿节，从圣周节到狂欢节，这些节日如同西班牙的脉搏，跳动着热情和活力。游客在这些节日中可以感受到西班牙人民的热情和奔放，也可以体验到独特的文化氛围。

第五是在艺术方面，西班牙更是有着深厚的底蕴。从毕加索到高迪，这些伟大的艺术家为西班牙留下了丰富的艺术遗产。漫步在西班牙的街头巷尾，你可以看到各种雕塑，它们如同西班牙的灵魂，散发着独特的魅力。

除了以上特点外，西班牙还注重线路产品的开发和文化符号的打造。它推出了多元组合的线路产品，让游客在旅途中感受到不同的文化和风景。同时，它还利用足球等文化符号，吸引大量游客前来参观和体验。

通过西班牙这个世界级旅游目的地的这些特点，可以总结出世界级旅游目的地是指具备吸引国内国际游客前来观光游览、休闲度假等能力，各项配套要素达到国际化标准的旅游地域综合体，包括树立了世界级旅游形象，拥有世界级旅游吸引物，具备国际游客便利出入的海陆空交通体系，达到世界级标准的旅游接待设施与服务管理水平等。

因此，世界级旅游目的地不仅是一个地理标签，还是一个综合了经济、文化、自然等多方面因素的旅游地域综合体。它具备吸引国内外游客的能力，拥有完善的旅游设施和服务体系，能够为游客提供全方位的旅游体验。中国作为一个旅游大国，应该立足国际视野，深入研究和学习世界级旅游目的地的成功经验，不断提升自身的旅游品质和服务水平，打造中国特色化的旅游目的地，为全球游客提供更加优质的旅游体验。

（参考案例来源：本案例在上观号、腾讯新闻、澎湃网、人民号等发布的《贾云峰：世界级旅游目的地概念解读、标准要求与实施路径》以及财经头条发布的《贾云峰：助力中国风景走向世界 深度剖析"世界级旅游目的地"》等内容的基础上进行整合。）

（1）试解释旅游目的地的概念及其包含的内容。

（2）阅读上述案例，分析旅游目的地要想发展成为世界级旅游目的地需要具备哪些条件。

第二节　旅游目的地分类

旅游目的地分类

依据不同标准，从不同视角出发，学者们把旅游目的地划分为不同类型，以下列举几种分类标准，见表 1-1。

表 1-1　旅游目的地分类

划分标准	划分内容
空间范围	国家尺度旅游目的地、省域尺度旅游目的地、市（县）尺度旅游目的地、村（社区）尺度旅游目的地
游客吸引半径	世界级旅游目的地、国家级旅游目的地、省级旅游目的地、地区级旅游目的地
旅游者需求	观光型旅游目的地、休闲度假型旅游目的地、商务型旅游目的地、特种旅游型目的地
旅游资源类型	自然山水型旅游目的地、都市商务型旅游目的地、乡野田园型旅游目的地、宗教历史型旅游目的地、民族民俗型旅游目的地、古城古镇型旅游目的地
旅游目的地空间构成形态	板块型旅游目的地、点线型旅游目的地
旅游目的地主要功能与用途	经济开发型旅游目的地、资源保护型旅游目的地
开发时间和发展程度	传统旅游目的地、新兴旅游目的地

一、按照空间范围划分

按照旅游目的地空间所涉及的范围大小，将旅游目的地划分为国家尺度旅游目的地、省域尺度旅游目的地、市（县）尺度旅游目的地和村（社区）尺度旅游目的地，不同空间大小的旅游目的地的认知与旅游者的出游距离有关，出游距离越远，对旅游目的地的空间认知感越强。

二、按照旅游者需求划分

按照旅游者需求的不同，将旅游目的地划分为观光型旅游目的地、休闲度假型旅游目的地、商务型旅游目的地和特种旅游型目的地，见表 1-2。

表 1-2　按照旅游者需求划分旅游目的地

按照旅游者需求划分	定义
观光型旅游目的地	指那些资源的性质和特点适合于开展观光旅游活动的特定区域

续表

按照旅游者需求划分	定义
休闲度假型旅游目的地	指那些旅游资源的性质和特点能够满足旅游者度假、休闲和休养需要的旅游目的地
商务型旅游目的地	指有适当的会展设施，同时又能提供一定的旅游休闲机会的地方，一般是基础设施发达、经济发达和市场活跃的地方
特种旅游型目的地	指那些为满足特种旅游者的特殊旅游需求（如探险、修学、购物等）提供产品服务的旅游目的地

三、按照旅游资源类型划分

按照目的地旅游资源类型的不同，将旅游目的地划分为自然山水型、都市商务型、乡野田园型、宗教历史型、民族民俗型和古城古镇型。自然山水型旅游目的地以自然山水旅游资源为主要吸引物，可细分为山岳型旅游目的地、水域型旅游目的地、森林草原型旅游目的地、沙漠戈壁型旅游目的地等。都市商务型旅游目的地是凭借大城市作为区域政治、经济、文化中心的优势发展起来的。乡野田园型旅游目的地是凭借农村生活环境、农业耕作方式、农田景观及农业产品吸引旅游者。宗教历史型旅游目的地是凭借宗教历史文化、宗教历史建筑、宗教历史遗迹成为具有浓厚文化底蕴的旅游目的地。民族民俗型旅游目的地是凭借不同地区、不同民族之间的民俗文化和民族传统上的差异，依托独特的地方民俗文化和民族特色而发展起来的。古城古镇型旅游目的地是依托在历史发展中所保存下来的城镇风貌吸引旅游者。

四、按照旅游目的地空间构成形态划分

按照旅游目的地空间构成形态的不同，将旅游目的地划分为板块型旅游目的地和点线型旅游目的地。板块型旅游目的地指旅游吸引物相对集中在某一个特定区域，所有的旅游活动都以该区域的服务设施和旅游服务体系为依托，并以这个核心区域为中心向周边辐射。板块型旅游目的地通常以一个主要旅游城市为中心，并依托现代化交通建立起来。度假旅游地和专项旅游地一般都属于板块型旅游目的地。点线型旅游目的地将旅游吸引物分散于一个较大的地理空间区域内，在不同的空间点上各个吸引物之间的吸引力相对均衡，没有明显的中心吸引点。它通过一定的交通方式和组织将这些空间点上的吸引物以旅游线路的形式结合在一起，旅游者在某一空间、点停留的时间较少。交通方式与组织体系是点线型旅游目的地形成的主要条件。

五、按照旅游目的地主要功能与用途划分

按照旅游目的地主要功能与用途的不同，将旅游目的地划分为经济开发型旅游目的

地和资源保护型旅游目的地。经济开发型旅游目的地以营利为主要目的,如主题公园、旅游度假区等,目的地内一般没有特殊遗产资源,而有较多人工痕迹。资源保护型旅游目的地往往以公共资源为依托,目的地资源的社会文化与环境价值往往超过经济价值,目的地资源具有不可再生性,如风景名胜区、森林公园、自然保护区、历史文物保护单位等。

六、按照开发时间和发展程度划分

按照开发时间和发展程度的不同,将旅游目的地划分为传统旅游目的地和新兴旅游目的地。崔凤军(2002)将我国传统旅游目的地与新兴旅游目的地的(时间)界线划在20世纪80年代中期。从发展历史看,北京、上海、广州、苏州、杭州、西安、桂林等城市是比较典型的传统旅游城市,这些城市目前依然是中国旅游的重心和旅游"热点"城市;三亚、珠海、海口、北海、延边、威海、丽江等城市作为旅游目的地的发展历史则比较短,是典型的新兴旅游目的地。这些旅游目的地的发展一般都遵循旅游目的地生命周期曲线的规律,需要不断地创新。

第三节　旅游目的地构成要素和基本特征

一、旅游目的地构成要素

(一)"4A"模型

Cooper(1998)把旅游目的地的构成要素归纳为"4A"。

旅游目的地构成要素和基本特征

1.吸引物(Attractions)

一个地区如果不具有对潜在旅游者的吸引物,就无法成为旅游目的地。因此,旅游目的地必须具有能够让旅游者获得愉悦体验的载体,否则旅游者就不会光临此地。

2.接待设施(Amenities)

接待设施包括住宿设施、餐饮设施、娱乐设施、零售店和其他服务设施。旅游者希望旅游目的地能够提供某种程度的安全保障和舒适的接待设施体系。旅游目的地必须拥有能够满足旅游者需要的足够的接待设施,这些设施有机组合在一起,形成集合体,这样才能为旅游者提供完整、满意的旅游体验。

3.进入通道(Access)

一个地区首先要具备相对的可进入性,然后才会有人愿意把其作为出访目的地。可进入的条件既包括有形的硬件设施,也包括无形的政策保障条件。有形的硬件设施主要指当地交通系统的便利性，包括航空、铁路、公路、水路航线，以及航站、车站、机场、码头等交通枢纽设施。无形的政策保障条件通常指国际旅行签证的方便性，例如是否需要到使领馆申请签证，能否在入境口岸获得落地签证，是否可以免签证等，这些都会影响旅游者对目的地的选择。

4.辅助性服务（Ancillary Service）

旅游目的地各种各样对旅游的辅助性、支持性组织和机构，可以有效保证旅游业和旅游者的各种活动正常进行。这个系统包括政府机构和非政府机构，例如政府的行政管理部门、旅游行政管理部门、行业协会、旅游教育机构等。

（二）"6A"模型

Buhalis（2000）认为旅游目的地是旅游产品的集合体，包括与目的地有关的一切旅游产品和服务，并向旅游者提供完整的旅游活动。在"4A"模型的基础上，Buhalis增加了包价服务（Available Package）和活动（Activities），推广为"6A"模型，见表1-3。

表 1-3　Buhalis 的旅游目的地"6A"构成要素

要素	定义
旅游吸引物	自然的、人造的、出于特殊目的建造的、历史遗留下来的吸引物及风俗和节庆活动
交通	包括路线、站点和工具在内的整个交通体系
设施和服务	住宿、餐饮、零售、其他旅游服务
辅助性服务	旅游者可能会用到的一切服务，包括银行、电信、邮电、新闻出版、医疗等
包价服务	中间商和委托方提供的预先安排的套餐
活动	消费者在目的地逗留期间可以参加的各类活动

（三）魏小安和厉新建的三要素说

国内学者魏小安和厉新建（2003）认为旅游目的地要素一般包括三个层次的内容。

1.吸引要素

吸引要素即各类旅游吸引物，是吸引旅游者从客源地到旅游目的地的直接的基本吸引力，以此为基础形成的旅游景区（点）是"第一产品（Primary Products）"。

2.服务要素

服务要素即各类旅游服务的综合，旅游地的其他设施及服务作为"第二产品（Secondary Products）"将会影响旅游者的整个旅游经历，与旅游吸引物共同构成旅游目的地的整体吸引力的来源。

3.环境要素

环境要素既是吸引要素的组成部分，又是服务要素的组成部分，形成了一个旅游目的地的发展条件，其中的供水系统、供电系统、排污系统、道路系统等公用设施和医院、银行、治安管理等机构，以及当地居民的友好态度等构成"附加产品（Additional Products）"，并与旅游吸引物等共同构成旅游目的地的整体吸引力。

二、基本特征

（一）旅游目的地的基本特征

Cooper（1998）认为，一个旅游目的地具有以下四个基本特征。

1. 脆弱性

旅游目的地的环境非常脆弱，随着到访者数量的增加，一些目的地会出现超容现象，导致环境质量恶化，只有通过有效的规划和管理才能拯救这类目的地。

2. 多用性

旅游目的地通常由旅游者和其他使用者共同占用。除了一些专项设施，如主题公园是完全服务于旅游者外，旅游目的地的其他许多企业都同时为旅游业各方面服务，而且旅游者常常是最新和最不受重视的使用者。例如在海滨旅游区，旅游共享发电业和渔业设施；在乡村，旅游共享自然保护区、农业和林业设施。在这些设施共享的旅游目的地，旅游就可能会成为矛盾的根源，导致旅游者和其他使用者的对抗。这就需要从管理角度对此加以有效的协调，针对可能出现的冲突提出解决的办法。

3. 价值性

旅游目的地能够为游客带来一定的价值，这种价值也就构成了游客的出游动机。旅游目的地能够为游客提供体验和享受、教育和学习、文化交流和理解、自我发展和成长，以及休闲和放松等不同的价值。值得注意的是，旅游目的地的价值需要旅游者和旅游开发者去挖掘。再者，这种社会赋予的价值是随时变化的，比如南极作为旅游目的地的价值就有赖于技术的进步和人类好奇心的增强。

4. 不可储存性

旅游目的地与其他服务产品一样具有不可储存性，如果旅游目的地没有被使用，其价值就会流失。例如，目的地淡季闲置的床位、餐厅闲置的座位和景点未出售的门票等，都不能储存到旺季再销售。所以，季节性是大多数旅游目的地面临的一个主要问题，这使旅游目的地的利润下降，固定资产不能被有效地使用。适游期长的地方，在这方面就有明显的优势。因此，在旅游目的地开始建设之前对市场规模和特点进行准确的预测是至关重要的。

（二）高等级旅游目的地的基本特征

1. 品牌化

高等级旅游目的地应该具有较高的品牌辨识度，品牌形象突出，能充分地彰显其资源、地域和文化特色；具有较高的品牌知名度，特别是在同类型旅游目的地中处于消费者心智认知的前列；具有较高的品牌美誉度和品牌忠诚度。

2.多元化

一是客源市场的多元化，不仅能够满足本地消费者，也能够吸引跨地区、跨国境、跨洲的游客，且长途游客占有相当比例。二是旅游产品的多元化，能够满足观光、度假、养生、会议、商务，以及各种特种旅游者的需求。

3.高水平

一是能够向旅游者提供高水平的旅游产品和公共服务。二是能够建立高水平的管理体系，从而实现政府部门间分工合理、沟通通畅、运行高效的管理体制，达成政府—企业—社区的深度合作、多方协商。

4.综合性

旅游目的地要获得良好的经济效益，用较小的资源投入产生较大的价值。但这一价值并不仅仅是指经济价值，也要考虑社会价值、生态价值。要通过经济效益、社会效益、生态效益的相互促进、有机协同，形成良性的互动和循环，从而确保旅游目的地可持续发展。

5.辐射性

高等级的旅游目的地要对所在区域的社会经济发展具有较为明显的带动作用，能够通过辐射效应，促进周边区域的旅游发展、经济发展，以及产业结构、基础设施等更加完善。

案例分析二

浙江加快构建"空中一小时"交通圈

浙江面积约 10 万平方千米，省域呈现"七山二水一分田"的特点，交通曾受限。为改善交通，浙江提出"空中一小时"交通圈构想。为了实现这一目标，2018 年起，省政府加强民航建设，计划到 2022 年建成 20 个以上 A 类通用机场，航空器超 200 架，年飞行量达 10 万小时，经济规模超 600 亿元。至 2035 年，机场布局合理，低空航线网络化，实现常态化飞行，努力打造全国通用航空发展示范省。在实际行动中，浙江已经取得了显著的成果。2019 年 6 月 1 日，华东地区首条低空短途运输航线——德清至舟山、德清至横店航线正式开通。同年 12 月 31 日，建德至舟山低空航线也投入运营。这些航线的开通极大地改善了浙江省内的空中交通状况，为当地居民提供了更加便捷、高效的出行方式。在舟山，由浙江海丰通航运营的舟山至东极、舟山至嵊泗直升机直飞航线于 2020 年 8 月 8 日正式开通。这条航线使得从朱家尖机场到东极岛只需 20 分钟的时间，极大地方便了海岛居民的空中出行。同时，这条航线对于应急救援、看病就医等方面也具有重要意义，提高了海岛地区的应急救援能力和医疗服务水平。浙江省通航产业公司相关负责人表示，作为浙江构建"空中一小时"交通圈的重要一环，公司将进一步加大投入力度，开通建德至温州、建德至德清等短途航线。这将进一步织密全省的短途低空航线网络，为浙江省内的空中交通提供更加便捷、高效的服务。

（参考案例来源：本案例在中国民航网上发布的《浙江加快构建"空中一小时"交通圈》以及浙江在线发布的《浙江民航"强省意见"出炉：构建全省"空中一小时交通圈"》等内容的基础上进行整合。）

（1）试论述旅游目的地的构成要素。

（2）试结合上述案例分析可进入性对旅游目的地发展的影响。

第四节　旅游目的地管理

旅游目的地管理
概念

一、旅游目的地管理的基本概念

旅游目的地管理即旅游目的地的管理者通过行政方法、经济方法和法律方法，将旅游目的地视为一个开放型的完整系统，通过合理配置人力、物力、财力，开发、利用和保护旅游资源，调控目的地的运行机制，组织各种丰富多彩的旅游项目活动，高效率实现既定旅游发展目标，创造显著的经济效益和社会效益的过程。具体来讲有以下几点：

（1）旅游目的地管理是一个系统且复杂的过程，它将旅游目的地看作一个开放的系统。一方面，旅游目的地对外是开放的，它与社会有着广泛的、密切的联系，它要向社会、游客提供特定的产品及其使用价值，要面对来自同行业的激烈竞争和挑战，还必须担负社会某些方面的责任和义务。另一方面，旅游目的地自身就是一个系统，拥有很多工作部门和员工，还有许多产品，各种各样的设施设备及旅游环境等。为了使这个复杂系统良性运转，旅游目的地就需要科学的管理。

（2）旅游目的地管理对旅游目的地资源的开发与保护是并存的。旅游目的地管理者在发现和挖掘当地具有吸引力的旅游资源的同时，对其进行开发、利用以及保护。对旅游资源的开发不仅要在保护资源的同时兼顾市场需求，而且要突出特色、力求经济和保护环境。

（3）旅游目的地管理还包括协调当地的各方利益主体之间的利益分配，如当地居民、旅游者、旅游企业、政府部门以及其他利益集团，引导和制约人力、资金与物力流向，宏观调控旅游目的地的运行机制。

（4）旅游目的地管理具有创新性，因为旅游的重心是开展旅游活动，旅游目的地创新打造旅游产品，组织和管理各种丰富多彩的旅游项目活动，如食、住、行、游、购、娱各类型的旅游项目。

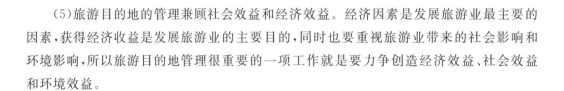
（5）旅游目的地的管理兼顾社会效益和经济效益。经济因素是发展旅游业最主要的因素，获得经济收益是发展旅游业的主要目的，同时也要重视旅游业带来的社会影响和环境影响，所以旅游目的地管理很重要的一项工作就是要力争创造经济效益、社会效益和环境效益。

二、旅游目的地管理的主体及对象

旅游目的地管理是确保一个旅游目的地在旅游产业中充分发挥潜力、提供满意的旅游体验的重要过程。在旅游目的地管理中，主体包括政府机构、地方旅游企业和业界组织等，它们共同负责规划、组织、协调和管理目的地的发展。旅游目的地管理的对象则涵盖了目的地景点和景观、旅游基础设施、旅游活动和体验、社区和居民、旅游市场、自然环境和生态系统、文化遗产等各个方面。这些主体和对象共同构成了旅游目的地管理的核心要素，通过合作与协调，共同推动旅游目的地的可持续发展，并提供优质的旅游体验。

（一）旅游目的地管理的主体

旅游目的地管理涉及多个主体，这些主体共同合作，负责旅游目的地的规划、组织、协调和管理工作。以下是旅游目的地管理中的主体。

（1）政府机构：旅游目的地管理的主体之一。地方政府的文旅部门在目的地的规划、发展、监管和宣传中扮演着重要角色。他们负责制定旅游政策、法规，协调公共资源，推动目的地的可持续发展，并确保旅游业的合法运营。

（2）地方旅游企业与业界组织：包括酒店、餐厅、旅行社、导游等旅游服务提供商，他们是旅游目的地基础设施和服务的提供者。地方旅游企业和业界组织与政府合作，共同推动旅游产业的发展，提升服务质量，满足游客需求。

（3）社区和居民：旅游目的地的重要组成部分。社区和居民在旅游活动中扮演着主客共赢的角色。目的地管理需要考虑社区的意见和需求，尊重当地的文化和传统，确保旅游业对社区有积极影响。

（4）游客：旅游目的地的最终受益者，也是旅游目的地管理的重要主体。游客的需求、意见和反馈都对旅游目的地的发展和改进有着直接影响。

（5）非政府组织（Non Governmental Organization，NGO）：在旅游目的地管理中发挥着重要作用，特别是在环境保护、文化保护和社区发展方面。非政府组织可以提供专业的意见和支持，促进可持续旅游的实践。

（6）学术界与研究机构：在旅游目的地管理中提供重要的研究和数据支持，为决策提供科学依据，并推动旅游业的创新和发展，比如高校和旅游目的地签订校地合作协议，助力旅游目的地的旅游可持续发展。

这些主体在旅游目的地管理中相互合作，共同推动旅游产业的可持续发展，保护旅游目的地的资源，提升旅游目的地的魅力，提供优质的旅游体验。

(二)旅游目的地管理的对象

旅游目的地管理的对象是指在旅游目的地管理过程中需要加以关注、研究和管理的各个方面、要素或者利益相关者。这些对象在旅游目的地的规划、发展和运营中都扮演着重要角色。以下是旅游目的地管理的主要对象。

(1)旅游目的地景点和景观:包括自然景观(如山脉、河流、海滩等)、文化景观(如历史古迹、文化遗产等),以及其他各类旅游景点。旅游目的地的吸引力主要来自这些景点和景观,因此保护、管理和宣传这些资源至关重要。

(2)旅游基础设施:包括酒店、餐厅、交通设施、旅游服务中心等,为游客提供基本的服务和设施。旅游基础设施的质量和数量直接影响游客的旅游体验。

(3)旅游活动和体验:旅游目的地提供各种各样的旅游活动和体验,如水上运动、登山徒步、文化体验、节庆活动等。这些活动是游客来旅游目的地的主要动力,因此需要精心策划和组织。

(4)社区和居民:地方社区和居民是旅游目的地的一部分,他们对旅游业的态度和参与程度直接影响旅游目的地的发展。旅游目的地管理需要考虑社区的需求和意见,尊重当地文化和传统,并鼓励社区参与旅游发展。

(5)旅游市场:国内和国际旅游市场是目的地的主要客源地,他们的需求和消费习惯会影响旅游目的地的发展。因此,进行市场调研和制订相应的营销策略至关重要。

(6)自然环境和生态系统:保护旅游目的地的自然环境和生态系统是可持续旅游发展的重要方面。旅游活动和基础设施建设对环境可能产生影响,需要进行环境评估和采取相应的保护措施。

(7)文化遗产:旅游目的地的文化遗产是吸引游客的重要因素。保护和传承文化遗产,让游客更好地了解和体验当地文化,对于旅游目的地的长期发展至关重要。

综合来看,旅游目的地管理的对象涵盖了旅游目的地的自然、人文和社会要素,需要综合考虑和平衡各个对象的需求和利益,以实现旅游目的地的可持续发展,提供优质的旅游体验。

三、旅游目的地管理的目标

旅游目的地管理的目标是使旅游目的地的旅游产业有序发展,使旅游目的地系统中的各要素得到合理布局及利用,使游客获得良好的旅游体验,使旅游目的地旅游品牌鲜明且具有吸引力,实现整个旅游目的地经济效益、社会效益、环境效益的综合提升,实现旅游目的地的可持续发展。

四、旅游目的地管理的内容

旅游目的地管理就是对旅游目的地的吸引物系统、产品与服务系统和支持系统进行

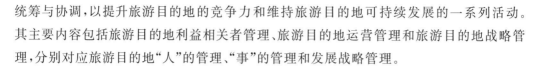

统筹与协调，以提升旅游目的地的竞争力和维持旅游目的地可持续发展的一系列活动。其主要内容包括旅游目的地利益相关者管理、旅游目的地运营管理和旅游目的地战略管理，分别对应旅游目的"人"的管理、"事"的管理和发展战略管理。

（一）旅游目的地利益相关者管理

1. 旅游者管理

旅游者管理主要是指了解旅游者动机、行为，并对其行为进行管理。因此，需要了解旅游消费者从消费动机到消费行为整个过程中接触到的细节，包括判断过程、所接触信息的内容、所受影响，以及行动选择等，由此发现消费者决策过程中的关键环节，并针对消费者的决策过程，进行管理引导与营销规划。同时，针对旅游者行为可能产生的各种影响进行计划与控制，这样既可以改善旅游者的体验，又可以控制旅游活动的负面影响。

2. 社区居民管理

社区居民管理是旅游目的地管理的重要组成部分，主要包括：主客关系管理，如培育居民好客态度、培育监督公平的营商精神、增进跨文化理解、鼓励与维护文化原真性、化解主客冲突等；居民与政府关系管理，如土地权属及其收益分配、资源保护对生计的影响、开发建设对生产生活的影响、非正规就业的整治、维护扶贫与激励政策的公平性等；居民与旅游企业的关系管理，如保障社区居民的优先就业权益、培养社区居民的基本职业技能与职业精神、增强建设当地企业的社会责任感；居民社区间的关系管理，如社区利益分配、社区文化建设、社区合作机制/制度建设等。

3. 旅游企业管理

旅游企业是旅游产品的提供者、创新者，也是当地税收的重要来源，旅游企业管理主要是根据旅游企业的成长周期与发展规律，协调旅游企业与旅游目的地、旅游企业与市场、旅游企业与旅游目的地资源环境、旅游企业与旅游目的地社区的关系，以增强旅游企业的社会责任感，促进旅游目的地的持续发展。

4. 政府管理

政府是旅游目的地旅游发展政策的制定者、执行者和监督者，旅游目的地政府管理机构要了解地方政府的运行规律、管理体制，以及相应的职能分工，合理运用政府职能对旅游目的地进行行政管理。

（二）旅游目的地运营管理

1. 旅游目的地营销管理

旅游目的地营销管理主要是指根据目标市场并通过创造、传递和传播卓越顾客价值来获取、维持和增加旅游者数量的过程。主要包括根据目的地现状确立目标市场，设计目的地形象并进行有效传播，并在此基础上建立旅游目的地品牌，推动旅游目的地的持续发展。

2.旅游目的地信息化管理

信息化、智能化是未来旅游目的地的发展趋势,旅游目的地信息化管理的主要内容包括目的地信息管理系统的设计与运用,目的地信息化、智慧化技术的运用等方面,并通过技术的运用来提高管理水平、提升游客体验、增加旅游收入。

3.旅游目的地交通管理

交通是旅游目的地良好运行的基础,旅游目的地的交通管理主要是针对旅游目的地的进入交通、中转交通,以及作为旅游产品的旅游体验性交通进行管理,既要保证游客的可进入性,也要保障游客的体验,更要利用交通布局来实现合理的客流分布。内容包括利用交通促进旅游发展、提升游客旅游体验、加大游客目的地营销力度。

4.旅游目的地安全和危机管理

旅游目的地安全问题包括游客安全和旅游目的地公共安全。旅游目的地安全管理是预防性管理,旅游目的地危机管理针对突发事件可能对目的地产生的影响进行决策与管理,通常是事后管理。

5.旅游目的地环境管理

在生态文明建设的大背景下,加强环境管理是旅游目的地管理的重要内容。旅游目的地环境管理是指运用法律、经济、规划、行政、科技、教育等手段,对一切可能损害旅游环境的行为和活动施加影响,协调旅游发展与环境保护之间的关系,实现经济效益、社会效益和环境效益的有机统一。

6.旅游目的地全面质量管理

为更好地实现人民对美好生活的追求,提供高质量的产品与服务是目的地管理的重要内容。旅游目的地全面质量管理围绕持续提高游客的满意程度展开,与此同时,寻求发展地方经济、改善环境的方法,提高当地社区的生活质量。旅游目的地全面质量管理强调以游客需求为核心导向,致力于提高旅游目的地全行业服务的质量和竞争优势,实现旅游目的地的可持续发展。

此外,旅游目的地运营管理还可以包括规划管理、开发管理、项目管理、投资管理等,具体内容则可根据管理的目的及影响目的地长期发展的主要矛盾而定。

(三)旅游目的地战略管理

1.旅游目的地可持续性发展战略

旅游目的地在管理中需要具有与其他旅游目的地进行有效竞争的能力和在旅游市场上获取利润的能力,同时也需要具有在竞争中维持当地自然、社会、文化、环境等资源质量的能力。旅游目的地的管理就是要维持竞争力和可持续发展之间的平衡、经营管理和环境管理的平衡。了解可持续发展思想的内涵及其在我国的发展演变,并有效地运用到旅游目的地的管理中,是旅游目的地可持续发展的基础。

2.旅游目的地全球化战略

旅游目的地的全球化战略旨在将目的地定位于国际旅游市场,吸引国际游客,并在全球范围内提升知名度。这需要综合考虑文化、市场趋势、可持续发展等因素,通过多样化的措施来满足不同国家和地区的游客需求,以确保目的地在国际旅游市场上具有竞争力和吸引力。

3.旅游目的地包容性发展战略

旅游目的地的包容性发展战略旨在确保旅游业的发展在社会、经济和环境层面都能够促进各种群体的参与且受益。这种战略强调社会公正、文化尊重、可持续性和多元体验,具体包括:社会多元性和文化尊重;各类人群的可进入性;文化体验和底层创业;社会福利;文化保护;社会创新;等等。

五、旅游目的地管理的原则

(一)突出特色原则

突出特色是旅游目的地获得吸引力的核心,也是保持市场竞争力和长久生命力的根本保障。在旅游目的地的管理过程中,要凝聚旅游目的地的特色,并在项目开发、产品设计、品牌营销等过程中不断保持和突出特色。旅游目的地的特色主要表现在地方性、民族性、原始性和现代性等方面。旅游目的地特色的凝练首先建立在当地文脉和对资源特色分析的基础上,然后通过综合分析及与其他旅游目的地的比较分析,突出当地资源的特色及与近距离旅游市场存在差异化的特色。

(二)综合效益原则

旅游目的地的建设与开发需要巨额资金支持,因此投资者追求经济效益,获得投资回报无可厚非。旅游目的地管理的基本目标之一,就是要持续增强其吸引能力和接待能力,取得源源不断的经济效益。经济效益的实现需要合理布局,并充分展现旅游项目的特色,通过保护、修缮或创新延长其"生命周期"。旅游目的地是一个复杂的系统,与生态系统、社会系统相融合,因此旅游目的地管理的目标除了追求经济效益,还要追求与社会效益和环境效益的统一,即追求综合效益。

(三)因地制宜原则

旅游目的地管理因地制宜,意味着旅游开发建设要根据当地的特色进行,同时在品牌营销、服务管理、管理体制等方面充分考虑当地的政治因素、经济因素、社会文化因素、区位因素等,不能完全套用其他旅游目的地的成功经验,要结合实际情况设置合理的管理目标,选择恰当的管理手段,实施因地制宜的管理模式。

(四)勇于创新原则

在当今旅游业持续高速发展和竞争加剧的时代,旅游目的地管理处在不断变化的过程中,不存在一套永久适用的管理模式。旅游目的地管理的创新体现在旅游目的地管理的多个环节,包括旅游目的地的开发建设、组织管理、营销推广等,因此管理机构或管理者必须勇于创新,增强创新意识和创新能力,以创新来保持旅游目的地持续的生命力。

(五)持续发展原则

旅游目的地管理要遵循持续发展原则,保障旅游目的地系统的持续稳定发展。首先,对自然环境资源和文化资源要实施开发与保护相结合的原则,避免对环境资源的破坏式开发和文化资源的过度商业化运作。其次,要不断提高旅游目的地的服务水平,提高游客的满意度和重游率。最后,要不断推陈出新,用新的项目、新的产品持续提升旅游目的地的吸引力和知名度。旅游目的地的持续发展也是旅游目的地管理的最终目的。

本章小结

本章对旅游目的地的概念、分类和构成要素等进行了详细的介绍,并对旅游目的地管理的基本概念、主体及对象、目标、内容和原则进行阐述,旨在让学生系统了解旅游目的地管理,为接下来详细学习旅游目的地管理的具体内容奠定扎实的基础。

复习思考题

(1)概念解释:旅游目的地。
(2)试述旅游目的地的构成要素。
(3)试述旅游目的地的基本类型。
(4)试述旅游目的地的基本特征。
(5)思考旅游目的地和客源地、旅游目的地和旅游景区的关系。
(6)概念解释:旅游目的地管理。
(7)试述旅游目的地管理的原则。

习　题

获取更多更新资源,请到中国大学 MOOC 网站搜索"走进旅游目的地:理论与实务"课程进行学习。

参考文献

[1] 陈坚,彭涛,曹晏诗,等.社交网络数据驱动下旅游客运需求预测模型[J].重庆交通大学学报(自然科学版),2022,41(10):41-47,76.

[2] 方敏.基于多目标规划的乡村旅游客流需求预测模型[J].长春工程学院学报(自然科学版),2020,21(2):102-105,114.

[3] 刘全,刘汀.基于 ARIMA 的多元时间序列神经网络预测模型研究[J].统计与决策,2009(11):23-25.

[4] 杨盼.基于灰色系统和神经网络的旅游需求预测[D].江西:东华理工大学,2012.

[5] ANDERSEN E D, ANDERSEN K D. The mosek interior point optimizer for linear programming: an implementation of the homogeneous algorithm[J]. High performance optimization, 2000, 33:197-232.

[6] BELK W R. Situational Variables and Consumer Behavior[J]. Journal of consumer research, 1975, 2(3):157-164.

[7] CROMPTON J L . Motivations for pleasure vacation[J]. Annals of tourism research, 1979, 6(4): 408-424.

[8] DANN G M S. Anomie, ego-enhancement and tourism[J]. Annals of tourism research, 1977, 4(4): 184-194.

[9] DAVIDSON,JAMES E H, HENDRY D F,et al. Econometric modeling of the timeseries relationship betweenconsumers expenditure and income in the united kingdom[J]. Economic journal, 1978, 12 (88):666-692.

[10] HOFSTEDE G H . Culture's consequences: international differences in workrelated values[M]. Newbury park calif: sage publieations, 1980.

[11] HOWARRD L N. Heat transport by turbulent convection[J]. Journal of fluid mechanics 1963, 17, 405-432.

[12] KIETZMANN J H, HERMKENS K, MCCARTHY I P, et al. Social media? get serious! understanding the functional building blocks of social media[J]. Business horizons, 2011, 54(3): 241-251.

[13] MANSFELD Y. From motivation to actual travel[J]. Annals of tourism research, 1992, 19(3): 399-419.

[14] MOUTINLO L. Consumer behaviour in tourism[J]. European journal of marketing, 1987, 21: 5-44.

[15] PLOG S C. Why destination areas rise and fall in popularity[J]. Cornell hotel and restaurant administration quarterly, 1974, 14(4): 55-58.

[16] UM S, CROMPTON J L. Attitude determinants in tourism destination choice[J]. Annals of tourism research, 1990, 17: 432-448.

[17] WOODSIDE A, LYSONSKI S. A general model of traveler destination choice[J]. Journal of travel research. 1989, 271: 8-14.

[18] WOODSIDE A, SHERRELL D. Traveler evoked inept and inert sets of vacation destinations[J]. Journal of travel research, 1977, 16: 14-18.

第二章　旅游目的地基本理论

学习目标

　　掌握旅游目的地生命周期理论、旅游目的地竞争力理论、旅游目的地发展动力理论和旅游目的地可持续发展理论,理解旅游目的地的竞争力和吸引力的区别,分析不同旅游目的地的动力机制和障碍因素,学会结合不同理论对具体的旅游目的地进行分析。通过提高学生的专业素养,培养学生严谨求实的态度,引导学生在旅游目的地的管理实践中学会理论联系实际,发扬科学精神。

第一节　旅游目的地生命周期理论

旅游目的地生命
周期理论

一、旅游目的地生命周期理论的产生

　　一般认为,旅游目的地生命周期理论始于 1963 年 Christaller 发表的论文《对欧洲旅游地的一些思考:外围地区—低开发的乡村—娱乐地》。1980 年,Butler 对旅游目的地生命周期理论重新做了系统阐述,他将旅游目的地生命周期分为六个阶段:探索(Exploration)、参与(Involvement)、发展(Development)、巩固(Consolidation)、停滞(Stagnation)、衰落(Decline)或复苏(Rejuvenation),并且引入了使用广泛的 S 曲线来加以表述(见图 2-1)。通过运用该理论,可以明确旅游目的地发展的限制因素,了解旅游目的地发展的六个阶段及每一阶段具有的指示性特征和事件,进而人为地调整或延长旅游目的地生命周期(高林安,2014)。

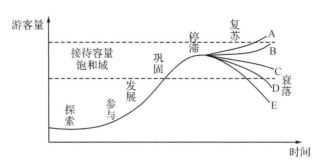

图 2-1 旅游目的地生命周期曲线(Butler，1980)

二、旅游目的地生命周期理论的相关内容

(一)旅游目的地生命周期的阶段划分

Christaller 在研究了旅游目的地的发展经历后，将旅游目的地生命周期划分为发现、发展和衰落"三个阶段"。后来受产品生命周期理论的影响，很多学者根据旅游的收入发展将旅游目的地生命周期划分为开发、成长、成熟和衰落"四个阶段"。最经典的是"六个阶段"分法，以 Butler 为代表的学者根据游客量的变化，提出旅游的发展会经历探索、参与、发展、巩固、停滞、衰落或复苏阶段，这是迄今使用最为广泛的阶段划分方法(祁洪玲，刘继生，梅林，2018)。

1.探索阶段

以"多中心型"游客或探险型游客为主，且数量有限，分布零散，他们会与当地居民频繁接触。少有或没有旅游基础设施，只有自然的或文化的吸引物。

2.参与阶段

旅游者人数逐渐增加，当地相关部门投资旅游业，有明显的旅游季节性。旅游目的地进行广告宣传活动，客源市场形成，公共部门投资旅游基础设施。

3.发展阶段

旅游者人数继续增加，形成庞大而又完善的旅游市场，吸引了大量的外来投资者。交通条件、当地设施等得到了极大的改善，广告促销力度也极大增强。人造景观出现，并取代自然的或文化的吸引物。"中间型游客"取代"多中心型"游客或"探险者"游客。

4.巩固阶段

旅游目的地的经济发展与旅游业已经息息相关，游客增长率已经下降，但游客总量将继续增加，并超过常住居民数量，广告促销范围进一步扩大。

5.停滞阶段

旅游环境容量已达到或超过最大限度，导致许多经济问题、社会问题和环境问题产生。接待设施出现了过剩现象，旅游目的地形象和地理环境脱离，旅游目的地不再具有较大的吸引力，严重依赖"回头客"，客房出租率低且所有权持有人经常更换。

6.衰落或复苏阶段

衰落阶段:旅游者会被新出现的旅游目的地吸引,之前的旅游目的地的市场会萎缩。大批旅游设施会被其他设施取代,大量房地产会被转卖。

复苏阶段:创造一系列新的人造景观或者发挥未开发的自然旅游资源的优势。

(二)旅游目的地生命周期的阶段衡量指标

旅游目的地生命周期理论在明确了各个发展阶段之后,下一个问题就是如何判断旅游目的地在当下处在哪一个阶段,以及各个阶段的转变何时发生,是否存在拐点。Butler提出了游客接待量判定法,也就是依据旅游目的地接待游客数量的变化来判断旅游目的地发展阶段的转化。但也有学者认为采取单一的游客接待量指标会影响其预测功能,认为可以增加旅游收入这一衡量指标(许春晓,1997)。21世纪以来,关于旅游目的地生命周期阶段变化的定量模型开始出现,Szromek(2019)通过模拟旅游目的地生命周期S曲线的逻辑函数并建立阈值,根据曲线的拐点识别每个阶段。他认为,逻辑函数可分为五个阶段:第一阶段将涵盖函数最大值的0到9%(探索)阶段及从9%到21%(参与)、从31%到79%(发展)及从79%到最大值的91%(巩固),直到停滞阶段。杨春宇提出利用游客量、游客变化速度和加速度三个指标的综合变化判定旅游目的地生命周期的发展阶段。

(三)旅游目的地生命周期的影响因素

在旅游目的地生命周期演变的影响因素方面,主要有三种观点:一是外因说,主要指旅游目的地外部因素,包括旅游者需求、观念、期待和对价格的敏感性的改变,旅游业自身的竞争性结构改变,科技进步带来的可进入性变化,以及全球政治环境、经济环境、生态环境等因素变化的影响。二是内因说,主要指旅游目的地自身环境因素,如旅游目的地的相对竞争力,旅游目的地空间内社会、环境、生态的变化,以及地方政府的决策。三是综合因素说,包括旅游目的地的发展速度、竞争游客的能力,以及替代型旅游目的地和竞争旅游目的地的数量。虽然观点不一,可以肯定的是影响旅游目的地生命周期演变的因素不可能是单方面的,而是错综复杂的内、外因素构成的影响因素体系(张立生,2015)。

第二节　旅游目的地竞争力理论

一、旅游目的地竞争力概念

旅游目的地竞争力是指旅游目的地能够持续为旅游者提供满意的旅游经历,并且能够不断提高旅游目的地居民生活质量,以及其他利益相关者福利的能力(臧德霞,

旅游目的地　　旅游目的地
竞争力理论(一)竞争力理论(二)

黄洁,2006)。

旅游目的地竞争力的主体是旅游目的地,旅游目的地竞争力的直接目标是满足旅游者的需求,从而实现旅游目的地的经济目标。与此同时,也要考虑环境的保护、资源的永续使用等方面,从而保障旅游目的地居民及其他利益相关者的长远利益。

二、旅游目的地竞争力与吸引力的区别

旅游目的地吸引力是指旅游目的地的所有吸引物在特定时间对旅游者产生的拉力(Kaur,1981)。与此同时,也有学者指出,针对同一旅游目的地,游客感受到的吸引力可能存在不同。因此,从需求的角度而言,吸引力是旅游目的地满足个体利益的感知能力,它反映了个体对旅游目的地满足其各种需要的能力的情感、信念和观点(Mayo,1981)。

虽然旅游目的地的竞争力和吸引力都体现了旅游目的地满足旅游者的能力,但两者具有一定的差异。首先,两者的理论基础不同,竞争力来源于比较优势理论与竞争优势理论,而吸引力来源于引力理论。其次,竞争力关注的是旅游目的地之间的比较,而吸引力关注的是旅游目的地对旅游者的拉动。最后,竞争力在经济之外,也考虑其他利益相关者的福利提升,而吸引力主要针对旅游者。

三、基础理论

在一系列理论学说中,比较优势理论与竞争优势理论是众多研究旅游目的地竞争力的学者普遍认同的理论基础(沈虹,2008)。

(一)比较优势理论

比较优势理论主要指不同的旅游目的地在生产要素、禀赋条件等方面存在的差异。从比较优势理论角度出发,不同旅游目的地的自然条件和人工禀赋条件,包括自然资源、人力资源、知识资源、资本资源等,存在差异性,而这种差异性的存在决定了旅游目的地相关产业的发展方向,促使旅游目的地利用具有比较优势的资源来发展具有比较优势的产业部门,从而形成竞争力。从另一个角度说,由这种差异所形成的不同旅游目的地的发展方向也决定了游客的流向。旅游者的流向和旅游者的多少在一定意义上反映了旅游目的地的竞争力,也就是说比较优势理论可以用于旅游目的地竞争力的评估和测度。

需要特别说明的是,在比较优势理论的框架下,旅游目的地的资源禀赋是一个广义的概念,不仅指一般意义上的自然资源、人文资源及各类旅游景观,而且指涵盖所有能够满足旅游需求的资源条件。因此,旅游目的地需要在维护和创新资源、改善基础设施、保护环境、发展人力资源等方面做出持续的努力,这样才能保持和提升旅游目的地竞争力。

(二)竞争优势理论

20世纪80年代初,美国经济学家 Michael E. Porter 提出了竞争优势理论。该理论

认为一国特定的产业是否具有国际竞争力,取决于该产业的要素条件、需求条件、公司战略、结构与竞争、相关产业与辅助产业、机遇与政府行为六个要素的组合与相互作用的过程。

竞争优势理论将资源禀赋和发展资源的能力融为一体,并且明确指出竞争力主要源自发展和有效利用资源禀赋的能力。这也就是说,一个拥有丰富资源的旅游目的地很有可能不如一个缺乏资源的旅游目的地更具竞争力,其竞争力取决于哪个旅游目的地更能发挥资源优势、避免劣势。从这个角度来看,竞争优势理论有效弥补了比较优势理论单从资源禀赋的差异方面分析竞争力的短板,进一步揭示了竞争力的内涵。以竞争优势理论为基础,旅游目的地竞争力的形成不再停留于资源特性的比较优势,而更强调管理因素在旅游目的地竞争中的作用,以及旅游目的地在竞争市场上的发展能力,为提升旅游目的地竞争力提供了路径与空间。

四、旅游目的地竞争力模型

学者提出了不同的旅游目的地竞争力模型,目的是给旅游目的地提供提高其竞争力的理论思路和系统框架。

(一)CR 模型和 DK 模型

Crouch 和 Ritchie 提出的 CR 模型(见图 2-2)与 Dwyer 和 Kim 提出的 DK 模型(见图 2-3)是两个较为著名的旅游目的地竞争力综合模型。

CR 模型与 DK 模型主要存在以下三点不同:一是在 CR 模型中,核心资源和吸引物是旅游者选择某地作为旅游目的地的基本条件,它包括地理概况,以及气候、文化和历史等,而 DK 模型中有六个决定旅游目的地竞争力的因素,分别是赋存资源、人造资源、支持性因素与资源、区位条件、目的地管理和需求状况。DK 模型中的赋存资源和人造资源则相当于 CR 模型中的核心资源和吸引物,DK 模型将旅游者可参与的旅游活动与设施统称为人造资源,与赋存资源分离,这更能说明旅游目的地竞争力及管理者的管理水平。二是 Crouch 和 Ritchie 认为,旅游目的地吸引物中的市场联系部分会随着时间的推移,影响旅游目的地管理者的决策,且有时不受旅游目的地管理者的直接掌控,而 DK 模型中则将市场联系归为支持性因素与资源,认为旅游资源在被开发成旅游产品供游客体验时,市场联系这个环节是最基本的,也是最重要的。三是 CR 模型将环境条件分为全球环境(宏观)和竞争环境(微观),只是把环境条件当作对 CR 模型核心部分的作用力,并未上升到核心地位,而 DK 模型则将区位条件和需求状况上升到决定旅游目的地竞争力模型的核心因素地位。

(二)五因素模型

国内学者易丽蓉(2007)针对 DK 模型进行了部分修改(见图 2-4),提出了旅游目的地竞争力五因素模型。

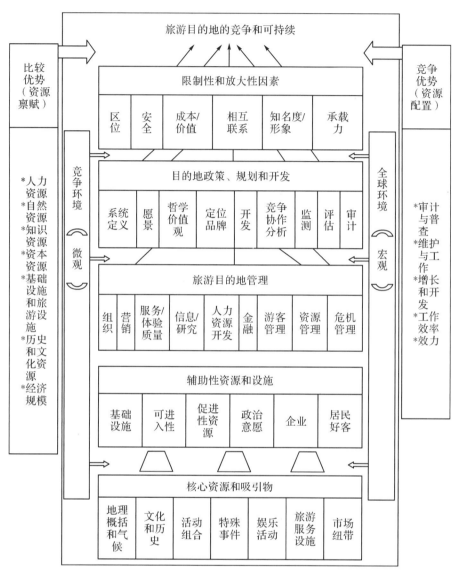

图 2-2　CR 模型（Crouch 和 Ritchie，1991）

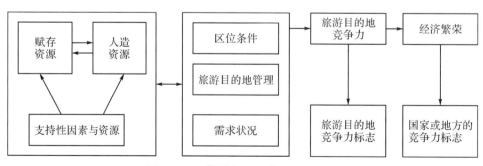

图 2-3　DK 模型（Dwyer 和 Kim，2002）

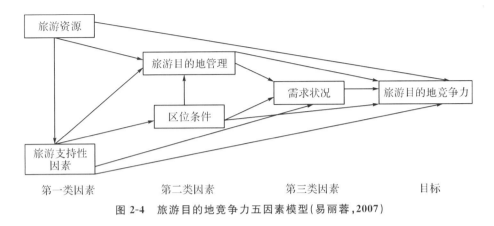

图 2-4　旅游目的地竞争力五因素模型 (易丽蓉 , 2007)

1. 旅游资源

旅游资源包括赋存资源和创造资源。赋存资源包括自然资源和人文历史资源, 创造资源包括特殊事件、文娱活动、购物、旅游基础设施和旅游服务。一个旅游目的地的旅游资源主要受该地的自然历史条件、经济和科技发展水平、旅游政策三个因素的制约。

2. 旅游支持性因素

旅游支持性因素包括旅游辅助行业提供的辅助性设施与辅助性服务, 以及促进旅游业发展的积极因素, 它们为旅游业的发展提供强有力的支撑。辅助性设施包括公路网、航空系统、铁路系统、公路系统、医疗保健和公共卫生、金融服务等公用设施。辅助性服务包括食品商店、汽车维修、加油站、药店、洗衣店等提供的服务。促进旅游业发展的积极因素包括服务质量、旅游目的地的可进入性、客源地居民的好客程度、旅游市场关系。一个旅游目的地的旅游支持性因素主要受该地的经济和科技发展水平、制度环境和当地文化背景三方面的制约。

3. 旅游目的地管理

旅游目的地管理主要包括旅游目的地管理机构协调行业发展, 提供旅游需求、产品开发、市场营销, 以及投资导向性监督评价旅游服务及配套设施; 管理旅游目的地的市场营销活动, 制定并完善旅游目的地的旅游产业和休闲娱乐产业政策; 管理旅游目的地的设施、土地利用程度、环境容量及旅游业资金等。

4. 区位条件

区位条件主要包括地理位置、微观竞争环境、全球环境、安全保障和价格竞争五个方面的内容。地理位置指旅游目的地离主要客源地的物理距离和时间距离。微观竞争环境指旅游企业所具有的经营能力、旅游公司和旅游组织的经营战略, 以及行业结构和竞争态势。全球环境指国际国内政治环境、法律法规环境、经济环境、社会文化环境和技术环境。安全保障指旅游目的地为旅游者提供的安全保障设施和服务。价格竞争指旅游者在旅游目的地一切旅游经历的货币价值、旅游目的地汇率、从旅游目的地到客源地的食宿价格和交通价格、旅游目的地"包价旅游"价格、旅游目的地的产品与竞争产品的相对价格等。

5.需求状况

需求是旅游目的地满足游客旅游动机的本质属性，它源于客源地内部的一些吸引力，是旅游目的地竞争力的推动力和决定因素。影响需求状况的因素有三个：客源地居民的整体收入、客源地居民的旅游动机因子和旅游产品的相对价格。

（三）核心六因素联动模型

郭舒和曹宁（2004）构建的核心六因素联动模型（见图2-5），将旅游目的地竞争力直观地分为游客旅游体验和居民生活质量两部分，影响游客旅游体验的三个核心因素是核心吸引物（景观、活动、事件）、支持性因素（基础设施、相关企业、可进入性）和资格性因素（区位、安全、成本），影响居民生活质量的三个因素是基础性因素（资源禀赋）、发展性因素（资源利用能力）和管理创新（营销、服务、信息、组织、开发）。

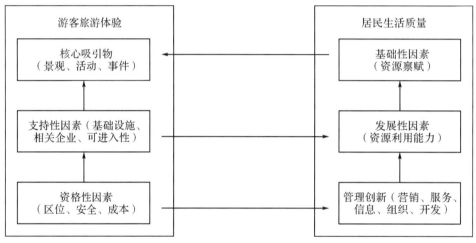

图2-5　核心六因素联动模型（郭舒，曹宁，2004）

1.核心吸引物

旅游目的地的核心吸引物主要包括自然景观、文化和历史、客源地与旅游目的地之间的先天联系（如寻根）、参与性活动、特殊事件（路径依赖）、旅游设施等类型。旅游目的地旅游形象设计和塑造主要依托核心吸引物。

2.支持性因素

旅游目的地存在支持性因素，它们并非全是为了旅游产业的发展而存在的，但是其完善的程度却影响区域旅游产业竞争力。支持性因素集中反映在三个方面：基础设施、相关企业和可进入性。Crouch和Ritchie坚持认为，相关企业的健康、生命力、成就感，以及企业不断扩张的冒险性投资，将从不同角度、以不同方式为旅游目的地竞争力做出贡献，并提高旅游目的地居民的生活质量。可进入性既表现在航空的班次、护照与签证、定期的联运、交通枢纽等政治、经济开放程度方面，又表现在机场容量、景区的道路、公园容量等与旅游目的地物理承载力相关的方面。

3.资格性因素

有些因素甚至可以成为旅游目的地竞争力的最高限制,但是旅游产业对这些因素的控制和影响力却微乎其微,我们将之亦称为资格性因素。资格性因素包括区位、安全(恐怖主义和战争可以使一个旅游目的地失去竞争力)、成本(货币兑换率、旅游目的地的旅游产品与服务的成本过高会使价格上涨而失去竞争力)。资格因素可以弱化一个旅游目的地的既有优势,又可以扩大旅游目的地的某种优势。

4.基础性因素

基础性因素主要指旅游目的地与旅游活动密切相关的资源禀赋,是旅游目的地核心吸引物"产生的土壤"。

5.发展性因素

发展性因素主要指旅游目的地对各类资源加以利用的能力。如果一个旅游目的地的旅游产业在获取资源与利用资源的能力上超过了竞争对手,那么该旅游目的地的竞争力等级将会相对提升。

6.管理创新

旅游目的地作为相对独立的区域,涉及区域营销、旅游服务、信息传递、产业组织与协调、产品开发等管理活动。在资格性因素的过滤下,这些管理活动不断创新最终会促进旅游目的地竞争力的提升。

(四)"房式"模型

对于国外各著名学者提出的旅游目的地竞争力模型,张东亮(2006)认为由于社会形态和文化传统的差异,国内旅游目的地在很多方面所包含的具体指标和意义也可能不同,因此张东亮根据研究的实际需求提出了"房式"模型(见图2-6)。

在"房式"模型中,旅游吸引物因素处于核心地位,是房子的内部结构,也是其主要用途与功能之所在。旅游支持性因素是指旅游目的地旅游活动和旅游业赖以存在的各种设施和组织。虽然旅游发展性因素不直接作用于旅游业和旅游活动,但如果在这些方面做得好,就可以促进旅游目的地旅游业的发展,它们是房子的墙壁,决定房子的高度。旅游不可控因素包括区位、安全、成本和灾害等因素,它们也不直接或主要作用于旅游业,但往往会对旅游业产生重大制约或促进作用,它们类似房子的天花板,一方面它们能够遮风挡雨,另一方面它们又在某种程度上限定了房子内部的空间范围。当然,这四大类因素当中所包含的具体指标可能存在一定程度的重叠,例如可进入性与区位往往紧密联系,资源维护可以是旅游发展性因素也可以是旅游支持性因素,等等。但总的来说,它们是有所偏重的。

旅游目的地竞争力模型对于旅游目的地的管理启示在于,旅游目的地管理者要抓住核心因素,不断完善它们,从而提高旅游目的地竞争力。

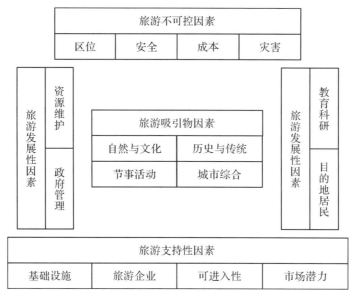

图 2-6 "房式"模型（张东亮，2006）

五、旅游目的地竞争力的影响因素

旅游目的地竞争力受到多种因素的影响，具体可以分为直接影响因素和间接影响因素。

直接影响因素包括旅游资源与生态环境、旅游产品、市场需求、市场营销能力以及旅游企业。旅游资源与生态环境、旅游产品直接影响旅游目的地对旅游者的吸引力。市场需求影响旅游目的地竞争力的大小。市场营销能力与旅游目的地是否注重研究旅游市场需求相关。旅游企业是旅游竞争的操作者，一方面旅游企业竞争力的提高有助于旅游目的地整体竞争力的提高，另一方面，旅游目的地竞争力的提高也会促进旅游企业竞争力的进一步提高，可以实现旅游目的地竞争力与旅游企业竞争力之间的良性循环。

间接影响因素包括旅游基础设施、区位条件、旅游人力资源和旅游环境。旅游基础设施中对旅游目的地竞争力影响较大的是旅游服务接待设施，它影响旅游目的地是否能够实现其旅游功能。区位条件包括地理区位、经济区位和旅游区位三个方面。地理区位具有纬度地带性和经度地带性的特点。旅游目的地所处的区位条件不同，旅游资源也就形成了自身的特征，产生了不同的旅游吸引力。经济区位则会影响旅游目的地所在区域的客源、投资市场的规模和潜力。旅游目的地的旅游人力规模、人力结构、人力素质、人力资本投入及供求关系会直接影响旅游目的地的旅游业发展，因此拥有一定数量、质量且结构合理的旅游人力资源是旅游目的地得以存在和发展的根本保证。旅游环境包括经济环境、社会文化环境、科技环境和政治、法律环境。旅游目的地的经济环境会影响当地旅游开发的规模、接待能力等，进而影响竞争力。社会文化环境主要表现为社会整体文化氛围、地方风俗、当地的治安状况和文明程度等。科技环境会影响旅游者的旅游体验，比如杭州旅游大数据平台就能够运用旅游大数据事前预测预警、事中引导分流、事后精准营销提供数据支持。政治、法律环境体现了当地相关部门对旅游业发展的态度、投入及管理水平，也会在某种程度上影响旅游目的地的发展及其竞争力。

六、旅游目的地竞争力评价模型

比较常见的旅游目的地竞争力评价模型遵循了投入—产出的思路，也就是认为旅游目的地竞争力是在一定的投入中获得最大、最优产出的能力，这样竞争力的大小就可以转化为现实的投入和产出比较，用具体的数据来评定。旅游资源禀赋、旅游要素投入（劳动力、资本）和支持性设施被视为旅游目的地竞争力的投入部分；旅游流量、旅游收益和旅游目的地居民福利被视为旅游目的地竞争力的产出部分。旅游目的地管理运行的过程就是生产过程，旅游目的地投入产出之间的效率则是竞争力的最直观表现。据此，可以构建基于投入—产出的旅游目的地竞争力评价模型（冯学钢，2009），见图 2-7。

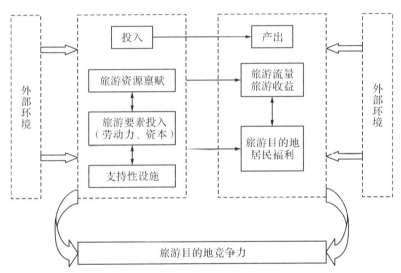

图 2-7　基于投入—产出的旅游目的地竞争力评价模型（冯学钢，2009）

利用基于投入—产出的旅游目的地竞争力评价模型，要选取具体的投入产出指标。对这些指标进行具象化，比如人力资源可以具体为"旅游从业人员数量"进行衡量，这就形成了旅游目的地竞争力评价的指标体系。基于投入—产出的旅游目的地竞争力评价指标体系见表 2-1。

表 2-1　基于投入—产出的旅游目的地竞争力评价指标体系(冯学钢,2009)

指数	要素	指标	变量	权重
要素投入综合指数 X	资源禀赋	旅游景区(点)总量	X_1	α_1
		旅游资源品位与丰裕度	X_2	α_2
	资本	星级饭店固定资产	X_3	α_3
		旅游景区企业固定资产	X_4	α_4
		旅行社固定资产	X_5	α_5
	人力资源	旅游从业人员数量	X_6	α_6
		旅游院校数量	X_7	α_7
		旅游院校在校人数	X_8	α_8
	支持性设施	民用机场数量	X_9	α_9
		公路里程	X_{10}	α_{10}
		铁路营运里程	X_{11}	α_{11}
绩效产出综合指数 Y	国内旅游产出	国内旅游接待人次	Y_1	β_1
		国内旅游收入	Y_2	β_2
	国际旅游产出	入境旅游者人次	Y_3	β_3
		国际旅游收入	Y_4	β_4
	旅游企业产出	星级饭店营业收入	Y_5	β_5
		旅行社营业收入	Y_6	β_6
		旅游景区企业营业收入	Y_7	β_7

需要强调的是,旅游目的地竞争力评价指标体系的构建是一个非常复杂且严谨的过程,要严格遵守客观性、系统性、关键性和可操作性四个原则。客观性是指所选择的指标及最终运用的评价方法应以客观的数据与分析为主,保证评价结果的合理性、客观性和公正性。系统性是指所选指标要尽可能体现投入与产出之间的关系,指标之间要相互联系、相互配合,又各有侧重。关键性是指在选取指标时要有取舍,选取具有突出代表性的关键指标。可操作性是指指标的含义明确,口径统一,适用不同类型的旅游目的地竞争力评价。

七、旅游目的地竞争力评价方法

旅游目的地竞争力评价方法包括定性方法和定量方法。定性方法主要包括归纳法、演绎法、德尔菲法和情景法等,该类方法较为简单。国内外的研究大多数使用定量方法,定量方法主要包括层次分析法、因子分析法、主成分分析法、因素分析法和偏离—份额分析法等。此外,也可以采取定性方法与定量方法相结合的方法,让指标测算更合理、可靠。

（一）层次分析法

层次分析法（Analytic Hierarchy Process，AHP）是指将与决策总是有关的元素分解成目标、准则、方案等层次，在此基础之上进行定性分析和定量分析的决策方法。采用层次分析法对旅游目的地的竞争力进行评价时，首先要确定竞争力的内涵，即旅游目的地的主体、核心和目标等。通过对这些指标的深入分析，可以发现从竞争力的目标到核心及竞争的结果，它们之间存在着层次性（见图 2-8）。其次，围绕竞争力的目标，以竞争主体的核心为动力，吸收其他要素的影响，对外产生辐射作用，主要表现在经济、社会、环境三个方面。最后，该旅游目的地通过竞争可以获得资源配置最优化（廖远涛，2004）。

图 2-8　旅游目的地竞争力圈层结构（廖远涛，2004）

（二）因子分析法

因子分析法是指从研究指标相关矩阵内部的依赖关系出发，把一些信息重叠、具有错综复杂关系的变量归结为少数几个不相关的综合因子的一种多元统计分析方法（戴金辉，2004）。采用因子分析法去评价某一旅游目的地竞争力时，主要根据多元统计分析方法，运用 spss 工具，对旅游目的地某一年的多项旅游指标进行因子分析，比如旅游目的地位势、旅游目的地等级结构、旅游流等级扩散和旅游流空间行为的一般特点等，从而反映该旅游目的地的综合竞争实力状况。将这些数据进行标准化处理后，得到相关系数矩阵，然后评价这些指标之间的相关性程度。最后，计算得出因子载荷矩阵、特征值、贡献率、累计贡献率、各因子综合得分，从而得到该旅游目的地的综合竞争力大小（王联兵，2005）。

（三）主成分分析法

主成分分析法也称主分量分析法（Principal Component Analysis，PCA），是一种数学变换的方法，它把给定的一组相关变量通过线性变换转成另一组不相关的变量，这些新的变量按照方差依次递减的顺序排列。在评价旅游目的地竞争力时，该方法通常和系统聚类分析法一同使用。该方法的原理是通过线性变换，将原来的多个指标组合成相互独立的少数几个能充分反映总体信息的指标，即主成分，每个主成分都是原来多个指标的线性组合。比如对城市旅游竞争力进行评价时，主成分通常为旅游发展规模、旅游组织能力、旅游接待能力等。在分析时，用尽量少的主成分包含尽可能多的原始信息，通常以主成分累计贡献率＞85％作为主成分数量的确定标准，以避开变量间共线性问题，提取数据的主要信息。主成分分析法将众多指标转化为几个互相独立的综合指标，避免了指标间的信息重叠，以主成分方差贡献率的比重作为权重，以各主成分得分的加权求和作为旅游目的地的旅游竞争力综合得分，克服了人为确定指标权重的主观性。综合得分越高，说明该旅游目的地的旅游竞争力越大，反之越小（张争胜，2005）。

（四）因素分析法

因素分析法是指利用统计指数体系分析现象总变动中各个因素影响程度的一种统计分析方法，它包括连环替代法、差额分析法、指标分解法等。使用因素分析法可以使复杂的研究课题简化，并保持其基本的信息量。比如周常春和保继刚（2005）将城市作为旅游目的地，以广东肇庆为例，用因素分析法将城市旅游竞争力的影响因素划分为绝对因素和相对因素，通过与其他旅游目的地相比较，试图找到肇庆旅游竞争力的主要影响因素。绝对因素为区位要素、形象要素和政策要素。相对因素为旅游服务所涉及的六大因素，归纳为：景区景点、交通、住宿、购物、餐饮和娱乐。通过分析绝对因素和相对因素便可知，该旅游目的地旅游竞争力所处的地位及影响因素，从而提出提升该旅游目的地旅游竞争力的有效策略。

（五）偏离—份额分析法

偏离—份额分析法把区域经济的变化看作一个动态过程，以此说明区域经济发展和衰退的原因，评价区域经济结构的优劣和自身竞争力的大小，找出区域具有相对竞争优势的产业部门，进而确定区域未来经济发展的合理方向和产业结构调整的原则。利用该方法评价旅游目的地竞争力时，一是要对某一旅游目的地的旅游产业部门进行合理划分，既要保证各个部门的经济效益不出现累积计算，又要保证经济收益不出现漏损。二是利用该旅游目的地各旅游部门不同年份的旅游收入数据，得到偏离—份额分析图，标出各部门在坐标系中的位置，根据位置判断旅游目的地总体结构及竞争力的大小，确定哪些是具有竞争力的优势部门，并进而对旅游目的地产业结构的合理性进行分析（杨新军，2005）。

案例分析一

舟山群岛闪耀全球海岛旅游舞台

党的二十大报告提出，全面建成社会主义现代化强国，从 2020 年到 2035 年基本实现社会主义现代化；从 2035 年到 21 世纪中叶把我国建成富强民主文明和谐美丽的社会主义现代化强国。这也意味着要高质量建设我国的旅游目的地，提高国际竞争力。2019 国际海岛旅游大会举行期间，发布了《世界海岛旅游产业发展报告》（简称《发展报告》），以及"全球海岛旅游目的地竞争力排名研究"等。舟山，在全球海岛旅游目的地竞争力排名中位列第十一。舟山，被誉为华东地区旅游资源最为丰富的地区之一，也是中国东部著名的海岛旅游胜地。其境内拥有佛教文化景观、山海自然景观和海岛渔俗景观等1 000余处,这些资源独具特色,以海、渔、城、岛、港、航、商将海岛风光、海洋文化和佛教文化融为一体,展现出独特的魅力。舟山群岛不仅资源丰富,而且旅游产品市场成熟、运营良好。游客可以在这里体验以佛教文化为主题的文化观光之旅,欣赏如《普陀印象》等精彩纷呈的旅游演艺节目,还可以参与海岛马拉松、徒步、帆船等户外运动休闲活动。此外,舟山群岛还拥有纯游东极、白沙、嵊山、枸杞、花鸟等各具特色的海岛休闲产品,以及备受游客喜爱的定制式民宿和国际邮轮旅游产品。这些多元化的旅游产品使得舟山群岛成为海岛旅游客群心中的理想目的地之一。值得一提的是,尽管中国海岛旅游资源丰富,但获得最高评级(如 AAAAA 级)的涉岛旅游区却相对较少。普陀山风景区作为其中的佼佼者,以其独特的魅力吸引着大量游客,年旅游接待游客高达857.9 万人次,位列全国第三。全球海岛旅游目的地竞争力排名则是从全球数万个海岛中精心筛选出的,主要考虑了岛屿的面积、旅游业发展状况等因素。舟山群岛作为拥有1 300 多个海岛的庞大群岛,在全球海岛旅游目的地竞争力排名中脱颖而出。这一成绩不仅彰显了舟山群岛在全球海岛旅游领域的重要地位,也为其未来的发展奠定了坚实的基础。

(参考案例来源:本案例在《舟山晚报》、搜狐网发布的《全球海岛旅游目的地竞争力排名舟山"上位"》以及 2019 年国际海岛旅游大会发布的《世界海岛旅游产业发展报告》等内容的基础上进行整合。)

(1)阅读上述案例,试解释何为旅游目的地的竞争力,以及如何对某一旅游目的地的竞争力做出评价。

(2)试分析旅游目的地竞争力受到哪些因素的影响。

第三节　旅游目的地发展动力理论

旅游目的地发展
动力理论

一、旅游目的地发展的动力机制

旅游动力机制这个概念是由彭华在研究汕头市旅游可持续发展中提出的,他认为旅游消费牵动、旅游产品吸引、发展条件和中介系统相互联系形成旅游动力机制和驱动模型(钱鸿,2017)。旅游目的地发展的动力机制有三种,分别是市场动力机制(它也是旅游目的地发展的最本质动力机制)、复杂系统动力机制和阶段性发展动力机制。

(一)市场动力机制

基于供需平衡的市场动力机制是指各个经济主体在对其经济利益的追求过程中形

成的促动机制,这种追求是在市场经济条件下形成的,形成的基础是经济利益。

市场动力机制按照动力的来源可分为三种:第一,经济利益是市场运行的原动力,是第一推动力,也是市场运行机制的核心;第二,竞争刺激是市场运行的推动力。旅游目的地内在的优胜劣汰机制要求其为了生存和发展就必须始终保持旺盛的活力,使旅游目的地自身不断得到优化;第三,政府介入是市场运行的外引力。政府通过政策的引导,对市场利益关系进行调整,使各经济主体做出有利于实现宏观经济目标的决策。

(二)复杂系统动力机制

复杂系统动力机制是指复杂系统的发展变化都有若干动力因素在起作用,这些不同层次的因素直接或间接地引起事物的发展变化,这种作用的传递关系形成了事物发展变化的动力机制。这些复杂的动力因素又可用内在动力与外在动力、推力与拉力,以及推动力、牵引力与支撑力等三种方式进行分类。

事物发展的内在动力是指来自系统内部的动力;事物发展的外在动力是指事物发展的外部条件中起推动作用的因素。内在动力和外在动力的共同作用是事物发展动力机制的一种普遍范式。

内在动力和外在动力的另一种表述可以是推力和拉力,而推力和拉力尤其聚焦解释人流动现象背后的成因。具体而言,引起旅游者流入旅游目的地的推力和来自旅游目的地拉动旅游者流入的拉力,也形成了旅游目的地的动力体系。

也有学者认为旅游目的地发展的动力机制中应该包括三种:推动力、牵引力和支撑力。这三种力都来源于旅游目的地的内部,但是由不同的因素构成。政策支持和良好的经济基础属于推动力,丰富的旅游资源、先进的文化科技以及良好的服务属于牵引力,而良好的基础设施、服务设施和生态环境等属于支撑力。

(三)阶段性发展动力机制

阶段性发展动力机制是指在旅游目的地动态演变过程中,所处生命周期的不同发展阶段由不同的动力因素及相互作用形成的机制。例如,处于探索和起步阶段的旅游目的地更需要政策帮扶和资金支持,而处于发展阶段时,良好的广告宣传、优秀的设施条件和周到的旅游服务更能为旅游发展添加动力。

二、旅游目的地发展的阻力

旅游目的地发展的阻力是指那些阻滞旅游活动进行的作用力。目前,对于旅游发展机制中阻力的研究较多。一方面从旅游主体的角度看,包括空间障碍、时间约束、文化差异、社会责任、身心障碍、经济状况以及个人偏好等因素;另一方面从旅游客体的角度看,如旅游目的地的安全问题、天气和气候条件、经济状况、服务水平高低以及好客程度等。从系统论的角度考虑,旅游活动实际上是一个系统,这一系统包括四个子系统:客源地系统、旅游目的地系统、支持系统和出行系统(吴必虎,1998)。因此,本书主要介绍以这四个子系统作为框架进行分析的旅游目的地发展阻碍因素。

（一）源于客源地系统的阻力

客源地系统的阻力一方面是来自潜在旅游者的阻力，游客出游皆为有目的的流动，而目的即为潜在旅游者的旅游动机，是潜在旅游者得以成行的推力所在。然而目的并非都能达到，有时候可能会因为很多客观条件而受阻。对于那些有需求又不曾发生的旅游行为而言，时间的制约、金钱的掣肘抑或距离的障碍都可能成为阻力。另一方面是来自旅游者的体验评价和反馈，若旅游者对自己的旅游经历和旅游体验不满意，会给旅游目的地树立负面口碑，就会以负反馈的形式制约潜在旅游者向旅游者的有效转化。此外，相对旅游目的地而言，潜在旅游者的旅游需求强烈程度、个人偏好以及人口统计指标等都可能成为阻力。

（二）源于旅游目的地系统的阻力

旅游目的地在潜在旅游者心目中的地位和形象及旅游目的地的实际情况是构成旅游目的地阻力的主要内容。对于潜在旅游者而言，即使有旅游的意愿，但由于受到旅游决策信息收集的不完备和客观存在的信息不对称等因素的影响，潜在旅游者对于旅游目的地的原有形象就会大打折扣，最终可能放弃原有行程计划，在"行动上"受阻。此外，旅游目的地旅游业自身服务质量的优劣也会影响潜在旅游行动的实现。如果欺客宰客、强拉硬卖、诚信缺失等现象屡见不鲜，那么潜在的旅游者就会心存顾虑，原有的旅游期望值也会大打折扣，自然会阻碍旅游行为的发生。

（三）源于支持系统的阻力

对旅游业而言，政策环境是一把双刃剑。国际关系、法定工休假日、带薪休假制度等都可能成为阻碍或促进旅游业发展的因素。比如，黄金周时间的调整，不自觉地就会带来人们的节日安排和休闲偏好的变化；休假制度的改变，必然消除潜在旅游者的某种顾虑，进一步激发个体的旅游需求、调整旅游时间或者选择个性化的旅游，并且使旅游需求成为旅游可能。除此之外，恶劣的天气环境也是阻碍人们外出旅游的重要因素之一。

（四）源于出行系统的阻力

空间障碍是最主要的阻滞旅游活动的因素。神秘莫测的高原、美轮美奂的景致、洁净无比的空气、纯粹的自然、丰富多元的文化作为吸引力因素千百年来一直存在。但是对于大多数人而言，去西藏旅游可能只是美好的夙愿，能够成行的只是少数（亢雄，马耀峰，2009）。这主要是因为山水相隔，给旅游者与旅游目的地之间的出行系统造成了极大的阻碍。出于系统的阻力也是旅游目的地发展最大的阻碍因素之一。

三、旅游目的地动力机制理论的意义

旅游目的地动力机制理论既可用于研究事物发展变化的动因，又可用于研究问题的成因。对旅游目的地旅游动力机制的研究可以使人们清楚地了解旅游发展的规律和机理，也能促使人们理性认识旅游业的发展。另外，明确事物良性发展的动力机制，可以从中找出可控的动力因素，使其强化，进而能够促进事物的良性发展，摸清问题恶化的动力机制，可以控制其中的关键动力因素，进而能够阻止问题继续恶化。

第四节　旅游目的地可持续发展理论

旅游目的地可持续发展理论

一、可持续发展的内容

1972 年，斯德哥尔摩世界环境大会首次使用了"可持续性发展"一词，将其定义为"在不牺牲子孙后代需要的前提下，满足当代人的需要"。2015 年，在联合国可持续发展峰会上正式通过十七个可持续发展目标。旅游业是实现可持续发展目标的重要驱动力。比如说，旅游业有助于实现可持续发展目标中的体面工作和经济增长、实现目标伙伴关系，以及负责任地消费和生产。当然，旅游业也可能成为一些目标实现的挑战，比如旅游业发展就可能不利于养护和可持续利用海洋和海洋资源这一目标的实现。

可持续发展的内容包括生态、经济和社会三个方面。

在生态可持续发展方面，可持续发展要求经济建设和社会发展要与自然承载能力相协调。发展的同时必须保护和改善地球生态环境，保证以可持续发展的方式使用自然资源，将人类的发展控制在地球承载能力之内。因此，可持续发展强调发展是有限制的，没有限制就没有持续的发展，可持续发展要求通过转变发展模式，从根本上解决环境问题。

在经济可持续发展方面，可持续发展鼓励经济增长，而不是以环境保护为名忽视经济增长，因为经济发展是国家实力和社会财富的基础，尤其是要迅速提高发展中国家的人均收入，并且逐步优化经济结构。可持续发展不仅重视经济增长的数量，还追求经济发展的质量。可持续发展要求改变传统的以高投入、高消耗、高污染为特征的生产模式和消费模式，强调清洁生产和文明消费，以提高经济活动总的收益、节约资源和减少废物。

在社会可持续发展方面，可持续发展强调社会公平是环境保护得以实现的机制和目标。可持续发展指出世界各国的发展阶段不同，发展的具体目标也各不相同，但发展的本质应包括改善人类生活质量、提高人类健康水平，以及创造一个保障人们平等、自由及免受暴力等的社会环境。

二、旅游可持续发展的概念

旅游可持续发展是可持续发展思想在旅游领域的具体运用，世界旅游组织将旅游可持续发展定义为:在维持文化和生态完整性的同时,满足人们对经济、社会和审美的需要,它既能为今天的东道主和游客提供生计,又能保护和增进后代人的利益,并为其提供同样的机会。

在这个定义中,旅游可持续发展需兼顾游客和东道主的利益,考虑长远发展,要求在满足人们需要的同时,维护文化、社会、生态的完整性。

三、旅游目的地可持续发展的原则

可持续发展有三大原则:公平性原则、持续性原则和共同性原则。旅游目的地的可持续发展同样要遵守这三大原则。

公平性原则包括代内公平与代际公平。代内公平是指旅游目的地内各个阶层要有公平的分配权和公平的发展权,比如游客有权利享用旅游资源来满足其旅游需求,而当地居民也有机会享用旅游资源来满足他们提升生活水平的需求。代际公平即世世代代之间的公平性,是指不仅当代人拥有享用该资源的权利,子孙后代也享有利用该资源的权利。

持续性原则强调旅游目的地的资源与环境是当地居民生存与发展的首要条件,离开了资源与环境就谈不上旅游目的地居民的生存与发展。旅游资源的永续利用和生态系统可持续性的保持是旅游目的地可持续发展的首要条件。持续性原则的核心是旅游目的地的经济和社会发展不得超越资源与环境的承载能力。

共同性原则是指可持续性发展需要广大人民的共同参与。人们需要意识到良好的资源环境是人类生存和发展的基本前提和条件,也需要认识到生活在地球上的人都有保护地球的责任,更需要每个人履行义务,需要最广泛意义上的大众参与。

四、旅游目的地可持续发展的实现

(一)旅游可持续发展的支撑体系

2004 年,张慧在其研究论文中提出旅游可持续发展的支撑体系,主要由以下三个方面构成。这三者紧紧围绕旅游可持续发展这一总体目标,共同构成其支撑体系。

1.生态旅游——旅游可持续发展的方向

生态旅游发展的终极目标是可持续,可持续发展是判断生态旅游的决定性标准,这在国内外的旅游研究者中均已经达成了共识。实际上,生态旅游是实现可持续旅游发展的一种典型形式,但不是唯一形式。所有的旅游活动,尤其是占主流的大众旅游,都应该遵循可持续发展原则,这将对环境和社会文化的负面影响降到最低。生态旅游可以作为发展可持续旅游的方向,但可持续旅游绝不仅限于生态旅游,当然做不到可持续发展的旅游也不能称为生态旅游。

2.社区参与——旅游可持续发展的关键

Walle 于 1995 年指出，作为一个综合性的行业，旅游业比大部分行业所涉及的利益相关者都要多。因此，在分析旅游业的政治问题、社会问题和道德问题时都会使用利益相关者模型。很多旅游目的地失败的一个主要原因就在于没能将关键利益相关者——当地社区包括在内，因此将社区参与纳入规划和决策过程是保证旅游得以可持续发展的关键。

3.旅游危机管理——旅游可持续发展的基本条件

根据马斯洛的需求层次理论，安全是人满足了生理需要后第二个层次的需求。旅游者从熟悉的居住地到陌生的地方旅游，在品味异地生活的同时，由于对周围环境不熟悉，心理上缺乏安全感，若旅游地没有安全的保证，旅游消闲也就无从谈起。旅游安全为旅游者的精神愉快、身心放松提供了最大保障，使旅游者能真正地体验异地生活。因此，和平与安全是一个旅游目的地旅游可持续发展的基本条件，也是旅游经济增长的决定因素。

（二）旅游目的地可持续发展评价方法

旅游目的地可持续发展评价方法是指依据可持续发展理论和可持续发展评价理论所确定的对可持续发展状态或程度进行衡量的具体方法，包括评判方式、步骤或模型等（钟凤，2007）。人们对可持续发展理论认识的重点不一，加上不同的评价目的，实际上存在着不同的可持续发展评价的思路和方法。现在的可持续发展评价主要采用以下几种方法。

1.旅游生态足迹法

Gossling 等（2002）提出了旅游生态足迹的计算方法，通过比较旅游生态足迹与旅游生态承载力的大小得出旅游可持续发展的程度。依据数据的获取方式，可以将旅游生态足迹的计算方法分为综合法与成分法。综合法是根据地区或全国性的统计资料获得相关数据，该方法适用于大范围的研究区域；成分法是通过发放调查问卷等方式获得人类日常生活中的各种消费数据，适用于小范围区域的研究。旅游生态足迹法的优点是能够定量衡量人类对自然生态系统的影响，缺点是不仅忽视了社会发展、经济发展等因素，还忽视了区域特征与生态足迹的作用强度，而且调查数据不易获取。

2.旅游可持续晴雨表评价法

晴雨表评价法是由国际自然保护同盟（International Union for Conservation of Nature，IUCN）提出的，Ko（2001）应用旅游可持续晴雨表法（Barometer of Tourism Sustainability，BTS）对旅游可持续发展的综合水平进行了研究，将旅游分为人类社会与自然生态两个系统，将旅游可持续发展影响因素分为八个维度，对利益相关者的可持续现状进行评估并预测，通过结合人类社会—自然生态二分量的可持续性得到旅游目的地可持续发展的综合评价值，并且其评价模型可以直观地反映出人类社会和自然生态系统各自的可持续发展能力。该方法的优点是综合发展水平与人类社会发展、自然生态系统发展均能得到直观的反映,缺点则是评价维度固定,不利于影响因素的细化研究。

3.综合评价法

综合评价法是指将所有评价指标的数值综合为一个指数,用于反映旅游系统可持续发展的整体水平。国内研究者大多基于指标体系采用多目标线性加权法来计算综合指标。该方法的优点在于能够从多维度、多层次进行全面性的可持续评价,缺点则是对要素间的协调度有所忽视。

4.其他评价方法

除上述三种应用比较广泛的评价方法之外,学术界也有学者应用了其他方法。Fons等人应用传统的SWOT定量分析法,从社会经济、旅游业、自然与文化遗产三个角度,对旅游政策可持续发展进行了评价。Blancas等与Oyola等将目标规划法在旅游业可持续发展评价研究中进行了尝试。Melón等将网络分析法与德尔菲法相结合对旅游可持续发展进行了评价。陈涛等(2012)将我国学者赵克勤于1989年提出的集对分析法引入旅游可持续发展评价研究中。

(三)旅游目的地可持续发展评价原则

一般来说,旅游目的地可持续发展评价应遵循以下基本原则。

1.当前利益与长远利益相结合

当前利益就是近期内能获得或实现的利益,长远利益指将来才能获得的利益。在旅游目的地可持续发展评价中要求重视长远利益,当代人不能因为自己的发展与需求,只顾眼前利益而损害后代人满足其需求的条件。

2.经济、生态和社会效益相结合

生态效益是形成经济效益的客观自然基础,而经济效益则是生态效益得以改善的重要的社会环境和外部条件。通常的情况下,当二者发生矛盾时,绝不能以牺牲生态效益去换取暂时的、局部的经济效益。社会效益与经济效益、生态效益也是相互制约的。因此,进行旅游目的地可持续发展评价必须高度重视经济效益、生态效益和社会效益的统一,正确处理三种效益之间的关系。

3.静态评价与动态评价相结合的原则

静态评价是指现状评价,主要剖析目前系统的结构状况,衡量整个系统所达到的功能水平和效益水平,静态评价能够反映系统的现实生产能力和水平。动态评价主要揭示系统的结构、功能及效益诸方面的演替规律,考察系统发展趋势,分析系统结构的稳定性、缓冲能力和应变能力,以掌握旅游目的地可持续发展系统的运行规律,进行系统的有效控制。静态评价和动态评价相结合,能从纵横两方面综合反映旅游目的地可持续发展系统的全貌。

案例分析二

鼓浪屿与可可西里：申遗成功后的新兴旅游胜地

背景概述

2017年7月13日，第41届世界遗产大会宣布，又有25处遗产地成功入选《世界遗产名录》。其中，中国的两处地标性景点——可可西里和鼓浪屿，因其独特的自然与文化价值，成功跻身这一国际荣誉之列。这一消息不仅令全球瞩目，还激发了国内旅游市场的热情。

可可西里：生态宝藏

位于中国西北部的可可西里被称为"无人区"的净土，因其原始的生态环境、高海拔以及丰富的野生动植物资源成为国际自然保护的典范。自2014年启动申遗工作以来，可可西里凭借其无与伦比的自然美景和生物多样性，成功满足了世界遗产的严格标准，并于2017年7月正式被列入《世界遗产名录》。

可可西里申遗成功对青海旅游工作具有重要的意义，一是能在国际旅游平台上更好地推介青海丰富的旅游资源、加强国际交流与合作、共同探索生态旅游发展经验。二是能给青海各地旅游工作提供有益启示。青海旅游资源丰富、品位高，有许多资源都可借鉴国际经验加以保护和利用。如青海湖、坎布拉、玉树嘉那玛尼石堆、勒巴沟、祁连山、昆仑山等，不胜枚举。旅游目的地应该积极创造条件，推动更多的旅游资源申报世界遗产。三是能提升旅游行业自觉进行生态文明建设、保护环境的积极性。旅游目的地要注重制度建设、形成有效的管理监督机制，采取有力措施，在旅游项目开发建设、经营管理中，建立相应的环境保护工作机制，对于申报A级旅游景区、星级酒店、A级乡村旅游点的，一律进行环境影响评价，不达标者不予通过。在日常综合执法中，加大对环境保护工作的检查督导力度，教育和引导旅游从业人员在接待游客过程中加强宣传生态环境保护理念，养成自觉保护生态环境的行为习惯，确保生态环境成为旅游发展最大的支撑和永续利用的资源。

鼓浪屿：历史与现代的交融

位于福建省厦门市的鼓浪屿，以其独特的建筑风格和历史底蕴，吸引了无数游客的目光。这里既有传统的闽南建筑，也有西方古典复兴和殖民时期的建筑风格，更有融合了20世纪早期现代风格与装饰艺术的新型厦门装饰风格。这些丰富多样的建筑风貌，共同构成了鼓浪屿独特的城市历史景观。

自2008年启动申遗工作以来，鼓浪屿经过多年的努力，终于在2017年成功入选世界文化遗产。这一荣誉不仅提升了鼓浪屿的国际地位，也引发了公众对于历史文化遗产保护的深思。面对旅游业的快速发展，如何平衡保护与开发，确保鼓浪屿的历史文化得以传承，成为摆在我们面前的重要课题。

结语

申遗成功的可可西里和鼓浪屿,不仅是中国自然与文化魅力的代表,也是全人类共同的文化财富。它们的成功入选,不仅提升了中国的国际形象,还为国内旅游业带来了新的发展机遇。然而,面对这一荣誉,我们更应该深思如何保护好这些珍贵的自然与文化遗产,让它们得以永续传承,为子孙后代留下宝贵的财富。

(参考案例来源:本案例在中国经济网《申遗成功后 鼓浪屿、可可西里成新兴旅游目的地》、央广网《鼓浪屿申遗成功 把握文化遗产保护新起点》、网易号《揭秘|可可西里何以入选世遗名单? 会是下一个旅游胜地吗?》等内容的基础上进行整合。)

(1)试解释什么是旅游目的地可持续发展。

(2)结合案例分析如何实现旅游目的地的可持续发展。

本章小结

本章主要从旅游目的地生命周期理论入手,对旅游目的地竞争力与旅游目的地吸引力进行了对比,并介绍了旅游目的地竞争力两个主要的理论基础:比较优势理论和竞争优势理论,以及旅游目的地竞争力模型、旅游目的地竞争力的影响因素、旅游目的地竞争力评价模型和旅游目的地评价方法。旅游目的地发展的动力机制有三个:市场动力机制、复杂系统动力机制和阶段性发展动力机制。旅游目的地发展的阻力包括源于客源地系统的阻力、源于旅游目的地系统的阻力、源于支持系统的阻力以及源于出行系统的阻力。旅游目的地可持续发展需要遵循公平性原则、持续性原则和共同性原则。

复习思考题

(1)概念解释:旅游目的地竞争力。

(2)试述并分析旅游目的地生命周期理论。

(3)试述旅游目的地竞争力的影响因素。

(4)试述旅游目的地竞争力评价模型及评价方法。

(5)试述旅游目的地发展的主要阻碍因素。

(6)试述并分析旅游目的地可持续发展的原则。

(7)试讨论旅游目的地如何做到可持续发展。

习 题

获取更多更新资源，请到中国大学 MOOC 网站搜索"走进旅游目的地：理论与实务"课程进行学习。

参考文献

[1] 陈涛,王晓冉,卢军仁.基于集对分析的生态旅游的数学模型研究:以泰山风景区为例[J].山东农业大学学报(自然科学版),2012,43(4):559-563.

[2] 戴金辉,刘玉琴,陈彩霞.利用因子分析法评价我国各地区综合经济实力[J].辽宁大学学报(自然科学版),2004(4):324-326.

[3] 冯学钢,沈虹,胡小纯.中国旅游目的地竞争力评价及实证研究[J].华东师范大学学报(哲学社会科学版),2009(5):101-107.

[4] 高林安.基于旅游的生命周期理论的陕西省乡村旅游适应性管理研究[D].长春:东北师范大学,2014.

[5] 郭舒,曹宁.旅游目的地竞争力问题的一种解释[J].南开管理评论,2004(2):95-99.

[6] 亢雄,马耀峰.旅游动力机制中阻力探析[J].社会科学家,2009(7):82-85.

[7] 廖远涛,顾朝林,林炳耀.新城市竞争力模型:层次分析方法[J].经济地理,2004(1):39-42.

[8] 祁洪玲,刘继生,梅林.国内外旅游地生命周期理论研究进展[J].地理科学,2018,38(2):264-271.

[9] 钱鸿.全域旅游发展动力机制研究及指标体系构建:以江苏省县(区)全域旅游为例[D].南京:南京师范大学,2017.

[10] 沈虹.旅游目的地竞争力评价指标体系研究[D].上海:华东师范大学,2008.

[11] 王联兵,米文宝,刘小鹏.宁夏旅游业综合竞争力评价及预测分析[J].旅游学刊,2005,20(5):76-80.

[12] 吴必虎.旅游系统:对旅游活动与旅游科学的一种解释[J].旅游学刊,1998,(1):21-25.

[13] 许春晓."旅游产品生命周期论"的理论思考[J].旅游学刊,1997(5):44-47.

[14] 杨新军,马晓龙,霍云霈.旅游产业部门结构合理性的 SSM 分析:以陕西省为例[J].人文地理,2005(1):49-52.

[15] 易丽蓉,李传昭.旅游目的地竞争力五因素模型的实证研究[J].管理工程学报,2007(3):105-110,120.

[16] 臧德霞,黄洁.关于"旅游目的地竞争力"内涵的辨析与认识[J].旅游学刊,2006(12):29-34.

[17] 张亮亮.旅游目的地竞争力指标体系及评价研究[D].杭州:浙江大学,2006.

[18] 张慧.旅游可持续发展支撑体系研究[D].成都:西南交通大学,2006.

［19］张立生.旅游地生命周期理论研究进展［J］.地理与地理信息科学,2015,31(4):111-115.

［20］张争胜,周永章.城市旅游竞争力的实证研究:以广东省为例［J］.资源开发与市场,2005,21(1):13-16.

［21］钟凤.区域旅游可持续发展评价研究:湖北省崇阳县为例［D］.武汉:中国地质大学,2007.

［22］周常春,保继刚.肇庆城市旅游竞争力研究:兼论城市旅游竞争力的分析框架［J］.地域研究与开发,2005(2):78-83.

［23］BLANCAS F J, CABALLERO R, GONZALEZ M, et al. Goal programming synthetic indicators: an application for sustainable tourism in andalusian coastal counties［J］. Ecological economics, 2010, 69(11): 2158-2172.

［24］BUTLER R W. The concept of a tourist area cycle of evolution: implications for management of resources［J］. Canadian geographer, 1980, 24(1): 5-12.

［25］CHRISTALLER W. Some considerations of tourism location in europe: The peripheral regions-under-developed countries-recreation areas［C］//Papers of the regional science association. berlin/heidelberg: springer-verlag, 1963, 12(1): 95-105.

［26］CROUCH G I, RITCHIE J R B. Tourism competitiveness and social prosperity［J］. Journal of business research, 1999(44): 37-152.

［27］DWYER L, KIM C. Destination competitiveness: determinants and indicators［J］. CurrentIssues in tourism, 2002, 6(5): 369-414.

［28］FON M V C, FIERRO J A M, PATILO M G Y. Rural tourism: sustainable alternative［J］. Applied energy, 2011,88(2): 551-557.

［29］GARCIA-MELON M, GOMEZ-NAVARRO T, ACUNA-DUTRA S. A combined ANP-delphi approach to evaluate sustainable tourism［J］. Environmental impact assessment review, 2012, 34: 41-50.

［30］GOSSLING S, HANSSON C B, HORSTMEIER O, et al. Ecological footprint analysis as a tool to assess tourism sustainability［J］. Ecological economics, 2002, 43(2-3): 199-211.

［31］KAUR J. Methodological approach to scenic resource assessment［J］. Tourism recreation research, 1981, 6(1): 19-22.

［32］KO J T G. Assessing progress of tourism sustainability［J］. Annals of tourism research, 2001,28(3): 817-820.

［33］LOZANO-OYOLA M, BLANCAS F J, et al. Sustainable tourism indicators as planning tools in cultural destinations［J］. Ecological indicators, 2012, 18(4): 659-675.

［34］MAYO E J, JARVIS L P. The psychology of leisure travel. effective marketing and selling of travel services［M］. CBI publishing company, inc. , 1981.

［35］MICHAEL E P. The competitive advantage of nations,free press, New York, 1990.

［36］SZROMEK A R. An analytical model of tourist destination development and characteristics of the development stages: example of the island of bornholm［J］. Sustainability, 2019, 11(24): 6989.

［37］WALLE A H. Business ethics and tourism: From micro to macro perspectives［J］. Tourism management, 1995, 16(4): 263-268.

第三章　旅游目的地系统

学习目标

掌握旅游目的地的空间结构与系统要素，特别是旅游目的地空间结构的特征和类型。理解旅游目的地地带、旅游流的概念等内容。学会从阴影区理论和旅游目的地屏蔽理论等视角分析旅游目的地之间的相互作用机制，能够剖析旅游目的地之间的合作与竞争。培养学生统筹规划以及全方面思考的能力，让学生意识到团队合作及良性竞争关系的重要性。

第一节　旅游目的地的结构系统

一、旅游目的地空间结构

（一）旅游目的地空间结构包含的内容

旅游目的地空间结构包括旅游活动内聚力级化而成的中心（或称为旅游节点）；由交通、通信等基础设施组成的路径或通道；受旅游节点吸引或辐射影响的腹地（或称为域面），是各种旅游活动的地域依托、旅游者及潜在旅游者长期居住的区域。

1. 旅游节点

旅游节点由相互联系的吸引物聚集体及旅游服务设施组成。吸引物聚集体包含旅游者游览或打算游览的任何设施和资源，其包括一个或多个个体吸引物及能产生吸引力的景观和物体。根据吸引力的重要程度，吸引物聚集体在空间上呈等级结构。旅游节点的服务设施包含一系列如住宿业、各式餐馆、零售商店或其他任何以旅游者为主要服务对象的设施。旅游节点之间由路径连接。路径既代表公路、铁路、航道等交通线，又代表各节点交通线大致的长度及客源的流向。

2.旅游循环路线、旅游目的地区域入口通道

旅游循环路线是指旅游者在旅游目的地吸引物聚集体和服务设施之间的流动轨迹。旅游目的地的旅游路线应根据旅游者的旅游动机和切身利益来设计,但还受其他因素的影响,比如各旅游节点之间的直接通达性、潜在路线的景观质量、旅游者使用的交通工具及旅游形象标识物的定位等都影响旅游路线的规划与设计。旅游目的地区域内并非所有的旅游节点之间都直接通达,也并非所有的旅游者在返程时都选择同一路线,因此旅游目的地区域的路线应是循环路线。

入口通道是旅游者进入旅游目的地区域的大门或到达地点。它们也许会沿着一条路线集中分布,也许会在旅游者由一个旅游目的地进入另一个旅游目的地的渐进过渡点上,虽然有时并未标明,但对旅游者有着重要的生理影响和心理影响。入口通道预示着旅游者进入该旅游目的地区域,同时也表明这一旅程的开始,它可以给出这一目的地区域的全景俯览图,也可以帮助旅游者定位。

3.旅游区和旅游目的地区域

旅游中心吸引和辐射影响的域面分别为旅游区和旅游目的地区域。旅游区由一个或多个相似的旅游节点组成,它的存在使旅游目的地区域有可能满足不同类型的旅游者的多样性旅游需求与旅游期望。旅游目的地区域是指旅游者为了度过美好的闲暇时间所选择参观的具有独特风情和风貌的特定旅游区域,可能由一个旅游区构成,也有可能由多个旅游区构成。

(二)旅游目的地空间结构特征

1.区域性

区域性是指具有不同旅游资源基础的旅游目的地、不同旅游发展水平的旅游目的地,其旅游空间结构具有明显的区域个性或景观特性。

2.等级层次性

等级层次性主要表现在两个方面:一方面是从某一旅游目的地在更高级旅游空间系统中所处的地位看它的层次性;另一方面,就旅游目的地自身的旅游发展水平、所处的发展阶段而言,内在的空间结构又有高、中、低之分,并与发展水平相对应。

(三)旅游目的地空间结构类型

1.按照旅游节点数量划分

1)单节点旅游目的地空间结构

单节点旅游区是旅游目的地空间成长的第一阶段,旅游者来到这唯一的旅游节点参观游览。这单一节点包含一个中心吸引物或一个吸引物聚集体,旅游者到达旅游目的地后只能待在这一个地方,相对于多节点旅游目的地来说,单节点旅游目的地空间范围很狭小,所有旅游支撑系统和服务设施完备但没有形成区域内旅游循环路线。

2）多节点旅游目的地空间结构

随着旅游业的发展，一些具有吸引力的深层次旅游资源或次级旅游资源被开发，多节点的旅游目的地开始出现。这里给出了多节点旅游空间规划布局模型（见图 3-1）。在模型中，有首要节点、次要节点与末端节点。首要节点是旅游者所熟知的核心吸引物聚集体，这是他们选择该旅游目的地的最基本的推动力。次要节点及边缘旅游区的末端节点均要以首要节点为中心来设计和规划路线。次要节点不是推动旅游者来此旅游目的地观光游览的原始推动力，但它的中心吸引物聚集体是增加整体旅游吸引力的重要因素。次要节点区也有较为完善的旅游服务接待设施，即使没有首要节点，次要节点也能把旅游者吸引到该旅游目的地。

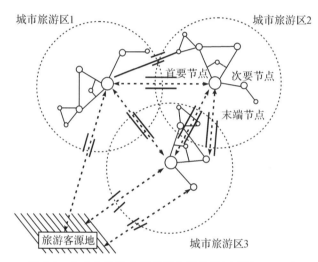

图 3-1　多节点旅游空间规划布局模型（卞显红，2003）

3）链状节点旅游目的地空间结构

随着旅游目的地的成长，旅游节点越来越多，不同性质的旅游区开始出现，日益呈现多区的旅游目的地增长格局。因此，需要通过旅游路线的设计和规划加强旅游区之间的联系，从整体上增加旅游目的地的吸引力，延长游客的逗留时间。

2.按照旅游核心数量与组合方式划分

相应地，吴承照（2005）把旅游目的地的空间结构划分为四种模式。

1）单核模式

这类旅游目的地中有价值的旅游区集中在一个地域，如杭州一直以来的旅游核心区域就在西湖。为了改变单核的状况，杭州挖掘了西溪国家湿地公园、湘湖度假区等一系列的新核，缓解单核的压力。

2）多核模式

多核模式的旅游目的地较多。大型城市容易出现多核模式，如上海形成了以外滩—陆家嘴为中心的综合观光区、以人民广场—南京东路步行街为中心的文化商业游憩区、以新天地—淮海中路为中心的历史文化商业游憩区、以徐家汇为中心的商业观光游憩区、以豫园城隍庙为中心的游憩商业区等多核模式。

3）带状模式

带状模式的形成与旅游目的地的自然环境特征有关，如河流、海滨等，世界上知名的旅游城市如巴黎、伦敦、纽约、青岛、厦门等均属此类。流经巴黎市区的 13 km 塞纳河河道是巴黎最重要的旅游带，伦敦的泰晤士河也是重要旅游带。

4）网络模式

具有网络模式的旅游目的地的吸引物分布比较散，呈点状分布，不成规模，如苏州城区。

二、旅游目的地系统要素

（一）旅游目的地系统要素的三层面要素

刘名俭和黄猛（2005）在总结旅游目的地空间结构要素构成的基础之上，结合空间结构整体性、动态性、层次性、相关性、聚集性和扩张性等特征，构建于旅游目的地系统要素的核心、关联和协调三层面要素。

1. 核心要素

在探讨旅游目的地的空间结构演变时，核心要素扮演着至关重要的角色。所谓旅游目的地空间结构的核心要素，即其内部所形成的实体构成要素。而其他要素则通过与核心要素间接产生效应发挥价值，它们直接影响着旅游目的地的空间结构。

（1）旅游资源作为旅游活动的核心吸引物，是旅游业赖以生存的基石。旅游目的地多样化的旅游资源会给当地带来诸多影响，例如依托丰富的文化资源，旅游目的地人们实施"旅游带动"战略，可实现文旅产业迅速崛起，进而带来显著的经济效益。另外，旅游资源的丰富度和品质在很大程度上直接塑造了旅游目的地的吸引力和主题形象，成为推动其空间结构演变的关键因素。资源的分布特点会直接影响旅游产品和旅游流的空间分布，从而形成旅游目的地的最小单元（节点）。

（2）旅游交通是旅游活动顺利进行的先决条件，是旅游目的地设施建设的根底保证。在旅游目的地的空间网络中，旅游交通发挥着不可或缺的桥梁作用，对游客进入旅游目的地的难易程度具有决定性作用。畅通无阻的交通建设能够加强区域之间的可达性，促进区域间和内部的联系与交流。旅游交通建设水平和设施完善程度越高，旅游者从旅游客源地进入旅游目的地就会越顺畅，也为他们在旅游目的地的自由活动提供了有力保障。此外，旅游目的地交通建设通过对游客的引导，进一步推动了区域旅游空间结构的优化和演变。

（3）城市作为旅游活动的接待与服务核心，在旅游空间结构中扮演着中转和辐射的双重角色。于宏观层面，城市中接待设施的水平和质量反映了当地的区域经济和旅游产业发展水平；于微观层面，接待服务中心的结构可以折射出旅游目的地的空间布局特点。有一定接待设施容纳力和承载力的旅游接待中心城市，能够支持并确保游客在当地顺利开展旅游活动。此外，接待设施的分布范围、分布密度、接待等级、接待能力等核心要素共同影响着旅游目的地区域与空间格局的演变。

2.关联要素

从旅游主体的角度出发，关联要素主要聚焦外部因素如何影响旅游目的地的核心要素。刘名俭和黄猛（2005）深入分析了旅游者、经营者和管理者的行为特征，并提炼出四个与旅游目的地空间结构紧密相关的关联要素：市场结构、游客行为、产品开发和功能定位。

首先，市场结构特别是客源市场结构，其构成和空间分布对旅游目的地空间结构具有直接影响。这是当地旅游业赖以生存和发展的核心要素。不同游客的属性特征，如性别、年龄、职业、旅游目的、消费水平、消费偏好、文化背景和空间距离等，都在悄然推动着旅游目的地空间结构的演变。其次，游客行为是旅游者在旅游消费活动中对旅游目的地居民文化习俗、环境等方面产生的深刻影响。旅游者将他们自己的生活方式带入旅游目的地时，也会改变当地的空间结构。如其好的行为能够促进区域沟通交流；不好的行为则会影响居民生活、破坏当地生态系统等，进而影响旅游目的地形象和知名度。最后，功能定位和产品开发是根据旅游目的地的旅游规划和开发管理进行选择的两个要素。虽然它们主要由旅游目的地空间结构所决定，但同时合理的功能定位和产品开发也为旅游目的地空间结构的集聚和扩展提供了必要条件，成为推动旅游目的地空间结构发展的关键因素。例如，符合旅游目的地功能定位的策略有助于快速确定目标市场结构，精心设计的旅游产品则能显著提升旅游目的地的吸引力和竞争力。因此，在旅游规划和开发过程中，旅游目的地需要科学合理地处理当地空间结构与市场结构、游客行为、产品开发和功能定位等要素之间的关系，以实现旅游业的可持续发展。图 3-2 为详细的旅游目的地空间结构体系。

3.协调要素

从旅游目的地的宏观外在环境视角出发，协调要素涵盖了社会、经济、文化和政策这四个核心要素。这些要素的共同目标是实现旅游目的地发展的终极目标，即确保经济效益、社会效益和生态效益的和谐统一。

根据系统论的基本原理，旅游目的地空间系统被视为社会经济系统中的一个特殊组成部分，其对外界环境的开放性使该子系统必须适应外在环境的变化。在这个过程中，社会、经济、文化和政策等宏观层面的因素通过一种外部虚拟作用力的形式，推动了旅游目的地空间结构的演变。然而，这些宏观层面的因素变化通常较为缓慢，而旅游目的地空间系统也需要一定的时间来适应这些变化。因此，在分析和理解旅游目的地空间结构时，应将社会、经济、文化和政策等因素视为协调要素。它们通过与核心要素（如旅游资源、旅游交通等）和关联要素（如市场结构、游客行为等）的相互作用，共同对旅游目的地

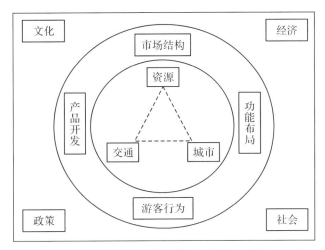

图 3-2 旅游目的地空间结构体系(刘名俭,黄猛,2005)

空间结构产生深远的影响。在旅游目的地的规划和发展过程中,充分认识和考虑这些协调要素的作用,对于实现旅游目的地的可持续发展具有重要意义。通过合理的政策引导、经济支持、文化保护和社会参与,可以有效地促进旅游目的地空间结构的优化和升级,从而实现经济效益、社会效益和生态效益的协调统一。

(二)旅游目的地系统要素的七要素

朱青晓(2007)通过对旅游目的地系统空间结构组成要素进行分析,把旅游目的地系统空间结构基本要素抽象到物理学层面进行分析研究,概括出"三层次、七要素"。三层次是指从空间形态来看,旅游目的地系统的空间组成要素可以分为点状、线状和面状三个层次。从具体的表现形式和功能看,七要素可分为旅游区、旅游中心地、景点、景区、旅游线路、旅游基质和对外通道。因此,将旅游目的地系统空间结构的最一般模式归纳为:以旅游中心地、景点和景区为节点,以旅游线路为旅游目的地的内部连接,以对外通道对外连接,以旅游基质为背景,以旅游区为完成整个旅游活动过程的最基本空间地域单元(见图 3-3)。

1.旅游区

从不同角度来看,旅游区有不同的概念,但是无论从哪个角度来讲,只要落实到空间层面,旅游区都是由旅游中心地、景点、景区、旅游线路、对外通道、旅游基质六个空间要素组成,并包含以下三层含义:第一,从空间组成方面讲,任何一个旅游区都包含上述六个空间要素,缺少任意一个就不能称为旅游区。第二,旅游区具有等级层次性。等级高的旅游区一般含有数量比较多、质量等级较高的旅游中心地、景点、景区和对外通道。第三,合理的旅游区内部空间结构和外部空间结构是实现旅游目的地系统功能协调和效益最大化的基础。

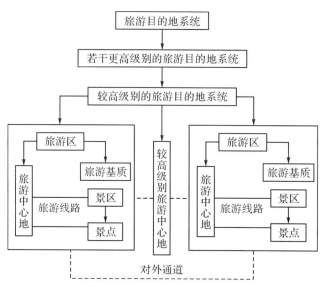

图 3-3　旅游目的地系统空间结构要素（朱青晓,2007）

2.旅游中心地

旅游中心地是指在一个旅游目的地系统内,以原有城镇为基础,旅游设施要素和服务要素集中布置所形成的空间地域单元。旅游中心地是旅游目的地系统的重要组成部分,无论从功能完整性还是从地域完整性角度,旅游中心地都是旅游目的地系统中最核心的部分。它具有三个特点:第一,旅游中心地是区域旅游发展的重要节点。第二,旅游中心地具有空间层次性。第三,旅游中心地具有可演化性。

3.景点和景区

景点是旅游目的地系统空间结构要素中最小的空间地域单元,是相对均质的吸引物聚集体,是景区的基本组成部分。一个或几个地理位置接近、联系方便的多个景点通过旅游线路在空间上组合起来便形成了景区。每一个景区都有自己的资源特色,与其他景区有着较为明显的差别。景区与景点的区别在于吸引物的均质性及规模上。另外,各景点往往不具有旅游经济意义,只有多个景点在一定地域内以一定的方式结合起来形成主题鲜明的景区后,各景点的旅游功能才得以充分发挥。

4.旅游线路

微观层次的旅游线路是指某一较低层次的旅游区内旅游者经过的路线;宏观层次的旅游线路是旅游经营者或旅游管理机构向社会推销的旅游产品在空间上的一种表现,它实际上包含旅游产品所有组成要素的有机组合与衔接。概括起来,旅游线路具有三重作用:第一,旅游线路是游客游览的通道。第二,旅游线路是各旅游中心地、景点、景区、旅游区之间建立联系的桥梁和纽带。第三,旅游线路是旅游目的地系统的构成要素之一,起着重要的结构性作用。

5.旅游基质

吴必虎(2001)曾结合旅游区对旅游基质进行了描述:旅游基质指斑块镶嵌内的背景生态系统或土地利用类型,是背景结构,它一般是面状,也可以是点状单元随机分布形成的宏观背景。对于旅游区而言,一般指旅游区的地理环境类型及人文社会特征。

6.对外通道

任何一个旅游目的地系统都是一个开放的系统,其中对外通道保证了该旅游目的地系统与其他旅游目的地系统间的旅游流动。对外通道具有下列特点:第一,对外通道具有层次性。目的地系统的等级层次性使对外通道也具有等级层次性。第二,对外通道与旅游线路之间存在功能互换性。对外通道与旅游线路之间不是截然分开的,对于较低层次的旅游目的地系统来讲,某一线路可能属于此旅游目的地系统的一个对外通道,但在较高级的旅游目的地系统内,它可能属于旅游线路。

三、旅游目的地地带

Guun(2002)提出了旅游目的地地带(Tourism Destination Zone,TDZ)概念,它由通道、入口、吸引物综合体、社区服务、连接通道等几部分组成。这实际上是一个社区型旅游目的地,在城市层面,由连接通道联系起多个 TDZ 会形成一个以城市为中心的更大的旅游吸引复合区(Tourism Attraction Complex,TAC)。其中,吸引物综合体指一系列有序的吸引物,是旅游者进行旅游休闲活动的场所;社区服务提供食宿服务设施、交通设施和旅游购物,两者通过通道联系在一起。游客通过各种渠道在旅游目的地地带流动在空间上呈现一定的组织性。

旅游目的地地带分为三种类型:都市型(Urban)旅游目的地地带(见图 3-4)、放射型(Radical)旅游目的地地带(见图 3-5)、扩展型(Extended)旅游目的地地带(见图 3-6)。都市型旅游目的地地带是典型的城市旅游目的地地带,客源市场来自其他城市、本市或农村,旅游吸引物主要分布在中心城区的外围。放射型旅游目的地地带是常见的区域旅游空间结构形式,城市与边缘地带结合成一个整体,边缘地带布局着旅游吸引物组团,城市主要提供旅游服务设施,以城市为中心开展区域旅游。扩展型旅游目的地地带是放射型旅游目的地地带的扩展,旅游者经过一个中转地到达延伸旅游目的地,旅游中转地和延伸旅游目的地都可视作旅游目的地地带。

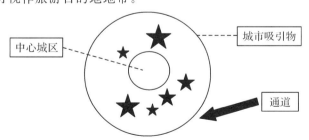

图 3-4　都市型旅游目的地地带(Guun,2002)

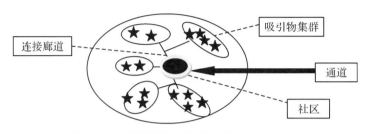

图 3-5　放射型旅游目的地地带（Guun，2002）

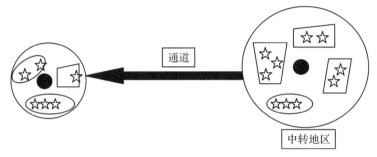

图 3-6　扩展型旅游目的地地带（Guun，2002）

第二节　客源地与旅游目的地间的流动

一、旅游流概念研究

（一）狭义的旅游流

楚义芳（1987）在《关于旅游地理学》一文中提到了关于旅游流的概念，旅游者从自己的常住地出发，到不同的旅游目的地观光游览、娱乐消遣，从游客群体的角度考察，称为旅游流。卢云亭（1988）明确提出旅游流的概念，大量旅游者离开常住地，到不同的旅游目的地观光游览、娱乐消遣，由此构成具有一定流向和流量特征的游客群体。

随着旅游业的发展，用旅游客流代替旅游流的误区缺陷越来越明显。首先，旅游客流的单向性概念没有考虑旅游活动的全过程，它割裂了客源地与旅游目的地之间的相互联系和相互作用的多元化系统。其次，用旅游客流代替旅游流，不利于充分发挥旅游业对地方经济发展的全面带动作用。最后，传统旅游流的概念不利于旅游业经营思想观念的转变。

（二）广义的旅游流

唐顺铁和郭来喜（1998）提出了旅游流的概念体系，认为旅游流是以旅游客流为主体,涵盖旅游信息流、旅游物流和旅游能量流的一个复杂系统。在旅游流体系中,旅游信息流是其他旅游流产生的先决条件,在旅游信息流的引导下,旅游客流才能产生。旅游客流是旅游流体系的主体和基础,旅游物流和旅游能量流伴随旅游客流产生。

1. 旅游客流

旅游客流是指游客从客源地到旅游目的地及返回旅游客源地的人流,强调双向性。

2. 旅游信息流

旅游信息流是指与旅游活动有关的,并伴随旅游活动而产生的信息传递及交流。

3. 旅游物流

旅游物流是指由于旅游活动的开展,在客源地和旅游目的地之间产生的物质流动。狭义的旅游物流是指旅游商品的流动和游客消耗的物质,广义的旅游物流应包括由旅游活动带来的客源地与旅游目的地之间的物质交流。

4. 旅游能量流

旅游能量流是指伴随旅游活动产生的能量流动。从游客的角度而言,某次的旅游能量流是其在完成这次旅游活动中消耗的能量,用旅游支出来衡量。从旅游开发和经营者角度来看,某次的旅游能量流是其组织完成一次旅游活动所消耗的资源,用成本来衡量。

(三)旅游流概念的发展

马耀峰和李永军(2000)通过对入境旅游流的研究,对旅游流的概念体系做出了补充,他们认为旅游流是有方向性的集合体,由客源地与旅游目的地之间、旅游目的地与旅游目的地之间的单向和双向旅游客流、信息流、能量流、资金流、物质流和文化流组成。信息流是指客流发生前或流动过程中的信息传输,是游客进行旅游决策的依据和条件,对旅游流的流向起导向作用。

丁正山(2004)根据旅游流的集散特征提出了相应概念:旅游目的地的吸引力使游客在旅游系统内集聚与扩散,同时与旅游系统不断进行资金、物质和信息的集聚与扩散的现象称为旅游流。

袁宇杰(2005)将旅游流定义为:在市场经济下,客源地、旅游通道与旅游目的地空间相互作用,通过旅游者、旅游企业、地方政府和相关社会团体的行为,所形成的旅游者流和旅游业生产要素流的合流。他根据吴必虎(2001)提出的旅游研究[一是从空间角度考察客源地和旅游目的地的相互作用,地理学上称 O—D 对研究;二是从市场角度考察旅游需求和旅游供给,经济学上称 N—S 对研究;三是从旅游活动的运行过程观察到的支持性活动的研究]提出将某个区域的旅游活动视为旅游系统时,这个旅游系统由旅游者流和旅游业生产要素流构成,简称旅游"双流"系统。

杨国良(2008)提出旅游流是在旅游目的地吸引力、旅游者内生需求和相关外在驱动力作用下共同产生的,在客源地与旅游目的地之间或旅游目的地与旅游目的地之间不断进行集聚与扩散的流集合,其中旅游客流是主体,资金流、信息流、物质流、能量流和文化流是伴生辅助流。

二、旅游流的基本特征

旅游流的基本特征既是对旅游流的刻画，又是测度旅游流的基本指标，是深入研究旅游流的一个着眼点，主要包括流向性、周期性、空间性、规模性、可变性和持续性。

（一）流向性特征

旅游流的流向性特征是指旅游流在运动过程中所经过的旅游路线和方向，它反映了客源地与旅游目的地之间，以及旅游目的地与旅游目的地之间联系的方式和途径，代表旅游者的旅游选择和决策。

（二）周期性特征

周期性特征是指旅游流的运动具有季节性的周期性规律。受旅游目的地旅游资源的季节性特征，旅游者的闲暇时间、收入及其他自身因素的影响，旅游者的旅游活动呈现一定的周期性特征。

（三）空间性特征

空间性特征是指旅游流在空间分布的均匀度或者集中度状况。旅游流的分布在空间上并不是均衡的、同质的，而是具有明显的地域差异性。相关研究表明，我国旅游流的空间分布格局呈现"东密西疏，沿江沿海密、边远山区内地疏，大城市密、农村疏"的格局，目前已经形成了江浙沪扩散场、京津冀扩散场等四个旅游流扩散场。

（四）规模性特征

规模性特征是旅游流的本质属性之一，是指旅游流由一定数量规模的旅游者组成，表明了旅游流是一个集体性概念，而不是一个个体性概念。该特征说明了旅游流与旅游者有本质区别，单个的旅游者不能称为旅游流。旅游流的规模性是一个模糊性概念，并没有一个准确的数值作为其极值阈值。旅游流规模性大小的量化指标是旅游流流量和旅游流强度。旅游流流量是指在一定时间段内，通过一定空间范围的旅游者数量；旅游流强度则是指单位时间内某一区域内单位面积上通过的旅游者数量。持续、均衡、大规模的旅游流对一个地方的旅游业发展十分重要。

（五）可变性特征

可变性特征是指旅游流的流向、周期、规模和空间分布不是一成不变的，而是可以通过某种手段或者对策进行调整的。该特性也是我们进行旅游流调控的理论依据。

（六）持续性特征

持续性特征是指旅游流的存在是长期的现象，而不是一时的现象。例如，某些地区的大型探险旅游活动，虽然从时间点上看与旅游流的形式十分相似，但是这些活动只是偶尔出现，之后该地的旅游状况依然是"门可罗雀"，那么这些旅游者不能算作旅游流。

三、旅游流的时间特征

旅游流在时间分布上的特征主要表现为旅游流的季节性。旅游流的季节性会给旅游目的地的开发和管理带来较大的影响。旅游流的季节性主要受自然和人为两类因素的影响,前者主要与气候变动、季节变迁等相关,后者与宗教、文化、民族等综合社会因素,特别是公共节假日及学校假期等相关。同时,社会潮流、季节性消费习惯等对旅游流也会产生影响。

(一)旅游流季节强度指数

国内学界有两种对旅游流季节性强度的测度方法:旅游流季节强度指数和基尼系数。旅游流季节强度指数是指通过搜集三年以上的各月或各季的数据,分析、预测目标未来变动规律的指数 S。掌握了季节变动规律,就可以利用它对淡旺季的季节性旅游产品进行市场需求量的预测。

在不考虑长期趋势的情况下,以点估计量比较旅游总收入在不同年度的时间分布集中性,其计算公式为:

$$R = \sqrt{\sum_{i=1}^{12} \frac{(X_i - 8.33)^2}{12}}$$

式中,R 为年度旅游流季节强度指数;X_i 为各月旅游总收入占全年的比重;8.33 为在全年绝对平均的前提下计算出来的每月总收入占全年的比重。R 值越接近零,旅游需求时间分配越均匀;R 值越大,时间变动越大,旅游淡旺季差异越大。

(二)基尼系数

相对而言,基尼系数在精确度方面优于旅游流季节强度指数(旅游流季节强度指数取值范围无上限,而基尼系数通常在 0—1 之间,精确度更高),其计算公式为:

$$G = \frac{2}{n} \left[\sum_{i=1}^{n} i f_i - \frac{n+1}{2} \right]$$

其中,G 为基尼系数;n 为一年的月份总数,即 $n=12$;i 代表一年中每月接待入境旅游人数按升序排列后的位数值;f_i 为第 i 月接待旅游人数与该年接待旅游总人数的比值。基尼系数通常介于 0—1 之间,基尼系数越大,代表某城市的旅游流在时间上分布越集中。

四、旅游流空间分布特征

(一)旅游流距离衰减模型

在距离(空间距离、经济距离、时间距离、心理距离等)的阻尼作用下,旅游客流量一般会随着与目的地距离的增加而逐渐减少,即遵循距离衰减规律(宣国富等,2004)。距

离衰减一般有三种模式（张捷等，1999），其计算公式为：

1. 一般模式

$$\ln I_Z = a - b \times f(d_z)$$

当 $f(d_z) = d_z$ 时，为指数模式。

2. 双对数模式

$$\ln I_Z = a - b \times \left[\ln(d_z)\right]^m$$

当 $m = 1$ 时，为 Pareto 分布模型；当 $m = 2$ 时，为常对数模型。

3. 指数模式

$$\ln I_Z = a - b \times \left[d_z\right]^m$$

当 $m = 2$ 时，为平方指数模型；当 $m = 1/2$ 时，为开方指数模型。

上述公式中，I_z 为衡量两地作用的指标，如客流量等；a、b 为系数，其中 b 为距离函数系数，亦为距离衰减指数，$f(d_z)$ 为距离函数，d_z 为距离。

（二）旅游流空间使用曲线

描述旅游客源地的空间分布结构变化，引入旅游流空间使用曲线概念。它是指旅游目的地使用人数随着距离的变化而发生改变的一种统计学描述。

1. 基本型曲线

反映随着距离的增加，旅游者旅行阻力不断增加，使得旅游目的地使用人数不断减少。

2. U 型曲线

U 型曲线刻画了随着距离的增加，旅游者旅行阻力不断增加，旅游人数不断减少。但至某一地带，在某些因素的作用下，旅游目的地使用人数又逐渐增加的现象。

3. Maxwell-Boltzman 曲线

描述了随着距离增加，旅游人数增长，使得旅游目的地使用人数增加，但距离足够远时，旅行阻力使旅游目的地使用人数出现下降趋势。

以上均符合距离衰减规律。

（三）地理集中指数

地理集中指数 G 用来反映旅游流扩散旅游目的地的分散性和集中性，其数学表达式为：

$$G = 100 \times \sqrt{\sum_{i=1}^{n}\left(\frac{X_i}{T}\right)^2}$$

其中，X_i 表示第 i 个客源市场的游客数量，T 表示旅游目的地接待的游客总量，n 表示客源地总数。

（四）空间扩散均衡度

杨国良用空间扩散均衡度来度量旅游流在空间的扩散均衡状况，其计算公式为，

$$r = 100 \times \sqrt{\sum_{i=1}^{n} \left(\frac{S_i - \bar{S}}{T} \right)^2}$$

式中,r 为旅游流空间扩散均衡指数;S_i 为流入旅游目的地的旅游流人数;$\bar{S}$ 为流入区域内各个旅游目的地的旅游流平均人数;T 表示流入区域的所有旅游目的地总人数之和;n 为旅游目的地个数,其值越接近零,表示旅游流流向各旅游目的地扩散分布越均衡,反之表示该旅游流流向各目的地扩散分布越不均衡。

藏马山下的"文旅新篇章"

2021 年 9 月,位于藏马山脚下的阿朵小镇惊艳亮相。它不仅以独特的建筑风貌吸引了人们的目光,还以其丰富的文旅活动——如沉浸式剧本杀、光影互动体验、创意音乐节、星空露营晚会和浪漫的爱情故事展览等,为游客带来了前所未有的体验。这种创新性的旅游方式,如两天一夜的沉浸式短途游、过夜游以及反季游等,迅速成为旅游市场的新宠。

国庆黄金周期间,阿朵小镇迎来了超过 15 万人次的游客,网络曝光量更是突破了 10 亿大关,民宿入住率实现了满员。这一辉煌成绩不仅证明了阿朵小镇的魅力,还让它荣膺了"2021 最受大众喜爱的旅游体验项目"的殊荣。在 2021 年的冬季,阿朵小镇以其独特的文旅融合模式,为青岛的冬季旅游市场带来了前所未有的活力。那么,在文旅融合背景下,阿朵小镇到底能否真正改变青岛冬季旅游格局呢?

阿朵小镇的成功并非偶然,它是融创集团结合地域特色,巧妙利用旅游季节性特征打造的杰作。旅游业具有明显的季节性特征,尤其是在北方城市如青岛,夏季旅游繁荣而冬季相对冷清。然而,融创集团看到了冬季旅游的潜在价值,特别是在北方地区,文旅需求因为气候和政策等因素而更加旺盛。因此,融创集团在藏马山这一自然风景区内精心打造了阿朵小镇,旨在打造一个高品质、有特色的休闲旅居目的地。

在 2022 年元旦假期,阿朵小镇再次证明了其强大的吸引力。300 多间酒店民宿全部满员,藏马山滑雪场的日客流量也达到了峰值。游客们纷纷表示,阿朵小镇不仅有趣、有料,而且提供的服务和设施都相当专业。从滑雪场的装备和教练,到各种丰富多彩的文旅活动,都让他们感受到了前所未有的满足和愉悦。

阿朵小镇的成功,不仅仅在于其精美的建筑和丰富的活动,更在于它精准的市场定位和深厚的文化内涵。它依托藏马山的自然优势,打造了一个以田园综合体为特色的高品质休闲旅居小镇。与主题公园模式不同,阿朵小镇更强调对中国传统文化的回归和传承。它游离于城市喧嚣之外,为都市人群提供了一个休闲、放松和释放心灵的理想场所。

可以说,阿朵小镇不仅为青岛的冬季旅游市场注入了新的活力,还为整个文旅产业的发展提供了新的思路和方向。

(参考案例来源:本案例在《大众日报》发布的《一个文旅小镇的"破冰"行动》、搜狐焦点和网易号发布的《藏马山上的火爆能否点燃青岛冬季旅游市场　阿朵小镇给出答案》等内容的基础上进行整合。）

（1）请分析旅游流的含义。

（2）请结合以上述案例分析旅游目的地如何突破季节性困境。

第三节　旅游目的地间的竞争与合作

一、阴影区理论

我国旅游地理学家王衍用先生于 1991 年首先提出了旅游阴影区的概念：由于旅游热点区域的阻滞作用或屏蔽作用而形成的旅游行为减值区多出现在旅游热点周围一定距离的空间范围之内，一般为旅游温点或冷点的地区，谓阴影区。他在研究了孟子故里之后发现，孟子故里有着较高级别的资源，但是旅游发展一直很缓慢。追究其根本原因，游客在观看了"三孔"之后，没有人会再乐意去孟子故里，虽然孟子故里是国家级旅游景区，但是由于资源的相似和雷同，使孟子故里处在"三孔"的阴影之下，这种负面的影响和阴影的笼罩使孟子故里的旅游资源价值在游客的心中降低，游客旅游行为受阻。

二、旅游目的地屏蔽理论

许春晓（1993）在研究旅游资源非优区时提出了屏蔽现象（即旅游资源相似的小区因处于不同大区而优劣昭然，类似的瀑布风光，位于黄果树景区与位于张家界景区的优劣意义是截然相反的），并依此提出了旅游地屏蔽理论，把具有明显屏蔽现象、旅游开发受到明显影响的旅游目的地称为屏蔽性旅游目的地。屏蔽性旅游目的地中含有许多屏蔽因子，这些屏蔽因子起着阻碍或延缓旅游目的地开发进程的作用。

（一）资源屏蔽

对于一组特定的旅游目的地，由于资源关系不和谐，导致某一个或某几个旅游目的地的旅游资源开发价值降低的现象，即旅游目的地的资源屏蔽。它可分以下两种现象。

1. 同类旅游资源的空间竞争使相对较弱的旅游资源开发价值更低的现象

一是优者屏蔽劣者，在空间上距离愈近，哪怕优者只有微微的优势，较劣者也可能被屏蔽。当然这种优与劣往往又与人们的旅游消费心理密切相关。二是开发早者屏蔽开发迟者，尤其是资源类型极其近似，旅游者对它们的兴趣又相差不多，形成的旅游产品又不可能有明显差异者。

2.不同类别资源之间的竞争使旅游资源的开发价值更低的现象

一是资源的开发价值不一样,旅游资源开发价值不如其他资源的开发价值大。二是决策者倾向于旅游资源以外的资源开发,这是在旅游资源的开发价值与其他资源开发价值基本相当,甚至更大的状态下,决策者出于个人偏好而否定旅游资源开发,钟情于其他资源开发的现象。三是不具备旅游资源的开发条件,即使是旅游资源的价值大,也得不到开发,而其他资源的开发或许进展顺利。

(二)要素屏蔽

旅游目的地因资金、劳动力、开发技术和土地等生产要素的不利影响,使旅游资源的开发价值显得更低的现象,即旅游目的地的要素屏蔽。

(三)区位屏蔽

区位屏蔽是指由于旅游目的地的空间位置及其与其他旅游目的地、客源地之间的空间关系,一个或几个旅游目的地的存在而对某特定旅游目的地形成的空间竞争势态,并使之处于劣势的现象。

1.距离性区位屏蔽

客源地与旅游目的地之间的空间距离过于遥远,使旅游者难于在时间上和费用上接受,使许多遥远的旅游目的地失去了部分市场。

此处所讲述的距离包括时间距离、空间距离、感知距离(社会距离、文化距离等),旅游消费者在选择旅游目的地的过程中首先考虑的是空间距离和时间距离,而感知距离主要取决于旅游目的地的可达性及形象宣传。

2.组合性区位屏蔽

旅游目的地之间的空间位置关系使某旅游目的地失去部分旅游者,或处于竞争劣势的状态。这种相互影响又与交通线路有密切关系,一般有三种情形:一是全阻挡型屏蔽,指特定旅游目的地的主要客源市场的交通线前方均有其他旅游目的地存在的现象;二是并列型屏蔽,指特定旅游目的地与某一旅游目的地分享主要客源市场的现象;三是略强型屏蔽,指特定旅游目的地与某几个旅游目的地分享主要客源市场时,处于交通的有利位置上的现象。

(四)条件屏蔽

旅游目的地本身的开发条件不利,相对于开发条件优越的区域,开发价值较低而不能顺利开发的现象,即旅游目的地的条件屏蔽现象。旅游目的地开发条件不利的情况较多,在此归纳为两类。

1.通达条件

通达条件不好,再好的旅游目的地也不能被旅游者所观赏,也不能被充分开发利用,最典型的是西藏的拉萨,其独特的自然景观,举世称奇的布达拉宫,从旅游资源本身的条件评价,都是极富魅力的。但因青藏高原自然条件的制约,交通不便,使拉萨旅游业深受

限制。青藏铁路的建成大幅改善了西藏的通达条件。

2.便游条件

有些旅游目的地的旅游资源品位很高,但因某些自然条件极不便于游览活动进行,因而也就进入了旅游资源非优区的行列。另外,旅游目的地与客源地之间的转车次数太多、发车密度过稀、交通工具档次太低或过高,都会产生条件屏蔽。

(五)事故屏蔽

在旅游目的地的开发进程中,由于管理上或其他方面的缘故,出现较多的或重大的事故,使旅游者产生畏惧心理,不敢或不愿来旅游目的地旅游的现象,即旅游目的地的事故屏蔽现象。具体情况有以下四种。

1.国家安全与稳定因素

一旦国家出现政局不稳定或其他安全问题,则全国所有的旅游目的地都将被屏蔽,一个处在战争状态下的区域是极少有旅游者前往的。

2.旅游地的犯罪率

旅游目的地的犯罪率高低,是影响旅游者进入的重要因素之一。犯罪率高的旅游目的地给旅游者带来不安全感,旅游者望而生畏。

3.交通事故率

在旅游活动中,交通出行作为旅游"六要素"的组成部分之一,是实现旅游者从客源地到旅游目的地空间位移的重要途径,然而旅游人员规模化的异地流动会导致道路交通事故量的增加。与一般交通事故相比,旅游过程中所发生的交通事故更易导致较高的伤亡率。全国旅行社责任险统保示范项目数据显示,2010—2019年全国共发生3861起旅游交通安全事件,共造成9682人受伤,231人死亡。旅游交通安全事故的高发性与高伤亡率逐渐成为旅游活动的重大安全隐患。因此,在交通事故高发地区,旅游者亦闻而止步。

4.其他危险因素

自然灾害多发地区、因管理不规范而各类宰客现象多发地区、发生过烈性流行病的地区等,都将有碍旅游者进入。

三、旅游目的地间竞争的原因

(一)地域邻近性

旅游目的地的空间竞争是由多个旅游目的地在同一地域内出现而引起的,当多个旅游目的地在同一地域出现时,它们各自的吸引力往往会出现此消彼长或同步增长的动态变化和地域旅游市场结构的再组织。一般而言,旅游目的地的空间竞争主要是同类型旅游目的地之间的竞争,不同类型的旅游目的地在同一地域出现,一般形成互补关系,但由于旅游者旅行的空间尺度不同,他们选择旅游目的地的级别也不一样,因而也会产生竞争。

(二)资源同质性

旅游者在旅行过程中倾向于效用最大化,从最初的观光旅游、度假旅游到现在越来越多的旅游者倾向于选择体验性的项目和旅游目的地,因此在闲暇时间有限的条件下,旅游者会选择不同类型的旅游目的地,走入不同类型的景区以增长见识,放松心情。

四、旅游目的地之间合作的影响因素

由于旅游者在出行过程中常常不只滞留于一个旅游目的地,作为旅游目的地的城市及吸引物之间需要基于共同利益进行协调、合作和营销。旅游目的地之间存在的这种合作关系称为"旅游伙伴关系"。不同类型的旅游目的地之间可以相互合作,为对方输送客源,形成资源优势互补。

旅游地理学界对旅游目的地合作关系的影响因素有过较多讨论,大多关注旅游目的地的旅游资源状况、区位特征、市场定位等因素。刘逸等(2018)借助经济地理学的概念,提出区位一体化和相关多样性这两个影响因素作为旅游目的地空间竞合关系理论的补充。

(一)区位一体化

区位一体化是指两个旅游目的地处于同一个交通网络中,两地之间连通可达,而且区位优势的差异不大。游客在一次出行中可以便利地来往两地,无须耗费较多的交通成本和时间成本,也不用对出行计划做出重大修改。因此,两个旅游目的地存在区位一体化时,就有可能走向合作关系,出现形象叠加效应。

(二)相关多样性

相关多样性概念来源于制造业产业集群效应的研究,认为产业集聚区中产业类型的多样性程度越高,则越有利于创新的发生,因为多样性会带来更多样化的知识溢出、交流和再生产。旅游目的地的相关多样性是指旅游资源相关多样性的程度,两地的资源相关多样性程度越高,走向合作的可能性越高,反之则会产生形象遮蔽效应。

案例分析二

G60 城市携手共创文旅新篇章

2019 年年底,一场意义重大的签约仪式在美丽的芜湖市举行,标志着 G60 城市正式签约成为互为文旅目的地,并共同推出了一系列富有特色的旅游线路。回溯到 2018 年11 月,在举世瞩目的首届中国国际进口博览会开幕式上,习近平主席郑重宣布,支持长江三角洲区域一体化发展,并将其上升为国家战略。这一战略的实施,为长三角地区的发展注入了新的活力,也为 G60 城市间的文化旅游合作提供了广阔的舞台。

此次 G60 城市的携手签约，正是对长三角区域一体化发展国家战略的深入贯彻落实。九城市共同致力于推进文化旅游事业的高质量发展，通过加强文化旅游的深度合作，提升旅游品质，共同打造具有强大影响力的长三角文旅品牌。这一举措不仅有助于开创长三角一体化文化旅游产业发展的新格局，还将为九城市的市民带来更多元化、更高品质的文化旅游体验。

在签约仪式现场，G60 城市展示了各自独特的文旅资源，并推出了多条具有鲜明人文特色的旅游精品线路，如"不忘初心·红色之旅""对话博物馆·研学之旅""匠心传承·非遗之旅"和"缤纷乐园·欢乐之旅"等。这些线路不仅展现了长三角地区丰富的历史文化底蕴，还体现了各城市在旅游创新方面的积极探索。

此外，部分 G60 城市的旅行社还签署了互送游客协议，这一举措将进一步促进九城市间的旅游交流与合作，为游客提供更加便捷、丰富的旅游选择。通过这一系列的合作与努力，G60 城市将共同打造一个充满活力、独具特色的长三角文化旅游圈，为游客带来更加难忘的文化旅游体验。

（参考案例来源：本案例在中国证券网《G60 城市签约：互为文旅目的地》、搜狐网《2019 中国夜间经济论坛在芜湖举行！松江文化和旅游局参加 G60 城市互为文旅目的地签约！》等内容的基础上进行整合。）

（1）请分析旅游目的地之间的关系。

（2）请结合上述案例论述旅游目的地间紧密合作的条件、动机和意义。

本章小结

本章主要介绍了旅游目的地空间结构和系统要素，重点学习了旅游目的地空间结构特征和类型等内容。从狭义和广义的角度详细介绍了旅游流的概念及发展，有助于深刻理解旅游流的基本特征、时间特征和空间分布特征等内容。通过阴影区理论和旅游目的地屏蔽理论（资源屏蔽、要素屏蔽、区位屏蔽、条件屏蔽和事故屏蔽）的介绍，可以清晰地掌握旅游目的地间竞争的原因，以及旅游目的地之间合作的影响因素。

复习思考题

（1）概念解释：旅游目的地空间结构。

（2）试述旅游目的地空间结构特征。

（3）试述旅游目的地系统要素的三层面要素。

（4）理解并掌握三种类型的旅游目的地地带。

（5）分析旅游流的特征。

（6）解释旅游目的地的屏蔽理论。

习 题

获取更多更新资源,请到中国大学 MOOC 网站搜索"走进旅游目的地:理论与实务"课程进行学习。

参考文献

[1] 卞显红.城市旅游空间结构研究[J].地理与地理信息科学,2003(1):105-108.

[2] 楚义芳,钱小芙.关于旅游地理的几个问题[J].经济地理,1987(2):137-143.

[3] 丁正山.南京国内旅游流时空演变研究[J].旅游学刊,2004(2):37-40.

[4] 赖菲菲,谢朝武,黄锐.全国旅游交通事故严重程度的时空分布及引致因素分析[J].世界地理研究,2023,32(9):159-169.

[5] 刘名俭,黄猛.旅游目的地空间结构体系构建研究:以长江三峡为例[J],经济地理,2005,25(4):581-584.

[6] 刘逸,黄凯旋,保继刚,等.近邻旅游目的地空间竞合关系演变的理论修正[J].旅游科学,2018,32(5):44-53.

[7] 卢云亭.论名山的特性、类别和旅游功能[J].旅游学刊,1988(A1):29,36-40.

[8] 马耀峰,李永军.中国入境旅游流的空间分析[J].陕西师范大学学报(自然科学版),2000(3):121-124.

[9] 唐顺铁,郭来喜.旅游流体系研究[J].旅游学刊,1998(3):38-41.

[10] 王衍用.山东旅游资源评价及开发对策[J].经济地理,1991(1):88-92.

[11] 吴必虎.区域旅游规划原理[M].北京:中国旅游出版社,2001.

[12] 吴承照.城市旅游的空间单元与空间结构[J].城市规划学刊,2005(3):82-87.

[13] 许春晓.旅游地屏蔽理论研究[J].热带地理,2001,21(1):61-65.

[14] 许春晓.旅游资源非优区适度开发与实例研究[J].经济地理,1993,13(2):81-84

[15] 宣国富,陆林,汪德根,等.三亚市旅游客流空间特性研究[J].地理研究,2004(1):115-124.

[16] 杨国良,黄鹭红,刘波,等.城市旅游系统空间结构研究[J].规划师,2008(2):58-62.

[17] 杨国良.旅游流空间扩散[M].北京:科学出版社,2008.

[18] 袁宇杰.旅游流的研究及旅游"双流"系统的构建[J].旅游科学,2005(1):6-11.

[19] 张捷,都金康,周寅康,等.自然观光旅游地客源市场的空间结构研究:以九寨沟及比较风景区为例[J].地理学报,1999,54(4):357-364.

[20] 朱青晓.旅游目的地系统空间结构模式探究[J].地域研究与开发,2007(3):56-60.

[21] GUNN. Touriam planning: basics, concepts, cases[M]. London, 2002.

第四章　旅游目的地客源市场分析

学习目标

　　学习五种旅游者目的地选择行为模型，能分析影响旅游者选择不同目的地的因素。了解旅游目的地客源市场调查及分析方法。掌握旅游目的地客源市场预测技术，包括定性预测技术和定量测量技术，并能进行实际应用。本章旨在培养学生的科学精神，能够基于对现实的分析和把握做出科学的决策。

第一节　旅游者目的地选择

一、旅游者目的地选择行为模型

（一）"推—拉"模型

旅游者目的　旅游者目的
地选择（一）　地选择（二）

　　"推—拉"模型由学者 Dann（1977）引入旅游研究领域。该模型认为旅游者选择目的地时受推力和拉力的影响。"推"因素是指内心的不平衡或紧张引起的内在驱动力，如逃离惯常环境、摆脱生活压力等，是激发人们外出旅游的内在推力。"拉"因素与旅游目的地自身特征和吸引力相关，如独特的自然风景、历史文物古迹、热门打卡地等，是影响游客选择旅游目的地的外在压力，具有一定的选择性。个体内部的需要形成推力，外界的刺激产生拉力，二者共同作用，产生了个体的旅游动机。

　　"推—拉"模型展示了旅游者选择旅游目的地时所考虑的各项条件和因素，但对于旅游者选择目的地的过程，解释得并不清楚。

（二）基于选择域的旅游目的地选择模型

　　选择域理论的基础假设在于消费者在决策过程中总是试图减少备选方案的数量，直至做出最后决策。在市场营销领域，Howard 最早明确提出了选择域的概念，并在随后的研究中对消费者如何缩小决策范围、如何做出最后的决定做了详细说明。

在旅游研究领域，选择域理论也受到了普遍认可，其应用价值集中体现在以下两种情形中：一是旅游者的购买过程是一个全新的过程，旅游者在这个过程中需要收集信息，对备选方案进行评估；二是这种购买带有某种风险，并意味着旅游者的高度参与水平。

旅游选择域模型的关注焦点在于通过一系列选择域对备选目的地或出游计划进行评估。但旅游目的地显然具有不同于一般产品的特点，这就要求研究人员对旅游目的地的选择域模型加以扩展和修正。Howard 在其模型的第一阶段中指出，所有的备选方案都可以分成两类：个体的知觉域和非知觉域。知觉域包括在某一特定时期为个体所感知的全部备选方案；非知觉域包括所有不为个体所了解的备选方案。这两个概念应用于某些品牌有限的一般消费品的决策时非常有效，但要在旅游业中实施则具有挑战性，因为潜在旅游者所了解的目的地的数量可能相当可观。为此，Woodside 和 Sherrell 修改了概念，提出应该将目的地划分为两类，即可知觉域和不可知觉域。其中，可知觉域包括旅游者相信在一定时期（如一年）内有前去旅游的可能性的旅游目的地。由于在知觉域中可选的目的地数量极多，确定旅游者的可知觉域可能更加合理。

此后，考虑到旅游的可能性这一概念有可能被理解为旅游者的出游能力，Woodside 和 Lysonski 又将知觉域划分为初期考虑域和排除域，来描述旅游者一定时期内可能去旅游的备选目的地。与之对应，Howard 模型的第二阶段——激活域，包括那些初期知觉域中经过删减后剩余的备选方案，在旅游目的地选择模型中发展为后期考虑域，继承了以上的选择域范畴。这样，旅游目的地的选择模型在原有两阶段的基础上得到了扩展。

经过众多学者的努力，形成的基于选择域的旅游目的地选择模型见图 4-1。

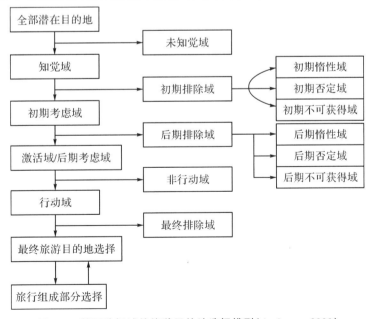

图 4-1　基于选择域的旅游目的地选择模型（Andersen，2000）

旅游者最初的选择范围是全部潜在旅游目的地中的知觉域部分。知觉域就是旅游者所能感知的全部备选方案，在排除掉可以接受但不真正需要的惰性域、难以接受的否定域和暂时不能获得的不可获得域后，形成激活域。此时激活域所包含的备选方案数量已经显著下降。接下来，旅游者会在激活域中留下自己将采取行动的行动域，再通过搜寻信息等行动，排除掉部分不符合的备选旅游目的地，最终做出旅游目的地选择。

（三）休闲旅游目的地选择过程模型

Crompton针对旅游者目的地选择过程提出了一个系统模型，将旅游者的选择分为两个阶段。第一阶段是属性阶段，也就是确认要不要去旅行这个基本问题，一旦要去旅行这个决策做出后，第二阶段就要考虑去哪里旅行的问题。

但这一阶段的模型略显简单。随后Um和Crompton深入研究了第二阶段，提出了一个休闲旅游目的地选择过程模型（见图4-2）。该模型的整体框架是基于Middleton的"刺激—反应"模型的结构建立的，总体上包括三部分：一是信息输入部分相关影响因素，有外部因素，包括来自社会和来自市场环境两方面，以及内部因素，包括个性、动机、价值观和态度；二是信息处理部分，即意识域和激活域；三是最终获得旅游目的地的选择结果。

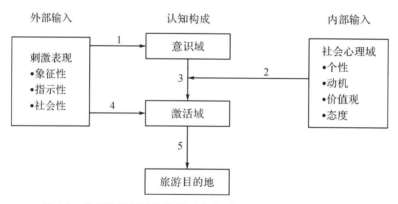

图4-2　休闲旅游目的地选择过程模型（Um和Crompton，1990）

（四）Mansfeld旅游目的地选择四阶段模型

Mansfeld提出了旅游目的地选择的四阶段模型，分别是产生动机、收集信息、归纳选择和做出决定（见图4-3）。

潜在的旅游者因繁重的工作、平淡的生活等因素产生了旅游动机，结合家庭情况、个人经济条件等因素，就会思考是否需要外出旅游。当潜在旅游者决定去旅游时，接下来就会发生一系列的选择过程。

首先要收集信息。这一过程分为两个阶段：在第一阶段，潜在的旅游者主要比照自己的可旅行时间、经济状况、家庭情况等，收集各种信息来决定自己喜欢的旅游目的地是否属于可选择范畴。在第二阶段，对于选择出来的旅游目的地，潜在的旅游者会对当地

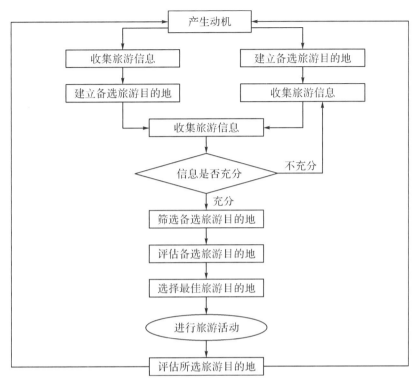

图 4-3　旅游者旅游目的地选择模型（Mansfeld,1992）

旅游资源和服务设施进行更加细致的信息收集。

在充分掌握信息后,潜在旅游者会根据信息将不符合自己实际条件、潜在风险太大的方案剔除掉。在归纳选择阶段,一项很重要的内容就是看旅游目的地的属性,如旅游资源、基础设施、旅游服务等的具体价值。如果潜在旅游者对某个备选目的地的几个属性都较为满意,那这个旅游目的地就更可能被选中。

潜在旅游者做出最后决定还要经历两个阶段。第一阶段要将所有无法接受的旅游目的地都排除,第二阶段要对可能选择的目的地子集进行评估,以确定最后的选择。

（五）度假旅游者的行为模型

Moutinho 在对葡萄牙的度假旅游者行为的调查研究中,对旅游者决策制订过程领域的研究文献进行了一次全面的综述,并在此基础上绘制了一个旅游者决策行为模型（见图 4-4）。该模型主要包括购前影响、购后评价和未来决策。

（1）购前影响。它涉及从旅游者得到旅游信息到做出购买决定的一系列事件。它由偏好、决定和购买三个阶段构成。

（2）购后评价。购后评价区域被标明为满意/不满意。旅游者后续行为将出现三种结果:接受态度（高度赞同）、不表态（中性）和拒绝态度（高度否定）。

（3）未来决策。根据旅游者返回消费的情形,后续行为存在四种情况:直接重复购

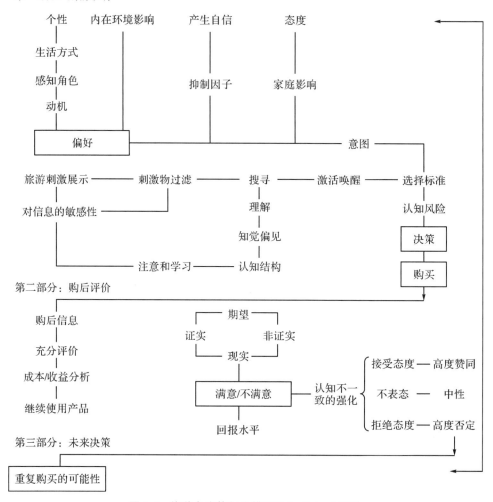

图 4-4　旅游者决策行为模型（Moutinho，1987）

买、将来重复购买、经过修正的重复购买和转向购买竞争者的产品。

因此，此模型将度假旅游者复杂的行为简化成了一个更具实践意义的行为模型，而且将购后行为纳入旅游决策的范围。

二、旅游者目的地选择影响因素

（一）旅游者个体因素

对旅游者目的地选择起影响作用的自身因素总体上可以概括为两类：一类是旅游者个人内在的心理特征，主要表现为旅游动机，而旅游动机又受旅游者生活方式、所处的文化环境和社会经济环境等因素的影响；另一类是旅游者自身的经济状况、可自由支配的时间、年龄、身体状况等外在的因素，这部分主要在旅游者选择旅游目的地和产品上产生限制。

1.旅游者的个性特征

个性是指思考和行为的独特模式,它体现在旅游者生活的各个方面,包括例行的日常生活、活动、兴趣、看法、价值、需求和感知。旅游者的个性展示出真实的生活。在进行旅游目的地选择时,会遇到这样一种情况:同一个人不同的时候想去的旅游目的地不同。这是因为他的旅游动机会变化。比如,追求新奇的旅游动机会让旅游者选择从未去过的旅游目的地,逃离的旅游动机反而会让旅游者想去一个熟悉、无压力的旅游目的地放松。

旅游者的个性会影响目的地的选择,Plog根据旅游者的个性,划分出自我中心型、近自我中心型、中间型、近多中心型和多中心型五种类型的旅游者。自我中心型旅游者性格内向、多忧多虑,一般会选择熟悉、安全的目的地,对喜欢的目的地会故地重游,而多中心型旅游者则不同,他们自信、外向且乐观,一般会选择新奇、陌生的旅游目的地,并且不会故地重游。

Hofstede提出不同文化背景下成长的人具有不同的价值观,包括权力距离、不确定性的规避、个人主义/集体主义、男性化与女性化、长期取向与短期取向、自身放纵与约束。文化价值观不同的人对旅游目的地的选择也不同。比如,总体而言,中国人属于不确定性规避类型文化背景的人群,相对愿意去低风险地区旅游。

地方情感指的是旅游者对某一个地方特殊的情感联系,这种情感联系可能来源于特殊的事件、过往的旅游经历、个人的生活背景等。

2.社会人口统计因素

旅游者的性别、年龄、收入、受教育水平等人口统计学特征也是旅游目的地选择的重要影响因素。

不同性别和年龄的旅游者对旅游目的地有不同的偏好。比如,女性更喜欢都市型的旅游目的地,而男性更喜欢探险型的旅游目的地。年轻旅游者更喜欢网红打卡型的旅游目的地,而年长者更喜欢经典知名的旅游目的地。

一般情况下,受教育水平越高的人出游的可能性越大,对旅游目的地的质量要求也更高,也更喜欢具有文化内涵的旅游目的地。

收入水平因素被认为是选择旅游目的地的重要影响因子,一般旅游者收入越高,可支配收入越多,用于旅游的资金就越充足,前往某目的地的意愿通常就越强烈。同时,在选择旅游目的地时也较少受交通费用、消费水平等因素的限制。

从家庭生命周期来看,不同阶段的旅游者会考虑不同类型的旅游目的地,有未成年子女的家庭,在出游时就会考虑能够兼顾儿童需求的旅游目的地。

上述的个体因素之间并不是孤立的,比如年龄不同,也就意味着收入、家庭生命周期的不同,所以要进行综合考虑。

(二)旅游目的地因素

旅游目的地因素主要集中在目的地形象、目的地产品属性方面。

旅游者在获得目的地的相关信息后，会构建出目的地形象，并基于这种形象感知在比较后做出选择，因此旅游目的地形象是进行目的地选择的关键影响因素。旅游目的地形象越正面一般越能吸引更多的旅游者。旅游目的地形象包含认知形象和情感形象。认知形象包括地理环境、社会环境、风土人情和当地提供的旅游活动等。比如，大家对杭州的认知形象，可能是西湖风景、白蛇传说、美丽城市等。情感形象是指旅游者对目的地形成的情感偏好，比如喜欢—讨厌、令人不愉快—令人愉快。

（三）旅游客源地与目的地对比因素

在旅游者目的地选择行为影响因素中，还有一些因素是涉及客源地和目的地两方面的，这些因素包括地理距离、汇率水平、物价水平等。

旅游者出游时考虑的最常见的一个因素就是地理距离。通常情况下，目的地与客源地地理距离越远，意味着旅游者需要支付的时间成本和金钱成本越高，旅游者前往该目的地的意愿越弱，这就是所谓距离衰减理论。距离衰减理论很好地解释了为什么除了极个别的小面积国家外，大部分国家的国内旅游活动的规模总是大于出国旅游活动的规模。

在出境旅游时，目的地与客源地之间的汇率水平被认为是影响旅游者目的地选择的重要变量，通常目的地相对于客源地汇率水平越高，意味着单位客源地币值可以换取更多的目的地币值，这时候旅游者前往该目的地的成本相对降低，其到访的意愿会越强。汇率低也是近些年我国居民赴泰旅游、赴韩旅游等日益增多的原因之一。

物价水平也是重要的影响因素之一。目的地相对于客源地的旅游产品价格水平越高，旅游者需要支付的金钱成本越高，前往该目的地的意愿则会减弱。泰国旅游业的飞速发展很大程度上得益于其高性价比的消费，有着比欧美国家低廉的物价。

（四）情境因素

Belk 将情境定义为"在某一特定的时间点和地点所存在的对当前行为产生影响的所有因素，这些因素不是来自对个人属性和刺激属性的认识，并且这些因素对当前行为产生可证实的、系统化的影响"。情境因素可以分为五个维度：时间因素、社会环境、物质环境、先前状态和任务类型（见表 4-1）。

表 4-1　情境因素的五个维度

维度	内容
时间因素	包括时间段、时间限制和花费的或预期的时间
社会环境	包括其他人和他们的性格、角色及互动作用的影响
物质环境	如地点、声音和氛围等
先前状态	指对现有环境的感知、评估和接受带来影响的暂时的情绪和状态
任务类型	即购买的目的

在旅游者目的地选择过程中,情境因素还涉及一些不可预见的情况或机会,根据这些情境因素对最终行为产生的影响可分为以下几类:一是使原计划搁置型,主要是指旅游者本人遭遇天灾人祸而不具备出行的身体条件、因私人原因假期不得不取消、原定的旅游目的地自然环境或社会环境突变而不具备安全接待游客的条件等阻止旅游者出游的客观因素。二是使目的地改变型,主要包括出行前旅游者接收到有关其他目的地的旅游价格因旅游设施改进、重大旅游节事或活动等而降价的信息,从而使旅游者改变初衷另选目的地。后者通常是现实旅游决策中频频发生的旅游者"最后一分钟购买"现象的直接原因。

案例分析一

中国出境游市场蓬勃发展,助力全球旅游业复苏

习近平总书记在党的二十大报告中明确提出,必须坚持在发展中保障和改善民生,鼓励共同奋斗创造美好生活,不断实现人民对美好生活的向往。随着中国经济的快速发展和人们生活水平的稳步提高,中国出境游人数呈现逐年上升趋势。

文化和旅游部的数据显示,2024 年春节期间,出入境旅游人数约 683 万人,出境游与入境游的人数分别约为 360 万人和 323 万人。联合国旅游组织发布的最新《世界旅游业晴雨表》强调了中国旅游市场复苏对全球旅游业的积极推动作用。在签证政策放宽和航空运力增强的背景下,2024 年中国出入境旅游市场将呈现显著增长,有力助推全球旅游业的复苏进程。

近些年在中国,出境游变化明显,主要有:

一是出境主力军年轻化、老龄化。之前出境游主力军是 40—50 岁的中年人或者商务人士,具有一定财富积累;现在出境游的游客向两端化发展,"90 后""00 后"年轻化的群体成为出境游的大军,尤其是中等收入及一、二线城市的年轻化群体更加彰显了出游态度的积极性。除此之外,"银发族"也加入出境旅游中,并且数量呈增加的趋势,有关数据统计,60 岁这个年龄层的老人也成为出境游的绝对主力。

二是出境游目的地"百花齐放"。之前受政策、文化等方面的影响,出境游的目的地主要集中于亚洲国家或地区,如今中国游客出境游多元化,像非洲、欧洲、南美洲、大洋洲甚至南极洲,都有中国游客的足迹。

四是游客旅游"专业化"。中国游客的特点正在发生变化,他们不再满足于旅行团的安排,而是更加主动地选择旅行目的地,并对具体的行程、地点和方式提出要求。他们开始主动了解目的地的信息。从最初的匆匆观光,到购入奢侈品,再到深度文化体验,中国游客的旅游目的越来越多样化。例如,尽管在出境游中有中餐提供,但游客会特别要求体验当地的特色食宿,而且对住宿和饮食的标准要求也越来越高。

中国出境游市场的蓬勃发展,不仅反映了国家经济的持续增长和人民生活质量的稳步提升，更是对全球旅游业复苏进程的有力支撑。展望未来，我们有理由相信，中国出境游市场将继续保持强劲的增长势头，为全球旅游业的繁荣发展贡献更多的中国智慧和中国力量。

（参考案例来源：本案例在腾讯网发布的《2023年中国旅游市场分析报告》和《人民日报》发布的《中国旅游恢复为全球旅游市场注入动力》等内容的基础上进行整合。）

（1）试阐述旅游者出境游选择目的地的过程。

（2）试分析有哪些因素会影响出境旅游者的目的地选择行为。

第二节 旅游目的地客源市场调查分析

一、旅游目的地客源市场调查

客源市场调查是指运用科学的方法和手段，有目的、有系统地收集、记录、整理、分析和总结与旅游市场变化有关的旅游者各种消费需求，以及旅游营销活动的信息、资料，以便准确把握目标市场的规律，为旅游目的地管理提供决策依据的活动。

（一）客源市场调查的内容

1.对购买行为的调查

对旅游业而言，消费者的购买行为是变幻莫测的，仅通过理论分析来把握潜在的和现实的顾客消费心理和购买行为是不客观的，因此有必要对购买行为进行调查。在调查中应注重调查这几个问题：消费者想要什么？消费者在什么时间购买？购买频率怎么样？谁做购买决策？公众对旅游目的地的评价如何？

2.对销售过程的调查

在销售过程中消费者会得到两个重要的服务感受：服务质量和满意程度。这两个感受将进一步转化为正面或负面的口碑，在更大的范围内影响潜在顾客——前来旅游目的地还是放弃前来。

3.对竞争对手的调查

对竞争对手的调查同样有助于旅游目的地做出合理而及时的规划决策。包括了解对手在以什么形式、何种价格提供何种产品，对手采取了什么促销策略和分销渠道，对手在产品开发和营销活动中有何创新，等等。对竞争对手的调查将是旅游目的地在竞争中立于不败之地的有效保证。

（二）客源市场调查的方法与技术

1.客源市场调查方法

1）文案调查法

客源市场调查需要收集两类数据，即统计数据与原始数据。其中，统计数据也称二手数据，是经别人收集、加工整理和已经发表的数据。文案调查法就是通过搜集各种历史和现实的动态统计资料（二手资料），从中摘取与市场调查课题有关的信息，并进行统计分析的调查活动。因此，文案调查法也称间接调查法、资料分析法或室内研究法。就一般情况而言，统计数据的搜集相对快捷，成本较低。资料搜集的对象既有当地现有的各种资料和文件，也有通过网络检索下载的大量相关资料，比如旅游目的地的搜索指数、网络口碑、关注热度等。

2）实地考察法

实地考察法是指调查人员对被调查者的情况进行直接观察、记录以取得市场信息资料的一种调查方法。调查人员凭借自己的眼睛或借助摄像录音器材，在调查现场直接记录正在发生的市场行为或状况，是一种有效的收集信息的方法，既获得第一手资料，也获得制订规划所最需要的感性认识，思路和创意的灵感大多由此而生。

实地考察法的优点是：不必得到被调查者的同意，不干扰被调查者的行为，现场观察费用少，迅速获得数据和现场信息。同时被调查者往往是在不知不觉中被调查的，处于自然状态，因此所收集到的资料较为客观、可靠、生动、详细。

实地考察法的缺点是：没有机会提问和解释；不能直接得到信息；无法观察诸如旅游者的住宿动机、未来计划、过去经历等；只能观察事实的发生，观察不到行为的内在因素，如旅游者的感情、态度等。

3）访谈法

采用文案调查法获得的数据有时不能满足决策对于信息的需要。例如，有些统计数据已经过时或者误差过大，不能作为旅游目的地管理决策的依据。因此，旅游调查人员常常需要亲临现场搜集相关信息，我们称调查人员自己通过实际调查搜集到的第一手数据为原始数据。访谈法是获取原始数据的一种最常用的方法，它是调查人员采用询问方式向被调查者了解市场情况的一种调查方法。访谈法具体又可分为人员访谈、小组讨论和电话（网络）访谈三种类型。

（1）人员访谈。

人员访谈是指调查人员当面向被调查者提出问题，之后由调查人员整理所得到的信息。在做人员访谈时调查人员应注意，不允许暗示或提示调查者回答问题。访谈应包括四类群体：一是旅游者；二是旅游产品的直接供应方，包括开发部门、经营部门和行业管理部门；三是与旅游业密切相关的政府主管部门；四是当地居民。

人员访谈的优点是：答复率高，可以解答问题，可以采用开放式问题，允许有各种答

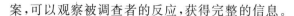

案,可以观察被调查者的反应,获得完整的信息。

人员访谈的缺点是:调查人员本身可能具有偏见,被调查者的时间难以约定,费用高,被调查者不愿回答私人问题,被调查者可能较紧张,被调查者所答可能是调查者所期望的回答而非其真实想法。

(2)小组讨论。

小组讨论是指由一个受过培训的主持者主持,由六至十个人聚在一起几小时,讨论有关的产品、服务和其他问题。小组讨论时主持人要鼓励大家大胆发言,同时要注意讨论的内容不要偏离主题。小组讨论的内容可以通过书面记录或录像的方法予以保留。一般要给参加小组讨论的人员支付一些报酬。

小组讨论的优点是:比人员访谈更随意和放松,可以更深入地分析和研究问题,比人员访谈的答案更真实。

小组讨论的缺点是:很难安排合适的时间和地点,需要回答问题者花费时间和精力,有些人可能操纵整个讨论或使之跑题。

(3)电话(网络)访谈。

电话(网络)访谈是指调查人员借助电话或网络工具依据调查问卷向被调查者逐项询问,了解意见看法,收集信息资料的一种调查方法。

电话(网络)访谈的优点是:迅速获得信息,不需要专业人员,资料是最新的,费用低,高回收率。

电话(网络)访谈的缺点是:被询问者必须有电话或网络;比较难以实时观察被询问者的表情、体态,询问必须简单;难以与被询问者建立长久的联系。

2.客源市场调查技术

进行客源市场调查不仅要制订周密的调查计划,选择合适的调查方法,还要善于运用各种调查技术,才能获得完整、准确、有用的资料。调查问卷设计技术、抽样调查技术是客源市场调查中常用的基本技术。

1)调查问卷设计技术

调查问卷是指以书面问答的形式了解调查对象的反应和看法,由此获得资料和信息的一种调查方式。调查问卷的设计是客源市场调查中的一项基础性工作,直接关系到调查能否达到预期目的。

(1)问卷设计的主要步骤。

a.确定主题以便确定所要收集的资料、资料的具体内容和提出问题。

b.确定提问的方式。

c.确定每个问题的措辞。

d.确定每个问题的顺序。

e.从总体上设计调查问卷的结构。

f.送审与修改。将调查问卷送交有关领导、专家或同行审阅,征求意见,全面修改。

g.试查。修改、整理调查问卷后，复制少量份数发放到一定范围。然后回收，看看能否获得所需资料，是否还有错误和问题，了解试查对象的态度和反应。

h.定稿。试查后，对调查问卷的不足之处进行修改后才可定稿、复制并正式使用。

（2）问卷的格式。

问卷的格式一般包括这样几个组成部分：

a.问卷说明（开场白）。问卷说明用精练的语言向被调查者说明调查的意图、填表须知、交表时间、交表地点及酬谢方式等。问卷说明应强调调查工作的重要性，消除被调查者的疑虑，以取得被调查者的信任和支持。

b.调查的问题。这是调查问卷中的核心部分，依据旅游调查任务设定一系列问题，要求被调查者回答。

c.被调查者的情况。包括年龄、性别、职业、国籍、受教育程度、收入等，以备另外研究之用。

d.问卷的编号。

e.调查者的情况。在问卷的最后，附上调查人员的姓名、访问日期等，以核实调查人员的情况。

问卷设计具有一定的技巧性：一是语言的表达要简洁明了，不能模棱两可。措辞要有亲切感，避免引起被调查者的反感。如果调查的对象是国外游客，问卷设计应采用中英文对照。二是问卷结构的设计要注意合理性。问卷的正文，即调查的问题应当占整个问卷的三分之二到五分之四，其他部分如问卷说明、有关被调查者和调查者的个人资料信息只占很少部分。具体到问卷正文中的问题，应当先易后难，将核心问题放在问卷的前半部分。此外，问卷的篇幅要简短，否则被调查者会因时间过长敷衍答卷而影响问卷调查的效果。

（3）提问方式。

提问的方式有两种类型：封闭式和开放式。

第一，封闭式提问。封闭式提问是指调查人员事先准备好所有可能的答案，请被调查者从中选择回答。其主要包括以下内容：

a.两项选择法。调查人员就一个问题提出两个答案供被调查者选择，例如是与否、有或无等。这种方法答卷时间短，但它使被调查者无法表达意见的程度差别。

b.多项选择法。对一个问题给出三个及以上答案，被调查者可以任意选择其中一项或几项。

c.语义差别法。即在两个意义相反的词之间列上一些标度，由被调查者选择自己的意愿方向和程度的某一点，可用文字形式提问，也可以用表格形式进行调查。

d.顺位法。调查人员为一个问题准备若干个答案，让被调查者根据自己的偏好程度定出先后顺序。

第二，开放式提问。开放式提问在旅游调查中一般有两种形式：自由回答法和词句联想法。

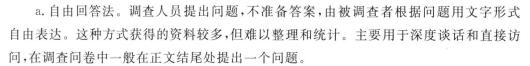

a.自由回答法。调查人员提出问题，不准备答案，由被调查者根据问题用文字形式自由表达。这种方式获得的资料较多，但难以整理和统计。主要用于深度谈话和直接访问，在调查问卷中一般在正文结尾处提出一个问题。

b.词句联想法。调查人员列出一些不完整的词句，由被调查者完成该句子，或者调查人员列出一些词语，每次一个，由被调查者说出或写下其脑海中涌现的相关信息。

2）抽样调查技术

由于调查经费的限制，难以对所有到旅游目的地的旅游者进行调查，因而往往采用抽样调查的方式获取有关信息。这种方法一般从调查单位总体中抽取一部分单位作为样本，以对样本进行调查的结果来推断总体。根据抽样机会是否相等的原则，抽样调查具体可分为随机抽样和非随机抽样（见表4-2）。

表 4-2　抽样调查分类

抽样调查分类	随机抽样	简单随机抽样
		分层随机抽样
		分群随机抽样
		等距随机抽样
		多阶段随机抽样
	非随机抽样	计划抽样
		判断抽样
		便利抽样
		配额抽样

（1）随机抽样方法。

随机抽样方法指从调查对象总体中完全按照随机原则抽取一定数目的样本单位进行调查，以样本调查结果推断总体结果的一种调查方式。这种方法给调查总体中每一个样本单位都赋予平等的被抽取机会，完全排除了人为的主观因素的影响，这也是它与非随机抽样方法的根本区别。

（2）非随机抽样方法。

非随机抽样方法指根据调查人员的需要和经验，凭借个人主观设定的某个标准抽取样本单位的调查方式。在非随机抽样调查中，调查人员有意识地选择具有代表性的个体作为样本，以样本调查达到推测总体状况的目的。

3）大数据调查技术

伴随大数据技术的日益成熟和推广，无论是网上调查还是现实的市场调查，大数据技术也成为市场调研的重要一环。通常将大量的原始数据汇集在一起，通过智能分析、数据挖掘等技术分析数据中潜在的规律，以预测事物的发展趋势，有助于人们做出正确的决策,从而提高各个领域的运行效率,取得更大的收益。

大数据是一种规模大到在获取、存储、管理、分析方面大大超出了传统数据库软件工具能力范围的数据集合。它具有 5V 特点(IBM 提出):Volume(大量)、Velocity(高速)、Variety(多样)、Value(价值)、Veracity(真实性)。

(1)大数据调查技术包括以下几类。

a. 数据采集技术:涉及从多种数据源获取数据的方法,包括网络爬虫、传感器技术、社交媒体数据收集等。

b. 数据存储和管理技术:包括大数据存储系统和数据管理平台,用于有效地存储和管理大量数据,如 Hadoop、NoSQL 数据库等。

c. 数据清洗和预处理技术:用于去除数据中的噪声、处理缺失值和异常值,确保数据的质量和一致性。

d. 数据分析和挖掘技术:包括数据挖掘、统计分析、机器学习等方法,用于从大数据中提取有价值的信息、模式和关联。

e. 数据可视化技术:将复杂的数据结果以图表、图形等形式进行可视化展示,帮助人们更直观地理解和解释数据。

f. 实时数据处理技术:用于处理实时数据流,支持实时决策和实时分析,如流式处理技术。

g. 人工智能技术:包括自然语言处理、计算机视觉、语音识别等,用于让计算机能够理解和处理非结构化数据。

h. 数据安全和隐私技术:保障大数据在采集、存储、传输和分析过程中的安全性和隐私性,防止数据泄露和滥用。

(2)大数据调查技术的步骤。

a. 明确目标和问题:明确调查的目标和需要解决的问题,确定调查的范围和重点。

b. 数据采集:收集不同来源的大量数据,可能包括结构化数据(如数据库记录)和非结构化数据(如文本、图像、音频等)。

c. 数据清洗和预处理:对采集的数据进行清洗和预处理,包括去除重复数据、处理缺失值和异常值,以确保数据的准确性和一致性。

d. 数据存储和管理:将处理后的数据存储在适当的数据库或数据仓库中,以便后续分析和查询。

e. 数据分析和挖掘:应用各种数据分析技术,如数据挖掘、统计分析、机器学习等,发现数据中的模式、趋势和关联。

f. 数据可视化:将分析结果以图表、图形等形式进行可视化展示,帮助人们更直观地理解和解释数据。

g. 深入解读和洞察:从分析结果中深入挖掘信息,得出结论,并提供建议。

h. 应用与决策:将洞察结果应用于实际问题,支持决策和业务发展。

i. 评估和优化:对整个调查过程进行评估,发现潜在的改进点,不断优化大数据调查技术的流程和效率。

这些步骤构成了大数据调查技术的基本流程，但在实际应用中可能因项目的不同而有所变化和调整。

（3）大数据调查技术的优缺点。

大数据调查技术的优点如下：

a. 高度自动化：大数据技术可以处理大规模数据，减少人力工作量，并提高效率。

b. 广泛的数据来源：通过整合多个数据源，可以获得更全面和准确的信息。

c. 实时性强：能够及时获取和分析实时数据，及时帮助做出决策。

d. 处理大规模数据能力强：能够处理海量数据，识别隐藏在数据中的模式和趋势。

e. 提供深入分析：帮助发现隐藏的关联和未知的信息，支持更深入的研究。

然而，大数据调查技术也有一些缺点，具体内容如下：

a. 数据隐私和安全问题：处理大量数据可能涉及敏感信息，需要加强数据安全措施。

b. 数据质量不稳定：来源广泛的数据可能质量参差不齐，可能影响分析的准确性。

c. 技术复杂性：搭建和维护大数据调查技术需要专业的知识和技能，成本较高。

d. 数据处理速度：处理大规模数据需要强大的计算资源，处理时间可能较长。

e. 需要专业人才：为了正确地运用大数据技术，需要专业的数据科学家和分析师。

二、旅游目的地客源市场分析

在市场调查结束后，还要对收集来的数据做进一步分析，通过数据发现其背后的规律和契机。客源市场调查的数据分析包括人口特征分析，旅游者偏好分析，旅游目的地知名度、美誉度和满意度分析等。

（一）人口特征分析

人口特征分析包括分析旅游目的地客源市场的性别构成、年龄构成、收入构成、职业构成和客源地构成等。了解目标客源市场的这些特征有助于目的地有针对性地做出决策行为和制定发展战略等。

（二）旅游者偏好分析

旅游者的偏好，包括出游方式偏好、旅游目的地偏好、旅游产品和设施偏好等。分析旅游者在做出旅游选择和购买决策时最看重的是哪些因素，相应地，旅游目的地就需要在这些方面提升和创新。例如，疫情期间人们出游首先会考虑安全问题，这样目的地就应该在旅游安全上提供强有力的保障。

（三）旅游目的地知名度、美誉度和满意度分析

市场调查也可以调研旅游目的地的知名度、美誉度，以及对现有旅游目的地产品的满意度，这些信息有利于旅游目的地做出下一步的管理决策。

第三节　旅游目的地客源市场预测技术

旅游目的地客源
市场预测技术

旅游需求预测开始于 20 世纪 60 年代,但快速发展却是在 80 年代。在 90 年代之前,一般采用的是传统的定量定性研究方法,如计量经济方法、时间序列方法等。90 年代之后,随着人工智能理论的成熟,以及在各行业的广泛应用,旅游研究者将这些方法引入旅游业,并进行了旅游需求预测的探索。21 世纪以来,随着互联网信息技术的发展,基于大数据的旅游需求预测方法开始出现。各种旅游需求预测方法见图 4-5。

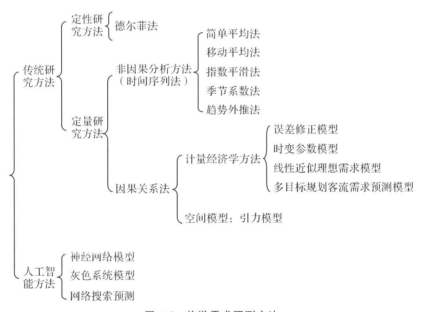

图 4-5　旅游需求预测方法

一、旅游目的地客源市场定性预测技术

定性预测就是依靠熟悉业务知识、具有丰富经验和综合分析能力的人员或专家,根据已经掌握的历史资料和直观材料,运用人的知识、经验和分析判断能力,对事物的未来发展趋势做出性质和程度上的判断,然后通过一定的形式综合各方面的判断,得出统一的预测结论。定性预测的优点是简单明了,不需要数学公式。定性预测的缺点是主观预测,精度取决于专家的经验和水平。定性预测一般与定量预测配合使用。类型包括:①经验估计法,包括管理人员评判意见法、销售人员估计法、专家意见法(如德尔菲法)等。②调查预测法,包括预购测算法、用户调查预测法、典型调查预测法、展销调查预测法等。

定性预测方法中最常用的是德尔菲法,由美国兰德(RAND)公司在 20 世纪 50 年代创立，以问卷的形式对一组专家进行咨询，经过几轮征询，使专家的意见趋于一致，从而得到预测结果，其工作步骤为：确定预测的问题；制定和分发问卷；回收第一轮问卷后，整理结果；再次征询专家意见对问卷结果进行修改；回收第二轮问卷并整理结果；第三轮专家修改预测意见；看是否需要进行第四轮咨询；对结果进行整理得出结论。

二、旅游目的地客源市场定量预测技术

定量预测法是对预测对象未来的发展变化趋势、增减速度或可能达到的水平的量化说明。该种方法适用于利用系统、详细和准确的统计资料来预测在一定时期内发展变化比较稳定的旅游市场现象。它可细分为时间序列法和因果关系法。

(一)时间序列法

时间序列法是一种定量分析方法，它是在时间序列变量分析的基础上，运用一定的数学方法建立预测模型，使时间趋势向外延伸，从而预测未来市场的发展变化趋势，确定变量预测值。时间序列法最根本的特征，也是与截面数据最根本的区别，是时间序列数据对应时间的顺序性。这种顺序性是由时间序列数据按时间顺序统计观测的基本方式决定的。时间序列法的基本原理是假定事物的过去趋势会延伸到未来，撇开了事物发展的因果关系去分析事物的过去和未来的联系，包括简单平均法、移动平均法、指数平滑法、季节系数法、趋势外推法等。

时间序列法中最常用的方法是趋势外推法，其预测步骤包括：收集、整理历史资料，编制时间序列；确定趋势变动形态；选择预测方法；确定预测值。

(二)因果关系法

因果关系法根据经济变量之间的某种因果关系，找出影响预测对象(因变量)的一个或几个经济因素(自变量)，建立因果或回归数学模型，然后根据自变量的变化趋势来预测因变量的变化趋势。因果模型中的因变量和自变量在时间上是并进关系，也就是说，因变量的预测值要由并进的自变量的值来推算，这种方法可以将突变因素考虑进去。

1.计量经济学方法

在旅游需求预测中应用的计量经济学方法有误差修正模型(Error Correction Model，ECM)、时变参数模型(Time Varying Parameter，TVP)、线性近似理想需求模型(Almost Ideal Demand System，AIDS)、多目标规划客流需求预测模型等。

建模程序：基于需求理论形成假设，决定模型的函数形式，收集数据，估计模型，检验假设，生成预测值或评估政策。

1)误差修正模型

误差修正模型是一种具有特定形式的计量经济学模型，它的主要形式是由Davidson、Hendry、Srba和Yeo于1978年提出的，称为DHSY模型。建立误差修正模型，是因为某些经济变量之间存在长期稳定的均衡关系。但是，短期内这种稳定关系也

许会出现某种失衡,为了弥补这些缺陷,并且把短期行为和长期值相联系,并对失衡部分做出纠正,我们采用误差修正模型。

2)时变参数模型

利用经济计量模型进行预测有时可能会预测失灵,预测失灵一般与模型结构的不稳定有关,即模型中的参数随时间变化。模型预测失灵和参数的显著性变化是数据生成过程发生根本性结构变化的反映。基于上述观点,建模者主要采取建立时变参数模型来反映结构的变化。比如,在研究我国的旅游消费模型时,就可以采用时变参数模型法。

3)线性近似理想需求模型

线性近似理想需求模型是国内用于消费结构的理论发展和实践应用的验证性消费系统模型,一般用于框架性预测国内的消费趋势。该模型是从成本函数(或称支出函数)推导得出的,它不必依赖于消费者效用函数。即使需求理论的限制全部采用,线性近似理想需求模型仍然可以足够灵活地避免一些来自过于简化的效用函数所得出的、其他需求系统模型所难以摆脱的更为严格的限制问题。由于线性近似理想需求模型符合需求理论,可以用来检验需求理论的限制约束,在其方程中的系数是线性近似的情况下,它的估计非常简便,从而可以避免非线性估计的麻烦。线性近似理想需求模型是一个灵活的、完整的需求系统模型,它所估计的系数具有极其简明的经济含义,尤其适用于消费者家庭预算数据,可以允许一定程度的消费者加总问题。

4)多目标规划客流需求预测模型

多目标规划客流需求预测模型根据约束变量分析的方法进行客流需求的多目标规划和特征分析,采用关联规则性检测的方法进行目的地客流需求的模糊度评价和参数评估,以及旅游目的地客流需求的可靠性评估和非参数量化特征估计,构建了样本回归分析模型进行旅游客流需求的量化分析和评估,采用多目标规划方法进行旅游客流需求预测。研究表明,采用多目标规划进行旅游客流需求预测的准确性较高,在客流需求预测和调度中具有应用价值(方敏,2020)。

2.空间模型:引力模型

1)牛顿的万有引力定律

自然界中任何两个物体都是相互吸引的,引力的大小跟这两个物体的质量的乘积呈正比,跟它们的距离的二次方呈反比。引力的方向是沿两个物体的连线方向。数学表达式为:

$$F = G\frac{M_1 \cdot M_2}{d^2}$$

式中,质量的单位是千克(kg),距离的单位是米(m),力的单位是牛(N),G为引力常量。

2)旅游研究中的引力模型

Crampon(1966)模型:

$$T_{ij} = G \frac{P_i \cdot A_j}{D_{ij}^b}$$

式中，T_{ij} 为客源地与目的地之间的旅行次数的某种量度；P_i 为客源地人口规模、财富或旅行倾向的量度；A_j 为目的地吸引力或容量的某种量度；D_{ij} 为客源地与目的地之间的距离；G、b 为经验参数。

三、人工智能方法

(一)神经网络模型

目前，在人工神经网络的实际应用中，大多数的人工神经网络模型采用前馈反向传播网络(Back-Propagation-Net-work，BP 网络)或它的变化形式，它是前向网络的核心，体现了人工神经网络最精华的部分。

BP 网络，即多层前馈式误差反传神经网络，通常由输入层、输出层和若干隐含层构成，每一层都由若干个节点组成，每一个节点表示一个神经元，上层节点与下层节点之间通过权连接，层与层之间的节点采用全互联的连接方式，每层内节点之间没有联系。以一个三层结构的 BP 网络为例，即含有一个输入层、一个输出层和一个隐含层。

根据经济现象自身的规律，在确定 BP 网络的解释性预测模型时，一般解释变量为输入层神经元，被解释变量为输出层神经元。隐含层的神经元个数可由下式得出：

$$num = (n+m)^{0.5} + \alpha$$

其中，num 为隐含层的神经元个数，n 为输入单元个数，m 为输出单元个数，α 为 1—10 之间的常数。一般 BP 网络预测模型见图 4-6。

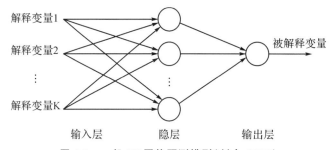

图 4-6 一般 BP 网络预测模型(刘全，2009)

(二)灰色系统模型

在纷繁复杂的自然界与人类社会中，存在各种现象。对于其中一部分现象，人们能够知道它们的发生、发展过程，称为"白色系统"；对于一些现象，人们一点也不了解它们的发生、发展过程，称为"黑色系统"；对于大量现象，人们往往知道部分的信息，这样的系统称为"灰色系统"。部分信息的存在往往给人以朦胧、不确定的感觉，人们不知如何解决"少信息不确定性"问题。灰色系统理论(Grey System theory)则是基于解决"少信息不确定性"问题而产生的一个新兴的理论体系。

灰色系统理论于1982年由邓聚龙教授首先提出,标志着灰色系统理论的诞生。之后,灰色系统理论在许多方面应用成功。灰色系统理论认为,人们对客观事物的认识具有广泛的灰色性,即信息的不完全性和不确定性,因此由客观事物所形成的部分信息已知、部分信息未知的系统是一种灰色系统。

该系统应用最广的是灰色模型(Grey Model,GM)。GM(1,1)表示1阶的、1个变量的微分方程模型,也称为单序列一阶线性动态模型,是对灰色系统进行分析、建模、求解、预测的过程。其基本思想就是对无规则的原始数据序列做一定的变换处理,得到比较有规律的序列,从而建立微分拟合曲线,准确地逼近数据序列的发展趋势,根据预测曲线对序列未来所处的状态值做出科学的定量预测方法(杨盼,2012)。

(三)网络搜索预测

随着互联网的快速发展与不断普及,人们获取信息的渠道和习惯的改变,使得传统的预测方法发生了巨大变革,尤其是搜索引擎技术的发展,使得对网络搜索数据的收集成为可能。自2009年以后,逐渐开始出现使用网络搜索数据开展市场预测的研究,开辟了市场预测的新途径。

1.百度指数

百度指数作为目前国内最大的网络搜索指数分享平台,提供基于其自身积累的海量数据分析得出的网民搜索行为趋势信息查询服务。它的核心是以海量网民在百度系统的综合搜索量数据为基础的,将关键词作为最小统计粒度,科学分析并计算各关键词被网民检索次数的加权和。虽然这项数据统计分析服务,为我们获取消费者的消费需求行为数据提供了研究基础,但是该数据分析服务仅提供在线数据查看,并不提供指数数据下载服务,这也为研究带来了较大的研究数据收集工作量。

根据原始搜索数据来源的差异,百度指数主要分为整体搜索指数、PC搜索指数和移动搜索指数。

2.社交媒体

随着社交网络的高速发展,由此产生的海量数据备受关注,越来越多的人利用社交网络平台分享或发布出行意图、目的地及出行时间等信息,使得探求社交网络数据与旅游需求之间的内在联系成为可能。

社交媒体(Social Media)是大批网民自发贡献、提取、创造新闻资讯,然后传播的过程。有两点需要强调:一是人数众多,二是自发地传播。缺乏这两个因素中的任何一个都不会构成社交媒体的范畴。社交媒体的产生依赖的是WEB 2.0的发展,基于群众基础和技术支持才得以发展。因此,社交媒体是基于移动通信和互联网技术组建的交互性平台,倡导用户内容的产生、协作与分享(Kietzmann,2011),主要包括社交网络、微博、微信、小红书、博客、论坛等。

于是，就有学者以社交网络数据为切入点，将情感分析量化的社交网络数据融入集成学习模型中，提出基于社交网络数据的梯度提升回归树（Gradient Boosting Regression Tree，GBRT）预测模型，以提高旅游客运需求的预测精度。GBRT 预测模型（陈坚等，2022）将 $x=[x_1,x_2,\cdots,x_6]$ 作为输入特征，将 y 作为输出特征，将预测函数 $f(x)$ 近似为 M 个回归树的线性组合：

$$f(x) = \sum_{m=1}^{M} f_m(x) = \sum_{m}^{M} a_m b(x;\theta_m)$$

其中：M 为回归树的数量；a_m 为第 m 棵回归树 $b(x;\theta_m)$ 的权重；θ_m 为第 m 棵回归树的参数。

四、总结

（1）构建一个适合各种情况的预测模型是不可能的。

（2）高级的预测技术倾向于改进简单的时间序列分析的预测精度。

（3）为了提高预测精度，应该对模型的设定更加关注，通常通过各种诊断测试来完成。

（4）考虑旅游需求季节性的本质，应该努力运用季度数据和月度数据建模。

（5）应从国家和大区域层面的旅游需求研究向关于产品或子区域层面的旅游需求研究过渡。

实验一：

待开发乡村旅游地客源市场预测

1. 实验目的

市场预测的主要目的是了解对未来经营活动与决策具有重要意义的各种不确定因素和未知事件，为决策提供可靠的依据。而对于待开发乡村旅游地客源市场规模的预测则是为了了解影响该地客源市场规模的相关因子之间的关系，从而分析出该地分级客源市场的范围，然后通过问卷调查法和访谈法预测该待开发旅游地潜在的市场规模，进而更好地综合该地的旅游资源及其他因素，为该地开发后接待游客做好充足的准备。

2. 主要内容

①前期准备：调查问卷设计和访谈问题的确定。

②基础数据搜集：通过查阅官方统计公报、年鉴获取客源市场的人口总量和城镇人口比例。利用问卷调查法、访谈法获取其他相关因子的基础数据。

③整理数据：剔除无效数据，用 SPSS 分析数据。使用需求测算模型、机会客源市场需求推算模型分别计算出客源市场的潜在总需求、年平均机会市场总量。

④实验结果分析：综合待开发的诸多因素，预测待开发旅游地理论上的年游客总量。若预测值总体分布趋势符合待开发乡村旅游的客源量，则从一定程度上验证了运用问卷

调查法和潜在市场倒推法对乡村旅游客源市场预测的可行性。

3.主要工具

纸质调查问卷、SPSS软件、录音笔、电脑。

4.实验基本原理

本实验主要通过问卷调查法和访谈法对待开发旅游地的潜在客源市场进行分析和预测,通过需求推算模型和需求测算模型计算该待开发旅游地理论上的年游客总量。

5.实验主要操作步骤

第一步:分析并确定影响待开发乡村旅游地客源市场规模的相关因子为城市人口总量 $X1$、城镇人口比例 $X2$、具有一定消费能力的人群比例 $X3$、知晓待开发旅游地的人群比例 $X4$、对待开发旅游地感兴趣的人群比例 $X5$、待开发旅游地的到访人群比例 $X6$,以及给不同客源市场赋予的不同权重 $X7$、机会市场被调查人数 A、被调查者总数 B。分析影响因子之间的联系,确定一级、二级客源市场的潜在需求(Y),测算模型为 $Y = X1X2X3X4X5X6X7$,机会客源市场的需求(F)推算模型为 $F = (A/B)XY$,则客源市场潜在总需求 $T = Y + F$。

第二步:根据待开发乡村旅游地与所属市级城市的潜在依附关系,进行初步的问卷调研。对待开发旅游地的现状和背景做现场调研,对当地居民做深度访谈,对待开发旅游地所属市级城镇进行问卷调查,在问卷中包含客源地、经济收入水平、待开发旅游地的知名度、待开发旅游地的到访率及对待开发旅游地是否感兴趣等相关问题。分析周边城镇旅游业发展状况和趋势。

第三步:在第二步问卷统计结果的基础上,分析分级客源市场范围,并分别对其实施问卷调查。应注意,这个步骤中的调查问卷也应包含第二步问卷中的那些相关因子问题,以便设计与计算后面的测算模型。

第四步:计算一级、二级客源市场的年潜在需求规模。统计第二步、第三步中的抽样调查问卷,选出第一步中的相关因子的统计数据,代入测算模型 $Y = X1X2X3X4X5X6X7$,得出一级、二级客源市场潜在需求规模。

第五步:计算机会客源市场的年潜在需求规模。根据第二步、第三步中的问卷统计结果中机会市场被调查者人数、被调查者总数,以及第四步中的一级、二级客源市场的年潜在需求规模,代入机会客源市场推算模型 $F = (A/B)XY$,得出年平均机会市场总量。

第六步:预测潜在年游客总量。将一级、二级客源市场理论需求的年游客总量(Y)加上年平均机会客源市场总量(F),并综合待开发旅游地的其他诸多因素,预测待开发旅游地理论上的年游客总量。

案例分析二

平顶山市工业旅游市场需求调查分析

工业旅游是工业和企业的一种无形产品，既能满足一定的市场工业旅游需求又能给工厂和企业带来综合效益的一种旅游活动。工业旅游最早出现在 20 世纪 50 年代的法国，是以工业和企业为基础开发的一种旅游项目。平顶山市作为典型的资源型城市，拥有丰富多样的工业旅游资源，为工业旅游的发展提供了良好条件。2017 年，平顶山市开通郏县临沣寨—知青园—华邦公司—姚庄回族乡—三苏园工业旅游路线，之后工业旅游的发展逐步加快。在此基础上，对平顶山市的工业旅游市场需求进行深入调查分析，能够有效了解当地工业旅游的市场需求特征，合理地制定工业旅游规划，有效促进平顶山市工业旅游的发展。

一、调研准备

（一）调研目标与目的

深入分析平顶山市工业旅游的市场需求，明确游客偏好、消费习惯及市场潜力，识别发展障碍，为制定精准有效的工业旅游发展规划提供数据支持与决策依据，推动平顶山市工业旅游的繁荣发展。

（二）设计调研方案

（1）调研内容：确定需要收集的信息范围，包括游客个人背景、工业旅游认知、出游意向、旅游偏好、消费能力、旅游阻碍因素等。

（2）调研方法：主要采用文献调查法和问卷调查法进行数据分析。首先采用文献调查法了解该课题国内外的理论研究情况，对工业旅游、工业旅游开发、旅游者意愿等研究进展进行梳理总结。再借助已有的报道和平顶山的工业旅游现状做好梳理工作，并设计调查问卷。最后，采用问卷调查法获取数据，并采用描述性分析来分析受访者的客源结构特征、旅游阻碍因素、出游动机、出游意向等，对获取的数据进行整理、统计和描述性统计分析。

（3）样本选择：明确调研对象的范围，包括平顶山市居民、周边地区潜在游客、已参加过工业旅游的游客等。

（4）问卷设计：设计详细、科学的问卷，确保问题清晰、无歧义，并考虑受访者的阅读习惯和填写便利性。问卷应包括封闭式问题和开放式问题，以便获取定量和定性数据。

二、数据收集与处理

利用问卷星等在线平台，生成问卷链接，并通过社交媒体、旅游网站、地方论坛等渠道进行广泛传播，共发出 220 份问卷，回收 220 份，删除信息不完整等无效问卷，共计回收有效问卷 200 份。采用描述性分析来分析受访者的客源结构特征、旅游阻碍因素、出游动机、出游意向等，对获取的数据进行整理、统计和描述性统计分析。

三、数据分析

(一)工业旅游的人口特征

对受访者的个人背景信息(如年龄、性别、职业、收入等)进行统计分析,可知受访者男女比例为 5∶4,其中 27—45 岁的人数最多,比例达 40.5%,18 岁以下、18—26 岁、46—60 岁、60 岁以上的受访者占比分别为 3%、23%、27%、6.5%。受访者个人平均月收入在 2 000—2 999 元的最为常见,其次是 3 000 元以上的。78% 的受访者是大专及以上的受教育程度群体。

(二)工业旅游人均消费

在工业旅游的消费额调查中,月均消费 100 元以下的有 86 人,占总人数的 43%;消费 100—300 元的有 63 人,占总人数的 32%;消费 300—500 元的有 41 人,占总人数的 20%;消费 500 元以上的有 10 人,占总人数的 5%。由此可知整体的工业旅游人均消费较低。

(三)旅游者获取旅游信息的方式

朋友告知的有 72 人,占总人数的 36%;从旅行社获取的有 52 人,占总人数的 26%;从互联网获取的有 34 人,占总人数的 17%;从新闻媒体获取的有 26 人,占总人数的 13%;从其他渠道获取的有 16 人,占总人数的 8%。以上数据具有以下特点:朋友告知是游客获取工业旅游信息的主要方式;平顶山市的工业旅游依附旅行社的能力不是很强;互联网和新闻媒体对于工业旅游的宣传力度不足;与其他市场主体的联系不够紧密。

(四)对工业旅游的认知和出游意向

数据表明,大部分调查对象对平顶山市的工业旅游不太熟悉,仅有不到 20% 的调查对象对平顶山的工业旅游较为了解,而有出游意向的调查对象达到 70%。综合来看,平顶山的工业旅游的发展潜力有待挖掘,工业旅游市场存在较大的开发空间和价值,但可能存在宣传力度不够等问题,大多数调查对象对平顶山市的工业旅游了解得不多。(见表 4-3)

表 4-3　对工业旅游的认知与出游意向

项目	类别	人数	占比
对工业旅游的认知	非常了解	5	2.5%
	比较了解	25	12.5%
	不太了解	120	60.0%
	非常不了解	50	25.0%
出游意向	非常想去	80	40.0%
	想去	60	30.0%
	不想去	40	20.0%
	非常不想去	20	10.0%

通过以上内容我们可以得出：

（1）旅游者以观光旅游为主，且人均消费水平不高。

（2）旅游者有强烈的出游意愿。

（3）旅游者对工业旅游认知程度不足。

因此，平顶山市要想让工业旅游得到进一步的发展，首先要解决工业旅游客源定位的问题。其次要积极开发工业旅游产品，针对工厂生产流程设计体验式旅游项目，增加工业旅游的体验性和趣味性。再次要加大平顶山市工业旅游的宣传力度，激活旅游认知，使更多的游客产生旅游动机。最后要推动工业旅游与其他产业的融合发展，利用平顶山市丰富的自然资源和人文资源，推动工业旅游与农业、文化、体育等产业的融合发展，形成多元化的旅游产业链，打造工业旅游目的地品牌，以此促进平顶山市工业旅游的可持续发展。

（参考案例来源：本案例在《平顶山市工业旅游市场需求调查分析》基础上修改整合。）

（1）试分析旅游目的地如何进行客源市场调查分析？

（2）结合案例，总结旅游目的地客源市场调查数据分析应包含哪几部分。

本章小结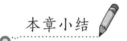

本章主要学习了旅游者目的地选择行为模型，主要有五种不同的理论模型。"推—拉"模型认为旅游者选择目的地时受推力和拉力的影响，基于选择域的旅游目的地选择模型描述了旅游者如何通过将可选择范围不断缩小最终确定旅游目的地的过程。Crompton 的模型主要包括外部输入、认知构成和内部输入。Mansfeld 提出了旅游目的地选择的四阶段模型。旅游者目的地选择影响因素包括旅游者个体因素、旅游目的地因素、旅游客源地与目的地对比因素。重点学习了旅游目的地客源市场调查与分析的相关方法和手段，以及旅游目的地在进行客源市场预测时会用到的预测技术，包括定性预测技术、定量预测技术和人工智能方法等。

复习思考题

（1）简单论述"推—拉"理论的主要内容。

（2）试分析旅游者如何进行旅游目的地选择。

（3）试详细论述旅游者进行目的地选择时的影响因素。

（4）简单叙述什么是旅游市场调查。

（5）详细论述旅游目的地客源市场调查分析包括哪些内容。

（6）请举例详细说明旅游客源市场的预测技术有哪些，分别有哪些优缺点。

习　题

获取更多更新资源,请到中国大学 MOOC 网站搜索"走进旅游目的地:理论与实务"课程进行学习。

参考文献

[1] 柏宏斌,李川江.基于灰色系统理论的旅游需求预测[J].旅游纵览(行业版),2011(11):65-66.

[2] 陈坚,彭涛,曹晏诗,等.社交网络数据驱动下旅游客运需求预测模型[J].重庆交通大学学报(自然科学版),2022,41(10):41-47,76.

[3] 方敏.基于多目标规划的乡村旅游客流需求预测模型[J].长春工程学院学报(自然科学版),2020,21(2):102-105,114.

[4] 葛学峰.旅游目的地选择意向影响因素研究[D].大连:大连理工大学,2012.

[5] 李玮娜.国外经典旅游目的地选择模型述评[J].旅游学刊,2011,26(5):53-62.

[6] 刘全,刘汀.基于 ARIMA 的多元时间序列神经网络预测模型研究[J].统计与决策,2009(11):23-25.

[7] 罗焱.旅游者目的地选择的影响因素及其实证研究[D].长沙:湖南大学,2006.

[8] ANDERSEN E D, ANDERSEN K D. The mosek interior point optimizer for linear programming: an implementation of the homogeneous algorithm[J]. High performance optimization, 2000, 33:197-232.

[9] BELK W R. Situational variables and consumer behavior[J]. Journal of consumer research, 1975, 2(3):157-164.

[10] CROMPTON J L. Motivations for pleasure vacation[J]. Annals of tourism research, 1979, 6(4):408-424.

[11] DANN G M S. Anomie, ego-enhancement and tourism[J]. Annals of tourism research, 1977, 4(4): 184-194.

[12] DAVIDSON, JAMES E H, HENDRY D F, et al. Econometric modeling of the timeseries relationship betweenconsumers expenditure and income in the united kingdom[J]. Economic journal, 1978, 12(88): 666-692.

[13] HOFSTEDE G H . Culture's consequences:international differences in workrelated values[M]. Newbury park, calif: sage publieations, 1980.

[14] HOWARD L N. Heat transport by turbulent convection[J]. Journal of fluid mechanics 1963, 17, 405-432.

[15] KIRTZMANN J H, HERMKENS K, MCARTHY I P, et al. Social media get serious!

understanding the functional building blocks of social media[J]. Business horizons，2011，54(3)：241-251.

[16] MANSFELD Y. From motivation to actual travel[J]. Annals of tourism research，1992，19(3)：399-419.

[17] MOUTINHO L. Consumer behaviour in tourism[J]. European journal of marketing，1987，21：5-44.

[18] PLOG S C. Why destination areas rise and fall in popularity[J]. Cornell hotel and restaurant administration quarterly，1974，14(4)：55-58.

[19] UM S，CROMPTON，J L. Attitude determinants in tourism destination choice[J]. Annals of tourism research，1990，17：432-448.

[20] WOODSIDE A，LYSONSKI S. A general model of traveler destination choice[J]. Journal of travel research. 1989，271：8-14.

[21] WOODSIDE A，SHERRELL D. Traveler evoked inept and inert sets of vacation destinations[J]. Journal of travel research，1977，16：14-18.

第五章　旅游目的地产品开发

学习目标

　　理解旅游产品的概念,并掌握旅游目的地各种产品类型,在此基础上熟悉旅游目的地旅游产品的创新特征以及发展趋势。掌握旅游产品开发的概念、提升要素,以及旅游资源遭受破坏的原因、旅游资源保护的手段和旅游资源保护与管理的原则,从而学会运用合理的手段进行旅游目的产品和资源的开发与保护。关于培养学生的创新精神,习近平总书记在欧美同学会成立 100 周年庆祝大会上指出,在激烈的国际竞争中,惟创新者进,惟创新者强,惟创新者胜。通过培育学生的独到见解,给出有显著效益的工作思路和解决方案,推动旅游产品的创新创造。

第一节　旅游目的地产品类型

旅游目的地各种
产品类型

一、旅游产品概念

　　对于旅游目的地来说,旅游产品有广义和狭义之分。广义上来说,旅游产品是指为满足来访旅游者的需要,通过市场途径提供的一切有形实物产品和无形服务产品的总和,是包括目的地所有旅游供给因素在内的整个目的地的旅游环境。在这种情况下旅游产品包括以吸引物为核心的旅游产品,也包括旅游公共服务、旅游接待设施,以及旅游目的地的一些主客共享设施。狭义上,旅游产品是以吸引物为核心的、经过开发的产品。借助通用产品的概念,Stephen 指出通用产品会有各种各样的实际形式,但同一通用产品的每种形式都将提供相同的功能,比如农业的通用产品是食品和纤维,汽车工业的通用产品是个人交通工具。就旅游业而言,通用产品的功能是促进个人的旅行和活动离开他们平常的家庭环境。

二、旅游产品的构成

Medlik 和 Middleton 最早将旅游产品定义为构成游客全部旅游体验的一系列活动、服务和利益，并提出了旅游产品组分模型，即旅游产品包括旅游目的地、旅游目的地设施、可达性、形象、价格等五个组分。同时，人们在使用旅游产品概念时有具体和整体两个层面：在具体层面上，旅游产品指具体某个或某类旅游产品，如航空公司的一个座位或观光旅游产品；在整体层面上，旅游产品指客从一次完整的旅游活动过程中所获得的旅游体验。

根据 Stephen 整理的旅游产品模型，从里到外依次是"物理场所、服务、友好、可自由选择和参与"，见图 5-1。

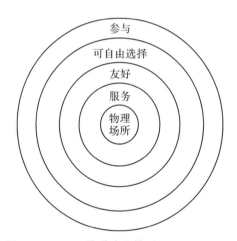

图 5-1　Stephen 旅游产品模型（Stephen，1994）

（一）物理场所

任何旅游产品的核心都是实体场所：场地、自然资源或设施，如瀑布、野生动物或度假村。它可以是固定的财产，如酒店，也可以是可移动的设备，如游轮。物理场所是指物理环境的条件，如天气、水质、拥挤程度和旅游基础设施的条件。

（二）服务

一个物理工厂的设计和提供还只是一个开始。这个实体工厂需要服务的投入，以使其对游客有用。在这种情况下，服务是指完成满足游客需求所需的特定任务。酒店需要管理，包括前台运营、客房、维护和作为酒店的餐饮供应。飞机需要机组人员、空乘人员，以及机场和空中交通管制的服务来提供交通运输。

（三）友好

高质量的服务仍然是不够的。正如 Clemmer 所说的那样，在当今社会，几乎所有领域的消费者都普遍期望获得"增强的服务"或"某种附加价值"。这种对额外体验的渴望在旅游业中尤为显著,其核心体现便是"热情好客"。好客指的是在服务过程中所展现出的态度与风格,它不仅体现了对商务旅行者所承受压力的深刻理解与关怀,还激励着娱乐旅行者享受旅行的乐趣。更进一步说,好客还象征着当地居民对踏入他们社区的每一位游客所持有的真诚欢迎与热情款待。

(四)可自由选择

选择自由是指旅行者必须有一些可接受的选择范围,获得令人满意的体验。选择的自由程度有很大的不同,这取决于旅行是为了娱乐、商业和家庭事务,还是为了一种组合。它随着旅行者的预算、以前的经验、知识、对旅行社或预先打包的旅行的依赖而变化。尽管有这种变化,任何令人满意的旅游产品都必须包括一些可供选择的元素。

(五)参与

许多服务产品的一个特点是,消费者在某种程度上参与了服务的提供。对于旅游产品来说也是如此,消费者成功参与生产旅游产品的基础是一个可接受的实体工厂、良好的服务、热情好客和自由选择的结合。这些因素为旅游服务中的身体、智力或情感参与奠定了基础。对于旅游业来说,参与不仅仅是身体上的参与,而是一种参与感,即关注活动——无论是为了娱乐还是商业。

三、旅游产品的类型

McKercher(2016)认为旅游产品是为了满足旅游者的需求,因此构建了一个三层次模型,将需求分为五类,在每一类需求下面有着与之对应的旅游产品类别,不同的类别中包括不同的旅游产品。通过这样一个全面的分类法,McKercher 构建了旅游产品的一个整体结构,将其分为能被满足的五种需求:快乐、个人追求、人类的努力、自然和商业。共有 27 个产品系列被确定,其中定义了 90 个产品类别,描述了大多数可用的旅游产品,见表 5-1。

表 5-1　旅游产品分类

需求	产品
快乐	食品和饮料、休闲(购物、摄影)、个人活动(家庭、朋友)、建造的娱乐设施(游戏)、体育活动等
个人追求	个人历史(家乡、家谱)、宗教(朝圣之旅、传教士)、医疗(健康)、学习(个人发展)等
人类的努力	工业(科学、工厂)、建立文化遗产(考古、历史遗迹)、人与无形遗产(文化庆祝活动)、创造(艺术)、博物馆和解说中心等
自然	消费(钓鱼)、冒险(水陆空)、自然区域和野生动物的欣赏和学习(生态旅游、古生物学)、保护区等
商业	会议、约定(国会、峰会)、展览(贸易展览)等

四、目的导向的旅游产品分类

目的导向的旅游产品主要包括七种旅游产品大类：观光旅游产品、休闲度假旅游产品、商务会议旅游产品、文化研学旅游产品、养生健康旅游产品、主题旅游产品以及特殊兴趣旅游产品。这一分类主要参考了旅游传统及新"六要素"。

（一）观光旅游产品

观光旅游是指以欣赏自然景观和人文景观为主要目的和游览内容的旅游活动。观光旅游产品可以分为自然观光旅游产品和人文观光旅游产品。自然观光旅游产品包括森林草原观光、野生植物观光、海滨海洋观光、山川观光、湖泊观光、瀑布泉水观光等。人文观光旅游产品包括博物馆观光、遗址遗迹观光、风俗风情观光、主题公园观光、园林观光、建筑观光等。

观光旅游产品具有旅游消费大众性、重游率高、对资源依赖性强等特点。旅游消费大众性是指此类旅游产品适合所有的消费群体。重游率高是指对于同一个观光景点，旅游者会不止一次地前去参观游览。对资源依赖性强是指此类旅游产品的开发要建立在一定的自然资源或人文资源的基础上，拥有独特的自然资源或人文资源才能吸引目标人群。这就解释了为什么通常世界级的遗产地能吸引大量的游览参观者。比如，世界自然和文化双遗产黄山就是一年四季游客如织。

（二）休闲度假旅游产品

休闲度假旅游产品是指旅游者利用假期而进行休闲和消遣活动所购买的旅游产品，关注旅游者休闲、娱乐、提高生活品质等心理需求。休闲度假旅游产品要求自然景色优美、气候条件良好、住宿设施完善、交通和通信条件便捷等。休闲度假旅游产品一般有海滨度假旅游产品、乡村度假旅游产品、森林度假旅游产品、野营度假旅游产品、城市度假旅游产品、温泉度假旅游产品等类型。

为了推动休闲度假旅游，我国建立了国家级、省级旅游度假区体系，推广休闲度假旅游产品。随着旅游者对慢节奏旅游活动的需求增加，休闲度假旅游产品会越来越受欢迎。

（三）商务会议旅游产品

商务会议旅游产品是指以满足人们出差、参加会议和各种展览会、进行商务活动或交流信息为主要目的的旅游产品。商务会议旅游产品的具体表现形式主要有商务活动、商务会议旅游、展览和交易会、奖励旅游、学术旅游等。

（四）文化研学旅游产品

文化研学旅游，从狭义角度来讲是指学生集体参加的有组织、有计划、有目的的校外参观体验实践活动。但从广义角度来讲，任何出于文化求知、实践探索、自然发现目的，到异地开展研究性、探究性、实践性学习的活动,都可以纳入文化研学旅游范畴。开展文化研学活动的旅游的目的地,渐渐形成了"旅游＋教育＋多样化"主题的文化研学旅游产品。

（五）养生健康旅游产品

康养旅游是指通过养颜健体、营养膳食、修身养性、关爱环境等各种手段,使人在身体、心智和精神上都达到自然和谐的优良状态的各种旅游活动的总和。养生健康旅游产品就是针对上述旅游需求而设计的产品,较为常见的包括旅居养老、养生保健、康复治疗、品质生活等类型。近年来,为了弘扬中医药文化,我国大力推动的中医药健康旅游就是一种很好的养生健康旅游产品。目前,已经建立了多个国家级中医药健康旅游示范区。

（六）主题旅游产品

主题旅游也叫专项旅游,是指人们以某项主题或专题作为自己的核心旅游活动,是一种具有专题、专项性质的具体旅游活动形式,表现为旅游者以特定的目的、到特定的旅游地所进行的特定活动。主题旅游通常具有主题鲜明、重游率高、附加值高、垄断性强、内涵丰富等特征。常见的主题旅游产品包括工业旅游、体育旅游、红色旅游、节庆旅游、房车旅游等。

（七）特殊兴趣旅游产品

特殊兴趣旅游是指对某一事物或主题有特殊兴趣的人们,为了满足其特殊的兴趣,而在特定的目的地进行的旅游活动。它是对传统常规旅游形式的一种深化和发展,因此也是一种更高形式的特色旅游活动。目前,受旅游者喜爱的特殊兴趣旅游产品类型众多,包括美食旅游、探险旅游、葡萄酒旅游、虚拟旅游等旅游产品。

值得注意的是,上述的类型划分并不是绝对的,有些旅游产品可以同时属于多种类型,比如体育旅游产品,既是主题旅游产品,又是针对小众人群的特殊兴趣旅游产品,还可以是养生健康旅游产品的一种。同样,对同一个旅游目的地而言,可能存在着多种旅游产品类型,多样化旅游产品开发是旅游目的地的发展趋势。随着旅游者需求的变化、科学技术的进步和对文化、资源理解的加深,大家可以通过自己的创意不断地开发新的旅游产品种类,丰富旅游生活。

第二节　旅游产品创新

旅游产品创新

近些年来,我国经济快速发展,人们的收入水平持续提高。一方面,旅游正在成为人们的一种生活方式;另一方面,旅游的消费水平和消费需求也发生了转变,消费的演变促进了旅游产品的演变。

基于旅游产品的多涵性，崔凤军于2002年提出了"旅游产品可创新理论"。他认为，第一，旅游产品创新实质上是创造需求，即把潜在的需求挖掘出来。第二，由于旅游产品内涵和外延的多样性和复杂性，旅游产品创新也具有多维性的特征，其涉及的因素多种多样。因此，旅游产品创新既可以是一种需要大量投资的物态创新，也可以是一种精神创意。它不仅包括旅游线路、旅游项目和产品结构的优化，而且包括服务质量的提高、产品种类的增加、产品品牌的提升、旅游大环境的完善、旅游形象的构建等。

基于对旅游产品创新内涵与实质的把握，崔凤军提出了旅游产品创新需把握的要点。这些要点包括：①动态创新过程。坚持以市场为导向，在不改变产品本身的情况下，对产品生产的过程重新认识、重新设计。②根据旅游者的消费心理，正确预测旅游产品时尚周期（Tourism Product Fashion Cycle），将产品周期的有限生命转化为无限的循环，通过创新和竞争两股力量的交互式作用使产品在市场上永葆青春和活力。

一、旅游产品创新的特征

（一）创新利用资源无限性

所谓无限性是指任何旅游资源都有可能纳入旅游产品创新的过程中，而不论这种资源是优势旅游资源还是劣势旅游资源。旅游产品创新需要依赖一定的资源条件，但资源的限制不是绝对的。

（二）创新主体双重主导性

区域旅游产品创新的主体非常广泛，往往同时包括多个，有创新产品的规划设计部门、政府部门、企业投资者、景区景点部门、科研部门等。但就旅游发展历史和未来发展方向来看，旅游创新的主体将由政府和企业两者主导（王镜，2001）。

（三）创新动力二元性

旅游产品的创新过程是一个复杂的过程（向刚，2004），其自身创新主体双重主导性、影响因素的多样性使区域旅游产品创新的动力机制带有明显的内外二元性。内部动力机制是指由内部驱动区域进行旅游产品创新的动力机制，包括企业利润驱动、区域政府推动和区域创新瓶颈效应。外部动力机制是指由外部因素的推动引发区域进行旅游产品创新的动力机制，包括需求推动、区域竞争压力和国家创新引导。

（四）创新收益外溢性

创新收益的外溢是指创新的成果很少，甚至没有为创新主体带来收益，却连带为竞争对手创造了良好的市场条件，培育了大量的消费群，为本主体的发展和战略竞争埋下隐患。这在旅游企业当中是很多见的。具体表现就是自己通过创新，创造出了新产品新市场，可是大部分的市场却被其他创新能力不突出的公司抢走，自己只能分取少许的利益，甚至一点利益也得不到。例如，在如今休闲旅游的热潮下，乡村"花海"形成磁场效应,使得乡村旅游焕发蓬勃生机。"花海"为乡村带来大量游客,赏花经济使得旅游经济持续升温。随之而来的是各乡村旅游目的地争相模仿,葵花海、牡丹花海随处可见,使得最开始创新的乡村失去特色。因此,这种一拥而上的低质量重复加重了旅游目的地的负荷,同时也滋长了市场中的许多不规范行为,影响了新旅游产品的形象。

二、旅游产品创新的本质

旅游产品创新的本质是对旅游产品创新内涵本质属性的把握,是旅游产品与传统产品创新的最大区别。根据价值共创理论,旅游产品创新的主客体价值共创性是旅游产品创新的本质特征。旅游产品与其他产品的不同使旅游者深深地卷入旅游产品价值的创造过程之中。旅游者不再单纯地作为旅游企业的目标对象,而是成了企业的资产。Prahalad 和 Ramaswamy(2004)描述了共同创造价值的大致轮廓,即由消费者与企业共同创造的体验是价值的基础。在新经济形态中企业之间的竞争将更多地以共同创造个性化体验为中心市场,其作为一个场所更像一个围绕互动与体验的舞台,而这种互动是持续的,可以发生在价值链的任何地方。旅游活动和旅游产品本身带有很强烈的体验性、参与性特点。

首先,旅游是一种天然的体验活动,在旅游活动中游客需要的不是物质结果,而是一种不同寻常的经历或者感受。邹统钎(1996)在对旅游体验进行定义时,认为旅游体验是旅游者对旅游目的地的事物或事件的直接观察或参与过程,以及形成的感受,这一定义将旅游过程和结果感受都概括为旅游体验。因此,获得旅游体验是游客的根本追求,旅游投资者提供的旅游产品是为满足游客体验服务的。

其次,从构成旅游产品的六要素看,食、住、行、游、购、娱六要素都需要旅游者亲身去接触,以产生不同的体验内容,多个单个体验共同形成旅游整体体验。也就是说,整体旅游经历、体验的产生也离不开旅游者深入的体验和参与(黄鹂,2004)。

最后,从旅游产品的特点看,旅游产品的生产和消费的同步性决定了旅游者参与旅游产品创新的过程。旅游产品一般都是在旅游者来到生产现场时才开始生产且交付使用的。这意味着旅游服务活动的完成需要由生产者和消费者双方共同参与。在同一时间内旅游者消费旅游产品的过程也就是旅游企业生产和交付旅游产品的过程(李天元,2003)。

三、旅游产品创新的模型

旅游产品创新模型是对旅游产品创新的抽象概括,由四大要素和四大过程组成。四大要素分别是创新主体、创新客体、禀赋资源和区域创新环境条件,四大过程分别是创新驱动过程、价值共创过程、价值反馈过程以及创新收益外溢过程。李剑(2007)以价值共创理论为核心,以旅游产品创新特征为基础,构建了旅游产品创新系统理论模型,见图5-2。

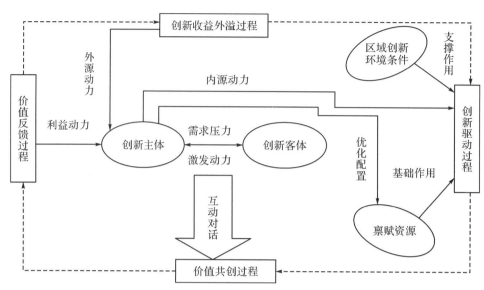

图 5-2　旅游产品创新系统理论模型（李剑，2007）

模型中的虚线部分代表创新系统的运行过程，即从创新驱动过程开始到价值反馈过程，再到价值共创过程，最后到创新收益外溢过程。然后进入下一次的创新循环过程。模型中的实线部分分别有不同的含义。其中，创新客体对创新主体有需求压力，这种压力对创新主体来说是一种外源的驱动因素。同时创新主体对创新客体有一种激发动力，激发创新客体参与价值共创过程。价值反馈过程对于创新主体有利益动力，这是一种内源驱动力，表现为企业获得利润和政府获得税收、财政收入等利益。创新收益外溢过程对创新主体有外源动力，这种动力表现为外溢所带来的竞争压力。创新主体对于创新驱动过程来说，有其自身的内源动力，表现在利益、自身要求发展及区域瓶颈效应和国家创新政策引导上。创新主体对于禀赋资源有优化配置的功能，将资源配置到最优状态，从而有利于创新活动的顺利进行。禀赋资源和区域创新环境条件起到的则是基础和支撑的作用。模型中的大箭头代表创新主体和创新客体在互动、对话过程中进行创新旅游产品的价值共创行为。

（一）禀赋资源是旅游目的地产品创新驱动的基础

任何创新最终都要有一定的物质载体。虽然旅游产品创新既包括需要大量投资的物态创新，也包括精神创意，但禀赋资源在旅游目的地旅游产品创新中的基础作用是不容忽视的。拥有优越禀赋资源的旅游目的地进行旅游产品创新时往往比较容易取得成功。

（二）环境条件在旅游产品创新中起支撑作用

环境条件包括旅游目的地经济实力、相关产业和机构的发展状况，以及当地创新文化环境等因素，它是旅游产品创新的重要支撑。经济实力雄厚的旅游目的地在创新过程中具有资金优势、吸引人才的优势和灵活政策的优势。相关产业和机构的发展状况对创新能力起到保障作用,它们为创新活动在供应链、便捷性和竞争环境上提供支持。

(三)创新主体与创新客体互动、对话是创新系统的核心内容

创新主体是创新活动的重要力量。同时,体验经济大潮汹涌使创新客体在创新活动中的作用凸显。网络的迅猛发展、信息获取的方便、眼界的开阔、对个性体验的追求,使旅游者日益成为旅游目的地旅游产品创新中的主导力量。他们不再像以往那样被动接受和盲目追求,而是从"旁观"到"参与",从"被组织""被安排"到"自己组织"和"自己安排"。而且,即使是相同的旅游产品,也会因为旅游者的体验不同,带给旅游者不同的价值。因此,创新主体与创新客体的互动、对话成为顺利实现旅游产品创新价值的关键。这种互动、对话的展开要求创新主体增加自身的透明度,让旅游者更好地了解旅游目的地、企业及其产品,让旅游者获取更多的信息,获取更多的表达自我的机会;让旅游者参与旅游产品创新的风险与收益的评估当中去,与旅游者展开类似的讨论,以及与旅游者展开对话,积极建立"旅游者消费社区"。这种"社区"有众多的旅游者也有众多的旅游企业,彼此的对话有利于旅游产品创新活动顺利进行、产品价值的完美实现。

(四)创新过程的无限性

旅游目的地旅游产品创新不是一次性行为,而是在一次创新行为结束后,紧接着进行下一轮的创新行为,如此重复循环推动旅游产品创新活动不断发展。当然,不可能要求每一次创新行为都是影响巨大的创新活动,小的创新行为也基本符合模型所总结的规律。

因此,旅游目的地旅游产品创新系统是一个多因素、动态性、过程性的创新系统。多因素性是指旅游目的地旅游产品创新系统受到很多因素的影响,各个因素在其中的作用与角色各不相同,它们共同推动系统不断向前发展。动态性是指创新系统不是静止不变的,它会随着整个国家和区域的经济、社会、文化发展阶段的不同,而有其不同的表现形态。过程性是指旅游目的地旅游产品创新要经过创新驱动过程、价值共创过程、价值反馈过程和创新收益外溢过程。

四、旅游产品创新的趋势

旅游目的地旅游产品的创新发展趋势主要表现在以下五个方面:功能上由单一向综合性转变、空间分布上由分散到集聚转变、大众产品向个性化定制化产品转变、专业服务设施向公共服务设施转变以及由简单欣赏向深度体验转变。

(一)功能上由单一向综合性转变

旅游产品在功能上逐渐由单一向综合性转变。传统的旅游产品多为单一观光型旅游产品,休闲、娱乐等功能欠缺,不能满足不同层次的游客的多样需求,形成旅游供给与

需求之间的矛盾,为了消除这种矛盾,需提升功能单一型旅游目的地的发展后劲,使旅游产品逐渐向综合功能方向转变。比如,湖南张家界的旅游发展过程,之前以观光为主的张家界在遇到发展瓶颈后转战休闲度假游。张家界结合七星山独有的自然条件,合理搭配人文景观,计划将七星山打造为集景色观赏、农林生态、健康养生、休闲度假、极限运动、星象科研、文化传承等为一体的综合性休闲度假旅游区,形成一个全新旅游生态圈。

(二)空间分布上由分散到集聚转变

旅游产品在空间分布上由分散到集聚转变。一方面是由于旅游景区不断增多和旅游项目不断增加,另一方面是为了满足游客密集游览的需要,旅游产品在空间分布上逐渐由分散向集聚转变。全域旅游也是旅游产品集聚的表现。比如,桐庐县依靠其独特的资源禀赋、历史人文积淀,将整个县域 11 个乡镇、183 个行政村作为一个大景区来规划,每个镇村按景点要求建设,形成"县城—中心镇—特色镇—中心村—特色村"空间结构,打造处处有风景、时时见风景的县域大景区。

(三)大众产品向个性化制定化产品转变

旅游产品从大众产品向个性化、制定化产品转变。当今的游客越来越注重旅游品质,传统的跟团游或者自助游已经不能满足游客的需要,私人定制旅游产品日益受到追捧。定制化旅游产品是根据游客想去的地方、出游时间、同行人数、酒店需求、主题游览等要求定制出的私人专属旅游产品,极具个性。目前,旅游业中比较著名的在线旅游服务商,例如携程、同程、途牛等,都提供私人定制旅游服务。

(四)专业服务设施向公共服务设施转变

由专业服务设施向公共服务设施转变也是旅游产品的一个发展趋势。随着旅游业的发展与逐渐成熟,旅游目的地意识到只靠旅游吸引物吸引游客到访是不够的,不但要重视游客的接待工作,而且提高当地居民生活质量也是旅游目的地的目标之一。近些年,旅游目的地在重视专业服务设施建设的同时,也更加注重公共服务设施的建设和完善工作。公共服务设施也是游客开展旅游活动的基础,提升公共服务有利于提高游客的满意度,形成良好的目的地形象和口碑,进而提升重游率及产品美誉度。

(五)由简单欣赏向深度体验转变

旅游产品也在由简单欣赏向深度体验转变。游客旅游次数的增多会使其对旅游体验的要求变高。如今的游客已经不能满足于简单的走马观花式的旅游,他们希望对旅游景观有深入的感受,希望对当地的生活有更真切的体验,也希望对当地的文化有更清晰的了解。因此,旅游产品在逐渐向深度体验的方向转变来满足游客需求。以杭州龙坞茶镇为例,龙坞茶镇将茶事与体验式旅游活动全面融合。从茶叶的采摘、炒制到饮茶、住宿、疗休养、文化项目,一应俱全,全面打造茶事深度旅游体验,尤其是四月的春茶季,月接待游客超过 50 万人次。

五、后疫情时代下的旅游产品

在后疫情时代,旅游业已经经历了一些变化,并采取了各种措施来适应新的健康标准和安全标准。以下内容是后疫情时代下的一些旅游产品和趋势。

①健康和安全措施:旅游产品和服务提供商加强了健康措施和安全措施,包括清洁和消毒措施、社交距离要求及员工和客人的健康筛查。

②探索自然和户外活动:人们更倾向于选择户外活动和接近自然的旅游体验,如徒步旅行、露营、登山、海滩度假等。这些活动提供了更多的空间和自然风光,同时有助于避免密集的人群聚集。

③偏远地区和非传统目的地:人们开始探索偏远地区和非传统旅游目的地,以避免拥挤的热门景点和旅游集中地。这些地方通常人流量较少,提供更独特和原生态的旅游体验。

④虚拟旅游体验:虚拟现实和增强现实技术使人们能够通过虚拟旅游体验来探索世界各地的目的地。这种方式可以在家中享受旅游的乐趣,减少旅行所带来的风险和不便。

⑤可持续旅游:可持续旅游越来越受重视,人们更加关注减少环境影响和支持当地社区的旅游活动。旅游产品和服务提供商也开始提供环保和社会责任的选择,例如生态游、社区参与项目等。

⑥弹性预订政策:旅游业推出了更灵活的预订政策,以应对不确定性。这些政策允许旅行者更容易取消或更改行程,以应对突发情况或旅行限制。

总的来说,多产业融合类旅游产品将会更受欢迎。疫情进一步加快了旅游业与农业、工业、教育、医疗、体育、游戏等领域的跨界融合,融合更多产业的旅游产品得以开发和重视。比如,疫情使人们更关注健康,康养旅游或将迎来春天。以温泉、森林、体育运动、中医药等为代表的康养旅游产品将成为发展方向,"体育行业＋旅游业""医疗业＋旅游业"的结合发展将会成为新趋势。数字化、智能化的智慧旅游产品也将进一步发展。通过此次疫情,我们发现 VR、AR、3D、5G 等技术日益成熟,并且应用广泛。旅游目的地结合这些新技术,能够满足因疫情影响而不能出游的消费者的需求,可以实现"云旅游""云观展"。旅游景区运用 360 度 VR 全景导览系统,也能够让游客欣赏美景。因此,智慧旅游的进一步发展也是一种新趋势。

这些是后疫情时代下旅游业的一些产品和趋势,以满足人们对健康、安全、个性化和独特体验的需求。请注意,具体的产品和趋势可能会因地区和目的地而有所不同。

案例分析一

杭州市桐庐县合村乡：打造 AAA 级旅游景区，开启全域旅游新篇章

在杭州市桐庐县，有一个风景如画的乡村——合村乡。它不仅仅是一个普通的乡村，更是全域旅游发展的典范。2016 年 6 月 24 日，合村乡因其独特的旅游资源和创新的发展模式，被正式授予国家 AAA 级旅游景区称号，标志着生仙里景区正式进入公众的视野。

合村乡，古称生仙里，流传着"麻姑悬壶济世""葛洪结庐炼丹"等美丽的传说。近年来，合村乡深入挖掘乡村资源，发挥自然与人文优势，积极推进全域旅游发展。从单一的景点旅游向全域旅游转变，合村乡走出了一条具有自身特色的全域旅游创建之路。

为了实现这一转变，合村乡开启了"全时＋全景＋全业＋全民"的发展模式。现在，游客在合村乡不仅能欣赏美丽的自然风光，还能体验乡村生活的乐趣。同时，合村乡还推出了具有当地特色的农产品品牌"合村味道"，让游客在品味美食的同时，也能感受乡村的淳朴与热情。

除了自身的努力，合村乡还积极寻求外部合作。他们与浙江华策影视集团成功合作，成立了"华策影视·合村创意影视基地"。未来，华策影视将根据合村乡的山水环境，选择适合的影视作品进行拍摄，为合村乡带来更多的曝光度和机遇。

合村乡的全域旅游发展是桐庐县旅游业提升发展的一个缩影。桐庐县充分利用全域旅游专项改革试点县的机遇，推动旅游业与其他产业的深度融合。如今，桐庐县已经打造了一个处处有风景、时时见风景的县域大景区，实现了从景点旅游向全域旅游的华丽转身。

桐庐县委书记毛溪浩表示："产业因全域旅游而更兴旺、城乡因全域旅游而更美丽、百姓因全域旅游而更富有。"这不仅是桐庐县的发展目标，也是合村乡全体人民共同努力的方向。

（参考案例来源：本案例在中国新闻网、新浪网发布的《杭州桐庐县合村获 AAA 级旅游景区　打造全域旅游样本》等内容的基础上进行整合。）

（1）阅读上述案例，试讨论旅游目的地的旅游产品有哪些新的创新发展趋势。

（2）试分析旅游目的地如何进行旅游产品开发，要注意哪些要点。

第三节 旅游产品的开发要点

旅游产品的开发
要点

一、旅游产品开发概念

旅游产品开发有很多的层次。旅游企业、行业、旅游目的地、区域都要进行旅游产品开发。旅游目的地层次上的旅游产品开发,通常是指根据市场需求,对旅游资源和吸引物、旅游接待设施、旅游公共服务、旅游目的地基础设施、旅游人力资源及产品形象和品牌等进行规划、设计、开发和组合的活动。通常来说,旅游目的地在进行产品开发时,要考虑三个问题:自己有什么? 旅游者想要什么? 旅游目的地如何基于自己的资源基础构建能够满足市场需求的旅游产品?

二、旅游产品 RMP 模式

吴必虎(2001)提出的旅游产品 RMP(Resource,Market,Product)模式(见图 5-3),也称为昂普模式,就充分地体现了上述思想。该模式指出,在旅游产品开发过程中,先要进行 R 性分析和 M 性分析,即资源和市场分析,在此基础上再进行 P 性分析,即产品分析,最终提出以产品为中心的规划框架进行产品构建。这一模式的优点在于既考虑了资源的评价和合理利用,又注重对客源市场进行充分分析。

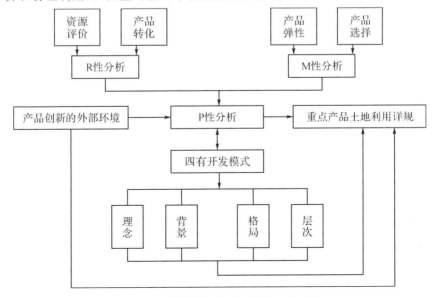

图 5-3 旅游产品 RMP 模式(吴必虎,2001)

旅游资源分析一方面要确定资源在同类旅游资源中的地位，另一方面要判断资源能够吸引哪些客源市场，距离主要客源地的远近，极有可能达到的吸引力程度。分析旅游资源对于旅游者的吸引力是产品开发的前提。以西湖为例，我国有三十六个西湖，但各个西湖的资源等级是不同的，对游客的吸引力也不同。杭州西湖作为世界文化景观遗产，能吸引全国乃至世界的游客。

市场分析要分析和预测该旅游产品开发后的游客来源、客源类型、市场规模、旅游者的消费水平等，同时还要考虑该景点周围一定距离内是否有同类的旅游点，以及存在的竞争程度。例如，在观察杭州西湖的景点导览系统时，我们可以发现导览系统上提供了中文、英文、日文和韩文四种语言选项。由此可推断，杭州的主要入境游客市场涵盖了日本和韩国。基于这些市场情况的考虑，杭州相应地进行了产品设计的调整。此外，对于日本和韩国游客来说，杭州与周边的上海存在产品差异，两地更多地呈现出互补关系，而非竞争关系。在综合考虑资源和市场的基础上，旅游目的地设计出适宜旅游目的地和目标游客的旅游产品。此外，对旅游产品的分析，还要考虑目的地的区域经济、环境、城市规划、交通、园林、文化历史、社会风俗等相关因素。同样以杭州为例，开发旅游产品不仅要考虑旅游资源和市场状况，还要考虑杭州地处长三角经济圈、水陆空交通情况、西湖文化和良渚文化、民风民俗等。

三、旅游产品的开发流程

旅游产品开发是一个涉及多主体、多内容、多流程的复杂系统，它成功的关键在于开发运营全过程中的衔接与协同，主要可以分为资源评估与挖掘、市场调研、战略定位、产品设计、开发运营五个阶段，且每个阶段都有各自对应的任务要点。

（一）资源评估与挖掘

资源评估与挖掘是旅游产品开发的基础，一般包括自然资源、历史文化资源。另外，也可以从地脉、文脉、人脉三个角度进行资源的挖掘。从投资的角度，可以将旅游资源分为本体价值与开发价值。本体价值是旅游资源固有的价值基础，开发价值则是从开发收益的角度对资源价值的一种评价，对于旅游企业或者旅游产品开发商来说，此类价值具有很大的意义。本体价值的评估与挖掘主要在于景观观赏价值、科学价值、文化价值、游乐价值、康疗价值以及体验价值。开发价值的评估与挖掘在于旅游资源定位、独特性及其吸引力评价；可进入性与进入条件评价；基础设施条件及投入评价；展示条件与观赏条件评价；游乐、康疗与体验条件评价；旅游产品现状评价。

（二）市场调研

对旅游资源进行评估与挖掘之后，就需要进行市场调研。在该阶段，旅游产品开发商需要把握好旅游市场，可以从四个方面进行深度研究与策划：进行市场调研，对旅游产品市场有总体把握；明确旅游产品与项目的基本市场定位；针对目标市场需求，进行旅游产品的初步创造,比如创意策划与游憩方式设计、旅游线路设计等;进行市场核算与运作策划,包括旅游产品的收入模式设计、营销策划、市场效果判断、效益估算等。

(三)战略定位

战略定位是旅游产品开发或项目策划的核心步骤,大致可以分为四个方面:主题定位、目标定位、市场定位、功能定位。①主题定位:旅游产品或项目一般都需要有一个特定的主题,即使是奇山异水等独特景观区,或者宾馆等普通接待区,如果有了清晰独特、引人入胜的主题,并且按照主题进行整合打造,旅游产品的吸引力就会得到极大的提升。②目标定位:旅游产品的独特吸引力提升到一定程度是实现目标的基础。这要求旅游企业设计出达到目标的可行的运作路径。③市场定位:按照传统方式,分为基础市场、主体市场、机会市场;按照细分结构,形成重要性、营销时序、区域划分、类别划分四维综合的形态。④功能定位:旅游产品或项目可以围绕旅游六要素进行细分,结合游憩方式,构建系统的综合功能结构。例如:吃、住、行、游、购、娱等要素大功能;观光、探险、度假、研学、疗养等游憩功能;以住为主,餐饮娱乐辅助的结构(大多数度假村的模式);以餐为主,借助民俗游乐的结构(大多数农家乐的模式)。战略定位是实现产品目标的现实途径,是开发中轻重缓急、先后时序、结构配合、投资分配等重大问题的纲领与方针,必须有战略性的构架。

(四)产品设计

旅游产品的设计首先要根据资源特色和市场需求进行。例如,可以设计出以文化体验为主题的旅游产品或者以自然探索为主题的旅游产品。在设计过程中需要注重产品的独特性、创新性和体验性,这样才能吸引更多的游客。其次就是旅游产品内部要素的配置与布局,包括内部的交通、土地利用、功能分布等。在这一过程中,既要符合游客的游玩规律,做好游憩功能布局、特色服务设施布局、情景化场景布置等,提升游客的体验,又要符合地形地貌与景观环境、土地利用与基础设施集约化与优化,以及环境保护、文物保护和景观保护的要求。最后需要考虑旅游产品的线路设计,包括观赏方式与观赏线路设计、线路上各个节点的布局等,通过合理布局形成最佳的空间结构关系与游憩路线。

(五)开发运营

在旅游产品设计开发结束后,就是对产品的运营以及后期管理。产品运营即是把先前的产品开发战略落实到开发的每一个环节之中,从而达到产品开发的目标。后期运营不仅包括单个旅游产品的经营管理,更是要站在旅游企业的商业模式或整体战略等角度,形成包括旅游目的地运营、旅游项目运营、酒店运营、旅游房地产运营、土地开发运营的综合运营架构。

四、旅游产品开发的提升要素

通过旅游产品 RMP 模式,我们了解了旅游目的地旅游产品开发的过程和要考虑的基本要素，但是要开发出具有吸引力的优质旅游产品，还需要考虑三个提升要素，分别是场景要素、内容要素和生活要素。

基于资源的旅游产品开发，首先考虑的是旅游目的地的固有旅游资源即场景要素。无锡灵山、迪士尼、华强方特、杭州宋城等一大批文化旅游企业的成功都得益于场景要素。值得强调的是，场景真实是场景要素的第一准则，否则只会适得其反。以无锡灵山打造的拈花湾为例，为了营造一个有禅意的心灵度假地，每一方青苔和每一处篱笆都经过了反反复复的实验和推敲。场景真实最核心的思想是：场景要求一定要用游客看得懂的、感受得到的、愿意参与和分享的方式来开发旅游产品，从而让游客在互动中获得一种情景化的深度体验。

其次，要重视旅游产品开发的内容要素。如果说场景是旅游产品的外在表现，那么内容就是旅游产品的深度内涵。深化文化和旅游融合，才能实现旅游产品的内容要素。要让旅游产品有文化、有故事、有创新性，才能有持久的生命力。

最后是生活要素。随着大众旅游的兴起和旅游消费的常态化，旅游成为人们在异地的生活方式。这就要求旅游目的地在开发旅游产品的过程中，不仅要关注核心的旅游吸引物，还要从基础设施、接待设施、公共服务等方面全方位考虑，以服务异地生活为理念，开发旅游目的地产品。

综上可以发现，旅游目的地在开发旅游产品的过程中，首要考虑的是旅游目的地的资源、目标市场和开发条件，在此基础上围绕场景、内容和生活三要素，才能开发出优质的旅游目的地产品。

第四节　旅游资源开发与保护

旅游资源的保护
与管理

一、旅游资源开发与保护的悖论

在旅游资源的开发与保护中会出现开发与保护的复杂矛盾。一方面，旅游业是许多地区重要的经济支柱，其开发有助于提升地方经济发展水平和人民生活水平。然而，旅游业的快速发展往往伴随着资源的过度开发和环境的破坏，对当地生态环境造成了巨大压力。这体现了低碳经济导向下的矛盾，即经济增长与环境保护之间的矛盾。马克思主义矛盾学说指出，这种矛盾本质上是生产方式和生产关系之间的矛盾，即在追求经济发展的同时，如何保护好生态环境，实现可持续发展。另外，旅游资源的保护又面临着经济发展的压力。为了保护自然风景和文化遗产，可能需要限制开发，控制游客数量，从而减少旅游收入。这也体现了低碳经济导向下的另一种矛盾，即发展与公平之间的矛盾。马克思主义矛盾学说认为,发展不平衡会导致社会内部矛盾的加剧,从而可能阻碍社会的全面进步(刘中才,2023)。

综合来看,在可持续发展理念下,旅游资源开发与保护的悖论凸显了经济、环境和社会之间的复杂关系。解决这一悖论需要协调各方利益,寻求一种可持续发展的平衡点。这可能包括制定更加严格的环保政策和规定,鼓励可持续旅游模式的发展,同时不断增强公众的环保意识,以共同推动经济、环境和社会的协调发展。

二、旅游资源开发与保护的原则

旅游目的地在开展旅游资源管理工作时应该遵循三个原则:开发与保护"双赢"原则和以"防"为主、以"治"为辅原则,以及经济效益、社会效益与环境效益"三增"原则。

旅游资源的保护与开发二者相辅相成,不能割裂开来。旅游资源保护得好才具有开发价值,而开发利用又能推动和促进保护工作的开展。不能为了短期经济利益的需要而置保护工作于不顾,不经科学规划而盲目开发旅游资源,也不能因强调保护旅游资源而一味地反对开发。开发工作必然会带来某种改变,但是人们可以通过周密的规划和妥善的管理,将问题发生的可能性减至最小,本着开发与保护"双赢"的原则,实现旅游业的可持续发展。

对旅游资源实施保护与管理,应当以"防"为主,以"治"为辅,"防""治"结合。这意味着我们需要采取一种全面的保护策略,即在潜在问题尚未显现之时,就积极主动地采取预防措施以保护资源。当资源不幸受到破坏后,则应迅速转为被动响应模式,采取补救性保护措施。这一原则强调了在保护过程中,无论是前期的主动预防还是后期的被动应对,每一个环节都至关重要、不容忽视。

对于旅游目的地来说,旅游业的发展能带来经济效益,但与此同时也要关注旅游目的地的生态效益和社会效益。要从人类社会长远发展的角度出发,协调好社会经济发展和生态环境之间的关系,争取做到三者兼顾、三者统一。

当然三项原则在实施的过程中会遇到各种各样的问题和困难,这就需要旅游目的地的管理者,把握方向,坚定思想,正确处理好开发与保护之间的关系。

三、旅游资源开发与保护机制

由于旅游资源的破坏和损害受到自然和人为两方面因素的影响,因此旅游资源的保护与管理不仅要维护资源的固有价值,使之不受破坏和污染,对已遭损坏的旅游资源进行治理,而且还要保护好旅游资源所依托的生态环境。

从产权制度的视角对旅游资源的开发与保护进行分析,就需要优化产权制度安排。产权制度安排明确了旅游资源开发与保护中各利益主体的权、责、利关系。良好的产权制度安排能够提高资源利用效率,激励各方参与旅游资源的开发与保护工作,约束过度

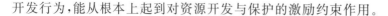

开发行为,能从根本上起到对资源开发与保护的激励约束作用。

(一)构建旅游资源开发与保护激励机制

旅游资源开发牵涉方方面面的利益相关者,每一个利益相关者都要通过自己的行为在旅游开发与保护中充当一定的角色。一般而言,旅游资源开发中的利益相关者一般为政府、企业和当地居民。刘旺和杨敏(2005)通过对旅游资源保护激励机制进行探讨,提出了三种激励措施:一是通过鼓励政府创建旅游目的地品牌、全国优秀旅游城市等活动,以品牌为无形压力,激励政府在旅游开发过程中要兼顾社会效益和环境效益。政府还可以通过开展区域营销打响旅游资源的知名度。二是企业层面的激励来自政府的资金支持、明晰的产权关系及各种税费补偿手段。三是通过鼓励居民持股、参与旅游业的发展来激励居民保护当地旅游资源,与此同时要保证利益分配的透明化。

(二)创新旅游资源开发约束机制

面对不断变化的市场状况,旅游机制的建立也要经历一个不断调整的过程,只有与时俱进、适应市场的机制才是有效的。机制的建立一靠体制,二靠制度。体制保证制度的落实,制度规范体制的运行,二者相互补充,相辅相成。约束机制主要由约束体制和约束制度两部分构成,体制不断创新与变革,制度在实践过程中不断修订和完善,以适应新的发展形势。对于约束体制来说,必须依靠我国管理体制强制性约束来减少盲目的旅游开发行为给旅游资源和环境带来的破坏。而制度保障也至关重要,要靠国家法律、地方性法规和企业规章才能建立起完善的约束制度,从而减少旅游开发过程中出现的不公平现象。

(三)强化公众监督机制

公众监督机制是对旅游资源保护激励机制和旅游资源开发机制的有效补充,只有有了公众监督机制才能保障前两种机制的正常运作。合理的公众监督机制是对旅游资源进行有效的开发与保护的基础,因此构建其指标评价体系才是重中之重。在旅游资源开发与保护公众监督机制中,包括了四个系统:一是监督客体系统。也就是将政府行为考虑在内,主要监督政府是否具有监督意识、法律法规执行情况、部门之间的协调能力等。二是监督依据系统。主要由我国各种与旅游资源保护有关的法律法规及地方性法规组成。三是监督手段系统。传统的监督方式有信访、访谈、圆桌会议、出席听证会等,但随着信息技术的不断发展,公众可以通过网络平台自由表达意见,地理信息系统、管理信息系统的出现也为公众监督开辟了另一片天地。四是制度保障系统。明确公众参与旅游资源保护的法律制度保障,是确保公众积极有效参与的基本前提条件之一。

(四)完善社区参与机制

旅游活动的开展依赖于旅游社区,旅游社区对旅游发展的支持关系到旅游业的可持续发展。居民的支持态度有利于目的地良好形象的树立,但是社区是否支持取决于是否能从旅游发展中受益。然而在现实中,大部分的旅游业发展都是以牺牲社区为代价,社区居民容易产生抵触情绪,严重阻碍旅游业的可持续发展。因此,完善社区参与机制关注社区利益,鼓励社区参与,引导良性参与行为,最终构建和谐旅游社区。可以通过利益表达、利益分配、生态补偿等手段来引导居民保护与参与旅游业发展,并通过教育引导的方式来增强居民保护意识。

案例分析二

浙江实践:历史文化村落的守护与活化

村落,作为中国传统文化的根基,承载着丰富的历史记忆和文化底蕴。在浙江,这些历史文化村落更是被视为不可多得的宝贵财富。为了让这些珍贵的文化遗产焕发新的生机,浙江在全省范围内展开了一场历史文化村落的保护与利用实践。从 2013 年起,每年启动 43 个重点村和 217 个一般村,截至目前已启动 172 个重点村、868 个一般村的保护利用项目,各级投入资金达 30 亿元。

一、守护为先:精心规划,细致修复

从 2013 年开始,浙江便启动了历史文化村落的保护与利用项目。不同于其他地方,浙江强调"守护为先"的原则,即在保护和修复工作中始终将历史文化价值放在首位。在规划方面,浙江摒弃了"千村一面"的急功近利做法,根据每个村落的特点和类型,制订了个性化的保护方案。

在修复历史文化村落的古建筑过程中,浙江地区展现出了极高的专业性和对传统的尊重。他们不仅致力于保持古建筑的历史原貌,更将"不扒房、只修复"的原则作为工作的基石。这意味着在修复过程中,他们不会轻易拆除或重建古建筑,而是采用精细的修复技术,尽可能地保留建筑原有的结构和材料。他们注重细节,每一处修复都力求完美,使古建筑在恢复旧有风貌的同时,也展现出岁月的痕迹和历史的厚重。

除了对古建筑的修复,浙江还非常注重保护村庄的原有肌理。他们认识到,大树、河塘等自然元素是村庄的重要组成部分,承载着丰富的生态和文化价值。因此,在修复过程中,他们坚持"大树不砍、河塘不填"的原则,确保这些自然元素得以保留,从而保持村庄的自然风貌和生态平衡。这些举措不仅让村庄的环境更加优美,也为村民提供了一个宜居的生活空间。同时,它们也成为村庄独特的文化符号,吸引着游客前来参观和体验。

二、活化利用:见物见人见生活

除了外在的修复和保护,浙江还注重历史文化村落的内在活化。通过鼓励村民参与、传承乡村文化、发展乡村旅游等方式,让历史文化村落成为乡土文化遗产的博物馆、乡愁记忆的百科全书和古今文明有机融合的美丽乡村。当然,历史文化村落的保护利用,绕不开一个敏感环节,就是如何处理好保护与利用的关系。浙江在保护优先的前提下,坚持"有序发展、特色发展、融合发展",力求"保护促利用、利用强保护"。例如,深澳村与众不同的做法是,没有盲目引进开发商"整村承包",没有变相"驱赶"原村民,也没有让社会资本一方主导、一股独大,而是以保护利用历史文化村落为载体,成立了古村落管理委员会,对闲置古建筑实行"统一流转、统一租赁、统一出租",政府、村集体、居民、社会资本共同参与。

浙江的实践表明,只有让村民成为村庄的主人,让文化成为村庄的灵魂,才能实现历史文化村落的可持续发展。例如,深澳村通过成立古村落管理委员会,实现了政府、村集体、居民和社会资本的共同参与,共同推动历史文化村落的保护与利用。

三、补齐短板:构建长效保护与利用机制

调查显示,在浙江历史文化村落的所有古建筑等物质文化遗存中,有文物保护级别的4 357处,其中375处为国家级文物;非物质文化遗产中,有89个属于国家级的。截至2015年末,浙江确认的历史文化村落共有1 237个,但目前这些历史文化村落的保护现状却千差万别。有的村落全村旅游收入已经达到1亿元,也有的村落3年建设期满绩效评估不及格。

为了全面且深入地补齐当前历史文化村落保护与利用中的短板,浙江正全力以赴地探索并建立一套长效保护与利用机制。这一机制的构建旨在确保历史文化村落的保护工作能够持续、稳定、有效地进行,同时推动其资源的合理利用,为乡村的可持续发展注入新的活力。

第一,浙江重点强化项目立项管理机制。这意味着在项目启动之前,将进行更为严格的筛选和评估工作,确保每一个项目都符合历史文化村落的保护与利用需求,避免资源的浪费和无效投入。第二,浙江注重规划引领的作用。在规划阶段,将充分考虑每个村落的独特性和文化特色,制订个性化的保护与利用方案。

在保护修复方面,浙江更加注重精细化和专业化。将加大对古建筑、古民居等文化遗产的修复力度,同时注重修复技术的传承与创新;在组织领导方面,浙江建立健全组织架构和工作机制。将明确各级政府和部门的职责与任务,形成工作合力;在利用发展方面,浙江注重文化与旅游的深度融合。依托历史文化村落的丰富资源,开发具有地方特色的旅游产品和文化活动,吸引更多的游客前来观光游览;在环境整治方面,浙江将注重生态环境的保护与修复。加强对村落周边环境的整治和管理,确保生态环境的优美和宜居;在政策创新方面,浙江积极探索符合历史文化村落保护与利用需求的政策体系。加强与相关部门的沟通与合作,争取更多的政策支持和资金扶持。同时,鼓励社会各界参与历史文化村落的保护与利用工作,共同推动乡村的振兴与发展。

通过这些措施,浙江进一步完善了历史文化村落保护与利用的长效机制,推动这些珍贵的文化遗产得到更好的保护和传承。同时,也将为乡村的振兴与发展注入新的活力,让乡村的传统文化在现代社会中焕发出新的光彩。

(参考案例来源:本案例在《经济日报》发布的《历史文化村落保护利用浙江实践:让不可再生的文化遗产重放光彩》、2015年发布的《浙江历史文化村落保护利用与持续发展调研报告》等内容的基础上进行整合。)

(1)简单分析旅游资源为何需要进行开发与保护。

(2)结合上述案例详细论述旅游目的地如何进行旅游资源的开发与保护。

本章小结

本章对旅游产品、旅游产品开发的概念进行了介绍,在此基础上对旅游目的地的各种产品类型,以及旅游产品的构成与类型进行了详细介绍,有助于学生更好地理解旅游产品。通过对旅游产品创新发展趋势进行拓展,让学生了解应该如何实施旅游产品创新。

旅游目的地产品开发是一项复杂的任务,需要综合考虑经济效益、社会影响、文化保护和环境可持续性,其核心目标是在保护旅游资源的同时实现旅游产品的可持续发展。为了实现这一目标,旅游产品开发必须经过充分的分析过程,尤其是对旅游资源和旅游产品创新趋势的深入分析。我们推崇的旅游产品开发方法应当是综合性的和可持续性的方法。在旅游产品开发的具体过程中,还要有足够的思考能力和灵活性。

复习思考题

(1)概念解释:旅游产品。

(2)试论述旅游产品的类型。

(3)试论述旅游产品创新的趋势。

(4)试分析旅游产品的开发流程主要包括哪些阶段。

(5)试分析旅游目的地如何进行旅游资源开发与保护。

(6)简单论述旅游资源保护与开发的原则。

习 题

获取更多更新资源,请到中国大学 MOOC 网站搜索"走进旅游目的地:理论与实务"课程进行学习。

参考文献

[1] 崔凤军.中国传统旅游目的地创新与发展[M].北京:中国旅游出版社,2002.

[2] 黄鹂.旅游体验与景区开发模式[J].兰州大学学报(社会科学版),2004,32(6):104-108.

[3] 李剑.区域旅游产品创新系统及其指标体系研究[D].杭州:浙江工商大学,2007.

[4] 李天元.旅游学概论[M].5 版.天津:南开大学出版社,2003.

［5］刘旺,杨敏.旅游资源保护激励机制探析[J].四川师范大学学报(社会科学版),2005,32(5):126-131.

［6］刘中才.低碳经济导向下旅游资源开发与保护:基于马克思主义矛盾学说的视角[J].求知,2023(5):39-41.

［7］王镜.旅游产品创新系统的研究:以深圳华侨城为例[D].西安:陕西师范大学,2001.

［8］吴必虎.区域旅游开发的 RMP 分析:以河南省洛阳市为例[J].地理研究,2001,20(1):103-110.

［9］向刚,汪应洛.企业持续创新动力机制研究[J].科研管理,2004,25(6):108-114.

［10］杨英.基于产权制度视角的旅游资源开发与保护机制研究[D].广州:暨南大学,2011.

［11］邹统钎.旅游度假区发展规划:理论、方法与方案[M].北京:旅游教育出版社,1996.

［12］CLEMMER J, SHEEHY B. Firing on all cylinders: the service/quality system for high-powered corporate performance[M]. Macmillan of canada, 1990.

［13］MCKERCHER B. Towards a taxonomy of tourism products[J]. Tourism management, 2016, 54: 196-208.

［14］MEDLIK S, MIDDLRTON V T C. Product formulation in tourism[J]. Tourism and marketing, 1973, 13(1): 138-154.

［15］PRAHALAD C K, RAMASWAMY V. The future of competition: co—creating unique value with customers[J]. Harvard business school press, 2004, 18(2): 155-157.

［16］STEPHEN L J S. The tourism product[J]. Annals of tourism research, 1994, 21(3): 582-595.

第六章　旅游目的地形象和公共营销

学习目标

　　了解旅游目的地形象的概念、类型、结构要素、构成以及基本属性,理解其形成的影响因素。熟悉旅游形象建立的基本程序,掌握旅游目的地品牌化的目的,以及品牌构建的基本准则。通过对旅游目的地公共营销概念的学习,了解公共营销的主体、内容、举措及绩效评价指标体系。本章旨在坚定学生的文化自信,在习近平新时代中国特色社会主义思想的引领下,发掘中华文明的内涵与价值,展现祖国大好河山及璀璨文明。

第一节　旅游目的地形象的基本内容

一、旅游目的地形象的概念

旅游目的地形象的基本概念与原理

　　所谓旅游目的地形象是指旅游者对旅游目的地的知识、信念、想法、印象和感情的总和,是旅游者持有的个人想法和概念(廖卫华,2005)。

　　谢朝武和黄远水(2002)认为旅游目的地形象是个双向的意念系统,从旅游目的地层面来讲,旅游目的地形象是旅游目的地对本身的各种要素资源进行整合提炼、有选择性地对旅游者进行传播的意念要素,它是旅游目的地进行对外宣传的代表性形象。在某种程度上,旅游目的地形象代表了旅游目的地自身的主观愿望。从旅游者层面来看,旅游目的地形象是旅游者通过各种传播媒介或实地经历所获得的旅游目的地各种要素资源所形成的意念要素的集合,它是旅游目的地的客观形象在旅游者心中的反映。李蕾蕾(1999)在其著作《旅游地形策划:理论与实务》中对旅游目的地形象的概念进行了更深入的探讨,认为旅游目的地形象概念的核心是旅游者对旅游目的地的信息(直接信息和间

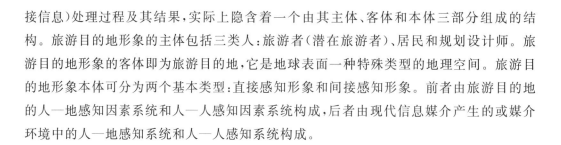

接信息)处理过程及其结果,实际上隐含着一个由其主体、客体和本体三部分组成的结构。旅游目的地形象的主体包括三类人:旅游者(潜在旅游者)、居民和规划设计师。旅游目的地形象的客体即为旅游目的地,它是地球表面一种特殊类型的地理空间。旅游目的地形象本体可分为两个基本类型:直接感知形象和间接感知形象。前者由旅游目的地的人—地感知因素系统和人—人感知因素系统构成,后者由现代信息媒介产生的或媒介环境中的人—地感知系统和人—人感知系统构成。

二、旅游目的地形象的类型

旅游目的地形象的概念存在多重内涵,因此对于旅游目的地形象,也有比较丰富的分类。一类是 Gunn(1972)提出将旅游目的地形象分为感官形象(Organic Image)和诱发形象(Induced Image)。感官形象指旅游者的个人亲身旅游经历而形成的旅游形象;诱发形象则是指在感官形象的基础上接受和处理来自旅游经营商或者媒体等外部信息而形成的旅游形象。Fayeke 等(1991)在此基础上,提出了混合形象(Complex Image)的概念。混合形象是旅游者在实地旅游过程中,将接收到的各种新信息与原有信息重新进行处理和加工后形成的。

另一类是以 Gartner 为代表。Gartner(1986)对旅游目的地形象的定义集中在旅游目的地形象研究中通常测量的属性上,因此这个定义的重点是认知和对目的地中假设存在的属性的简单评估。他认为旅游目的地形象由三个具有等级关系的部分构成:感知形象(Cognitive Image)、情感形象(Affective Image)和意动形象(Conative Image)。Gartner(1994)根据旅游目的地信息类型及可信程度、获取成本、市场覆盖面等指标将旅游信息分为八个类别:显性诱发信息 I(Overt Induced I,如传统的广告信息)、显性诱发信息 II(Overt Induced II,如通过旅游中间商获取信息)、隐性诱发信息 I(Covert Induced I,如名人等的介绍和推荐)、隐性诱发信息 II(Covert Induced II,如关于目的地的各种报告和文章)、自主独立信息(Autonomous,如新闻报道和电影中有关目的地的信息)、未请求感官信息(Unsolicited Organic,如不经意间从朋友或同事处获得的信息)、请求感官信息(Solicited Organic,特意从朋友、亲戚处获取的信息)、感官信息(Organic,如个人旅游经历)。这八个类别的信息形成了各自对应的旅游目的地形象。感知形象是指对已知的旅游目的地特征的理性评估,与评估者拥有的评估对象客观特征的知识有关;情感形象是情绪化的,与个人在旅游目的地选择过程中的动机相联系;意动形象被认为类似于行为的,从情感形象和感知形象演化而来,促使旅游者从众多的旅游目的地中选择一个合适的旅游目的地。Baloglu(1997)也发展了 Gartner 的分类,认为旅游目的地形象包括三个部分:认知形象(Cognitive image)、情感形象和整体形象(Overall image)。这里的整体形象与 Fayeke 等提出的混合形象是感官形象和诱发形象的综合相类似,是旅游者对于感知形象和情感形象的综合。

另外，基于旅游者的认知特点之一出发，Selby 等(1996)将旅游目的地形象分为原生形象(Naïve Image)和再评估形象(Re-evaluated Image)。原生形象指潜在旅游者在原有知识和信息的基础上于访问旅游目的地之前所形成的关于该旅游目的地的形象。再评估形象指旅游者在访问旅游目的地之后所获得的新鲜的感知信息的基础上所形成的关于该旅游目的地的形象。从供给角度出发，Grosspietsch(2006)将旅游目的地形象分为两类：第一类是全体旅游者对旅游目的地的认识和印象，即旅游者的感知形象(Perceived Image)；第二类是旅游经营商通过自身努力希望在潜在旅游者心目中树立的形象，即目的地的传送形象(Projected Image)。

三、旅游目的地形象的结构要素

结构是一种关于人类和社会现象中的组织逻辑。按照结构主义的观点，所谓结构要素是事物内部的主要成分及其相互关系。分析国内外学者提出的关于旅游目的地形象的各种定义，不难发现，随着旅游目的地形象概念的发展，对旅游目的地形象的结构要素的认识也在发生变化。

Echtner 和 Ritchie(1991)以"属性—整体链""功能—心理链"和"共同性—唯一性链"三个连续链界定和划分旅游目的地形象的构成要素。其中，"属性—整体链"说明旅游者对旅游目的地形象的感知既包括对单个属性(如气候、设施、居民的友好态度等)的感知，又包括整体印象的获得。"功能—心理链"指的是旅游目的地中可测量的、有形的、物质的功能性要素(如山水风景、园林建筑、接待设施等)与无形的、抽象的、难以测量的心理性要素(如地方精神、服务态度、媒介形象等)，无论是功能性要素还是心理性要素既可感知为单个属性，又可感知为某种整体性印象。也有学者提出功能性要素包括物态要素、人性要素和事件要素等三大类，心理要素则主要包括地格要素、管理要素、社区要素和媒体要素等四大类。"共同性—唯一性链"描述了旅游目的地形象的共同性要素(如物价水平、交通设施、气候及住宿设施类型等功能性要素，以及友好程度、安全性、声誉等心理性要素)和该旅游目的地独有的特征(如奇异的民族文化、独特的自然风光、节庆赛事等功能性要素以及特殊宗教氛围等心理性要素)。"功能—心理链"和"共同性—唯一性链"中的各类要素既可感知为单个属性亦可感知为某种整体性印象。

四、旅游目的地形象的系统构成

旅游目的地形象的内涵与特征表明作为一个复杂的、多层面的动态开放系统，旅游目的地形象系统的构成至少包含以下不同层面的若干子系统。

①现实形象系统—媒介形象系统：反映旅游目的地的客观世界与媒介环境的相互作用。前者是旅游目的地的全息形象，描绘旅游目的地物质形象亚系统的本真结构，后者反映旅游目的地营销传播形象亚系统的主观结构。

②感知形象系统—现实形象系统：反映旅游者（潜在旅游者）感知环境与旅游目的地客观环境的直接作用，描绘了旅游者在旅游目的地游览过程中获得的旅游目的地直接感知形象。旅游目的地的直接感知形象反映了旅游者在空间游览过程中对旅游目的地的认知与评价。

③感知形象系统—媒形象系统：反映游者（潜在游者）感知环境与媒介环境的相互作用。两者通过互动生成旅游目的地间接感知形象。旅游目的地间接感知形象是旅游者在媒介环境中对旅游目的地传播的信息符号的解读与印象。

④吸引物形象系统—界面形象系统：旅游目的地吸引物形象亚系统是旅游行为的动力结构，往往由旅游目的地的唯一性特征变量组成。界面形象系统是旅游行为的支持结构，一般多由旅游目的地的共同性结构变量组成。

⑤外显感知形象系统—内隐感知形象系统：公众对旅游目的地形象感知既有主动地有意识地关注认知的部分，也有被动地无意识地接受潜移默化的结果。前者形成旅游目的地外显感知形象结构，后者则形成旅游目的地内隐感知形象结构。

⑥自然传播形象系统—营销传播形象系统：这是旅游目的媒介环境的主要结构。前者是旅游目的地信息在非刻意的情况下的发射，如影视剧的拍摄地、突发事件、文学描绘、社区信息等；后者是经旅游目的地旅游主管部门、业界等刻意策划，并选择合适的媒介渠道进行营销推广的结果。

在以上各个层面相互作用，共同形成旅游目的地形象的过程中，各个部分之间不存在从属和被动的因果关系，复杂的非线性多维关系是使系统有序的动力。非线性相互作用在系统耗散结构的形成和演化过程中，主要产生两种效应（陈卫星，2004）：一是相关效应，这种效应是元素之间相互制约、耦合而产生整体效应，使线性叠加失效、元素的独立性丧失，其间的关系逐渐不可分割，系统产生自组织结构。如通过自然传播、营销传播和直接接触等各个部分的共同作用，使得旅游目的地形象产生整体大于部分之和的自组织效应；二是临界效应，使系统在临界点上失去稳态，发生分支和分叉的演化，而按一个分叉以上即各个分支演化为新的系统，形成新的结构。如原来的某些旅游边缘区逐步发展成为核心集聚区，在公众心目中分化形成旅游目的地新的认知形象，等等。

五、旅游目的地形象的基本属性

从本体论的角度来看，旅游目的地形象具有主观性、内隐性、诱导性、符号性、特征性、动态性、场景性和综合性八个基本属性。

（一）主观性

旅游目的地形象的主观性反映在两个方面：一是其本质上是人类心理过程的结果，人们的经历、文化背景和个性特征等差异会给目的地的认知带来很大影响；二是由于空间消费无法事先体验，作为非居民公众很难全面获得旅游地重要属性的客观信息，因此对旅游产品的主观判断一般多于客观判断。

（二）内隐性

内隐态度是过去经验和已有态度积淀下的一种无意识痕迹,这种痕迹影响是在显意识水平上无从觉知,但又潜在地作用于个体对客体对象的情感取向、认识和行为。旅游者往往是在无意识的情况下通过报刊、书籍、影视等途径接受了某些旅游目的地的信息,潜移默化地生成旅游者的旅游目的地本底形象。

（三）诱导性

传播学的研究认为除了人所共知的所谓"客观环境"或实性环境、显性环境外,还存在一个所谓"媒介环境"或虚性环境、隐性环境。旅游目的地的各种信息往往通过各种传播途径影响、诱导公众感知,在旅游者心中形成虚幻的"脑海图景",并让其据此做出出游选择。

（四）符号性

旅游活动是一种符号与经验的消费,无形的象征、氛围以至愉悦感都可以透过符号价值的交换而被购买。旅游目的地空间感知形象常常就是一系列空间标志性景观的符号化结构。这种符号化的要素可以是物质空间实体,如上海外滩、桂林山水;可以是抽象的主题口号,如"七彩云南";更可以只是一种散淡自由、物我两忘的情境,如烟雨漓江泛舟等。

（五）特征性

许多研究表明并不是所有的形象因素都会影响旅游决策。在这信息爆炸的时代,旅游者不可能不加选择地注意到所有的信息。事实上,只有那些易于识别的地方性特征和具有强烈视觉震撼力的景观,最终得以成为旅游目的地空间感知形象的结构因子,深深印刻在人们脑海中。

（六）动态性

旅游业是一个非常脆弱的行业。旅游目的地空间感知形象不是静态的、一成不变的,它会受到旅游目的地季节、气候、节庆活动,甚至突发事件等情况影响而发生变化。例如,自然灾害、汇率变化或旅游政策变化等都可能带来某些地区旅游吸引力的"戏剧性"变化。

（七）场景性

旅游者在旅游目的地短暂的、浮光掠影式的停留,心目中留下的往往不是完整的连续的旅游目的地空间形象,而是一些空间和时间片段上的一个个意象性场景。如杭州的三潭印月、雷峰夕照、龙井问茶;北京的天安门广场、故宫、长城;海南的亚龙湾、天涯海角、万泉河、五指山;等等。

(八)综合性

根据格式塔心理学的完形理论，公众对旅游地的感知印象与评价常常是凭借对旅游目的地的空间片段，以及一些事件信息连缀、想象和推断而得出整体的判断和结果的，彼此之间缺乏联系，细节零散而无整体性，破坏了人们的视觉安定感。

六、旅游目的地形象的形成

旅游目的地形象的形成很大程度上是与旅游者获取的信息相联系的。最早，关于旅游目的地形象的形成，Gunn(1972)建构了一个理论框架，并普遍为学界所认可。他将旅游目的地形象分为原生形象、诱发形象和诱导形象三个层面，依据这三个层面，Gunn 进一步描述了目的地形象形成的七个阶段(见图 6-1)。

阶段一是形成原生形象(Organic Image)，主要来源为非旅游、非商业资源的信息，如媒体、朋友之间的口口相传等。阶段二是搜索更进一步的信息(如推销或广告)来修正原生形象，形成归纳形象(Induced Image)。阶段三是依据形象的比较，形成决定去的旅游目的地形象，这称为修正的归纳形象(Modified-induced Image)。阶段四是到达旅游目的地后形成新的旅游目的地形象。阶段五是参与或体验目的地。阶段六是旅游结束后所做出的反应与衡量。阶段七是形成新的目的地形象。这七个阶段是旅游者对旅游目的地形象感知的一般过程。

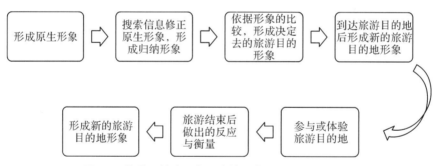

图 6-1　旅游目的地形象形成的七个阶段(Gunn,1972)

其实，旅游目的地形象的多种分类实际上反映了旅游目的地形象的形成过程。根据本节第二部分内容可知，Baloglu(1997)将旅游目的地形象区分为认知形象、情感形象和整体形象，是一个静态的形成过程。他们认为在个人因素和刺激因素的共同作用下，会形成整体形象。这种静态的旅游目的地形象一般发生在未曾访问过旅游目的地的旅游者身上。然而，Fayeke 等(1991)认为旅游目的地形象是一个概念化过程，即从感官形象、诱发形象到混合形象的动态过程。当潜在旅游者产生旅游动机后，在旅游者头脑中会依据自身知识和经验产生出备选目的地的旅游形象，在对该旅游形象进行一系列心理处理过程后，就会形成备选旅游目的地的感官形象。在进一步的信息搜索及对信息处理的基础上，旅游者会形成阶段性的旅游目的地诱发形象。最后旅游者在参加旅游目的地各类旅游体验活动后,将会形成最终的旅游目的地复合形象。

Gunn强调即使个人从未到某地旅游过,或从未搜寻过有关某地的信息,在他的脑海中还是存有某些对该地的记忆与形象。Chon(1989)也指出,当一个人想要旅游时,其所欲前往的旅游目的地的最初形象(Primary Image)已存在心中。由此可见,旅游形象在游客心中的形成必须经过原生形象到次生形象,直至最后的最终形象。这与游客个人经验、教育水平、偏好等直接相关(王红国和刘国华,2010)。

七、旅游目的地形象形成的影响因素

旅游目的地形象的形成会受到多方因素的影响,总的来说可以把影响因素归纳为旅游者个人因素和信息因素两大类。

(一)旅游者个人因素

从消费者行为的角度来看,个人因素是指个体的社会—人口统计学特征(性别、年龄、受教育水平、家庭生活周期、社会阶层、居住地等),以及那些具有心理性质的因素(动机、价值观、个性、生活方式等)。这些个人因素会影响个体的认知或对刺激物的评价,因此也会影响个体对环境的感知和由此产生的形象。

1. 旅游动机

动机指的是一种驱使个人以某种方式行动以达到期望的需求。Gartner(1994)和Baloglu(1997)认为,旅游者的旅游动机对旅游目的地形象中的情感形象有直接影响,如果旅游者认为旅游目的地在实现利益之外还为他们提供了需求,那么有不同动机的旅游者可能会以同一种方式评价旅游目的地的情感形象。另外,若旅游者的旅游动机与旅游目的地相匹配,且文化距离较短,则利于旅游者在参观之前对旅游目的地形成积极形象认知,而旅游者行为又受心理因素引导,因此有助于旅游者做出旅游决策。

2. 旅行经验

旅游者过去的旅行经验也可能影响其访问旅游目的地后对旅游目的地的感知形象。正如Schreyer等(1984)所指出的,由于来自过去经历的信息与休闲旅行的主观解释之间存在一定程度上的联系,因此现在的某些看法、态度可以与过去的经历相比较来进行解释。在旅游的背景下,过去的经验可能比从外部来源获得的信息更重要(Mazursky,1989)。当有过去的经验时,从外部来源接收信息的需求就会减弱。因此,旅游者往往更重视他们过去的旅行经验,而不是从外部所获得的有关旅游目的地信息。旅行经验对潜在旅游者的认知形象和已出游旅游者的情感形象都有着积极和重要的影响。

3. 社会—人口统计学特征

旅游者的个人特征,如性别、年龄、职业、教育和社会阶层,都是影响旅游目的地形象感知的重要因素。比如从学历来看,高学历的旅游者的认知水平高,语言能力和感知能力都比较强,因而能更好、更深刻地体会旅游目的地的形象。

当然,旅游者感知的旅游目的地形象并不是永恒不变的,它会随着旅游者的心情、对旅游目的地的熟悉度等因素不断变化,游客到旅游目的地前、到达后、离开时及回忆中的旅游目的地形象都是有所差别的。旅游者对旅游目的地形象的演变规律大致是这样的:旅游者在到达目的地之前,由于兴奋和好奇,往往会先把旅游目的地浪漫化,从而认知形象曲线和情感形象曲线整体水平比较高。在到达目的地时,受到现实世界的冲击,旅游目的地的实际形象并没有之前设想的浪漫,这导致在到达之前所形成的认知形象曲线和情感形象曲线在到达时逐步下降,从而整体形象曲线也呈下降趋势。随着旅游者心情的平复和认知的不断提升,在旅途中,认知形象曲线、情感形象曲线和整体形象曲线都呈上升状态,且增幅较高。离开时,随着旅游者对目的地的了解加深,以及对环境差异的适应,其认知形象曲线平稳上升且超过情感形象曲线,而情感形象曲线和整体形象曲线缓速下降。旅途结束后,旅游者的情绪随着时间流逝逐渐消失,趋于静默状态,以及随着人们记忆的减退,认知形象曲线和情感形象曲线都呈下降状态,整体形象曲线小幅度下降,最终保持平衡状态。

(二)信息因素

根据旅游目的地形象的形成过程,我们知道信息来源会影响旅游目的地形象。感官形象基于非商业性的信息来源形成,如大众媒体上关于目的地的新闻、收到的信息和亲友的意见。诱发形象基于商业信息来源形成,如不同形式的广告、来自旅行社和旅游经营者的信息。

现在,随着科技的飞速发展,旅游者获取旅游目的地信息的渠道趋于多样化,主要分为两大类:一类是传统信息源,另一类是 Web 信息源(Llodrà-Riera,2015)。传统信息源细分为 14 个类目:官方提供的旅游信息来源、旅游目的地组织、供应商(运输、住宿等)、中介(旅行社、旅游经营者)、专门从事旅游业的媒体、专门从事专项主题领域(如体育、葡萄酒、洞穴探险、电影)的媒体、书籍、旅游指南纪录片、电视剧、广告、集市、朋友和熟人、舆论领袖和互联网。Web 信息源细分为 19 个类目:搜索引擎(如谷歌)、Web 具有用户评估的页面(如 isorTripAdv)、旅游博客(如 Bo. Muube)、一般社交网络(如 Facebook)、酒店预订门户、旅游资源和活动门户网站(例 Wikitravel)、租用私人房屋或房间的门户(如 Airbnb),以及地图(如谷歌地图)等。当然,Web 信息源也可像传统信息源一样分为不同维度,如有机地、自主地、诱导地,对旅游目的地形象产生直接影响。Web 信息源主要对旅游者参观旅游目的地前的形象认知具有影响(Dolores et al.,2008)。此外,信息因素对于旅游目的地形象的影响程度取决于旅游者的信息参与度和互联网体验。旅游目的地形象形成模型见图 6-2。

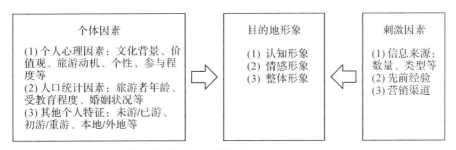

图 6-2　旅游目的地形象形成模型（Baloglu & McCleary,1999）

第二节　旅游目的地的形象设计与传播

旅游目的地的形
象设计与传播

一、旅游目的地形象建立程序

旅游目的地形象设计是一项复杂而严谨的工作,可以根据吴必虎（2001）提出的旅游形象建立程序（见图 6-3）来建立旅游目的地形象,一般包括前期的基础性工作和后期的显示性工作。基础性工作包括地方性分析、受众分析和形象替代分析,显示性工作主要是对旅游目的地形象的具体表达,包括理念核心、界面意向、传播口号和传播视频符号。

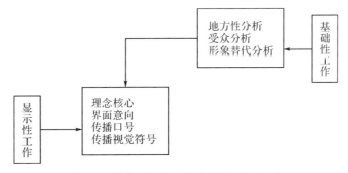

图 6-3　旅游形象建立程序（吴必虎,2001）

（一）基础性工作

基础性工作是旅游目的地形象设计的首要工作,只有客观地把握地方性分析、受众分析以及形象替代性分析这三个方面的总体内容,才能有效地服务于后期的显示性工作。

首先是地方性分析,地方性也就是地域性特征,这种地域差异不仅表现在自然景观上,也表现在人文景观上。任何旅游地都有其独特的地方特性,充分地把握旅游目的地地方文脉、深入分析其地域背景、发现和总结其特有风格,是地方性分析的主要工作内容。某旅游目的地地方性越独特,在旅游目的地形象设计中,越容易挖掘其地方特色,并形成更容易为旅游者所接受和认知的鲜明旅游形象。

其次是受众分析,这里的受众是指旅游目的地形象传播的对象。旅游目的地形象设计与传播的目的是向旅游者推销旅游目的地,使其了解旅游目的地的特色,促使其产生旅游动机,因此有必要事先了解旅游者对该旅游目的地的认知情况,进行受众分析,以确立正确的旅游目的地形象。通过受众分析对旅游目的地现有的和潜在的旅游客源市场的需求特征、行为模式和消费趋向进行充分的把握。

最后是形象替代分析,也就是竞争者分析。当今,任何一个旅游目的地都面临来自其他旅游目的地,尤其是地域性或客源市场较为类似的旅游目的地的竞争压力。因此,在旅游目的地形象的设计中,一方面要对市场竞争者进行分析,充分了解竞争者在竞争中所处的位置及其优劣势,另一方面,要提供有差异化的旅游产品,以及通过旅游目的地形象表现出来差异。

(二)显示性工作

在进行旅游目的地形象设计时,往往会引入企业形象识别系统(Corporate Identity System,CIS)。CIS由理念识别系统(Mind Identity)、行为识别系统(Behavior Identity)和视觉识别系统(Visual Identity)组成。也就是说,旅游目的地形象设计包括理念形象设计、行为形象设计和视觉形象设计。

理念形象设计是指旅游目的地独特的价值观、发展目标、形象定位、文化的个性内涵等方面的设计。理念设计要基于旅游目的地的历史文化背景,旅游目的地的发展理念要凸显自身特点,区别于其他旅游目的地的形象,同时区域内的景点要在理念上总体保持一致。理念识别系统通常用理念口号来体现与传播。

行为形象设计包括旅游相关行业从业者、居民和政府的行为形象设计。旅游从业人员、居民和政府的行为和形象会直接影响旅游者对该旅游目的地的印象,因此旅游目的地要引导上述群体的行为。一些国家标准和行业标准(如《旅游涉外饭店星级的划分及评定》《导游服务质量》《旅行社管理条例》等)可以从标准化的角度解决旅游目的地从业人员的行为形象识别问题;对于当地居民,往往通过旅游目的地管理,使其能够保持自然的生活状态,同时解决好旅游者与当地居民的冲突问题;政府要树立鼓励旅游业发展的正面形象,推出鼓励性政策,支持旅游业建设等。

视觉形象设计包括旅游目的地标志、旅游产品、旅游基本要素和应用要素、旅游广告宣传等方面的形象设计。视觉形象是旅游者感知旅游目的地的第一形象,视觉美观是旅游目的地最基本的要求。旅游目的地整体的布局和形象,以及交通道路的路标、景区的指示牌、服务人员的服饰等,都属于旅游目的地的视觉形象。旅游目的地形象图形标志是一种常见的旅游目的地形象视觉符号,它使旅游目的地的内涵得到深度凸显,形象得到高度浓缩。

二、旅游目的地形象口号设计

旅游目的地的形象口号是指既能反映理念核心的深邃内容,又能被旅游者乐于接受,同时有较高传播效率的表现形式。其主题涉及资源特点(如"井冈山,两件宝,历史红,山林好",内蒙古响沙湾旅游区"这里的沙子会唱歌",北京"东方古都,长城故乡")、文化诉求(如南京"博爱之都",西安"周秦汉唐,为您收藏")、情感诉求(如"饮水思源,寻梦延安""好客山东欢迎您""江南福地,常来常熟")、综合诉求(如"粤游粤精彩""苏州,都挺好""在湖州看见美丽中国")等,其目的是使旅游者对该目的地产生好奇和神往。

现实中,旅游目的地形象宣传口号设计还存在如下许多问题,比如:语言夸张,名实不符;定位雷同,没有特色;面面俱到,重心难找,词句堆砌;庸俗平淡,没有亮点;语言晦涩,表达不清;等等。由此可见,旅游目的地形象口号设计的问题根源在于误解了定位的目的,没有把握好定位载体与内容,并且没有科学地细分目标市场。解决方案为做好前期调查工作,有针对性地规划设计,并且主题形象宣传口号要简练、易懂,不能晦涩、深奥、拗口。

因此,旅游目的地形象口号设计还得遵循一系列原则:①彰显地方特征,内容源自文脉。旅游口号的设计必须反映旅游资源所处区域的地方独特性,旅游口号的内容源自区域独特的地理文脉、历史渊源。②彰显行业特征,针对游客表达。旅游口号的设计必须是针对潜在的游客的,要充分了解游客的消费心理,熟知其品位与偏好。③彰显时代特征,语言紧扣时代。旅游口号的设计在语言表述上要具有时代特征,反映旅游需求的热点、趋势。

三、旅游目的地形象传播

(一)旅游目的地形象传播模式

完成旅游目的地形象设计后需要做的是旅游目的地形象的传播与推广,这样才能让更多人认识旅游目的地旅游形象。在互联网广泛运用前,旅游目的地形象的传播大多数还采用单向传播模式,主要采用如 Lasswell(1948)的"5W"传播模式,而这种模式只是将传播看成一个单向的、线性的过程,忽略了从传播对象的角度进行传播。如今,互联网技术的发展应用,拓展了旅游目的地形象传播影响的广度和深度,其传播模式也从单向传播升级为双向沟通模式。这一传播模式基于互联网背景,引入了反馈机制。也就是在传统的传播模式中,嵌入网络信息,实现传播对象对接收信息的反馈,使传播者更能准确、清晰地做出科学决策(李巧云,2020),见图6-4。

将网络信息嵌入旅游目的地形象传播中,形成旅游决策者与旅游者的双向沟通模式。比如,利用旅游目的地的官方网站和当地政府的网站平台,以及利用微信公众号、官方微博、抖音等平台,及时对旅游目的地进行宣传,并通过游客在平台上对旅游目的地的反馈,及时处理各种问题,扩大旅游目的地的影响力。同时,提升旅游目的地的知名度需要管理者组建一支专门的营销团队,与各地旅行社、各大旅游电商平台合作,扩大旅游目的地的影响力,从而形成多平台、多渠道、双向沟通的旅游目的地形象传播模式。

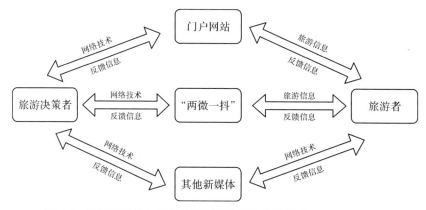

图 6-4　网络信息嵌入后的旅游目的地形象传播模式(李巧云,2020)

(二)旅游目的地形象传播策略

1.构建旅游目的地形象传播主体

根据旅游公众对信息接收的不同层次,旅游目的地形象传播效果可呈现不同的层次。分层次考察旅游目的地形象的传播效果,可以帮助旅游目的地明确传播工作在不同阶段的侧重点,以提高形象传播的针对性,避免盲目性。一般来说,旅游目的地形象传播的目的可分为四个层次:传达信息、联络感情、影响游客态度、引起游客行为。无论在哪个层次达到传播目的,都可以说取得了较好的传播效果(薛源,2020)。

2.合理策划传播内容

目前,各旅游目的地宣传其形象的内容相似度较高,网络上一旦出现热门话题、热门图片,各大旅游目的地就立刻效仿。这样的传播内容只是暂时性的,不仅无法吸引大众的目光,长此以往还会使受众群体产生疲劳感和厌烦感。因此,传播旅游目的地形象必须对传播的内容进行合理设计,体现出不同之处,贴合受众的需求。例如,旅游目的地在利用直播的形式进行形象传播时,可以收集直播弹幕的信息,还可以将主播的微博账号分享出来,使一部分受众在主播的微博评论区中说出自己的想法,在这种双向互动中进一步了解大众的需求(李倩,2023)。

3.择优选择传播渠道

不同传播渠道的传播效果多种多样,选择哪一种渠道传播旅游目的地形象是每一个旅游目的地需要认真研究的问题。在选择传播渠道时,要从传播的持久性、影响力、公众能够接受的程度等方面全盘考虑,不能只贪图眼前的利益,眼光要长远。以杭州为例,杭州的旅游主管部门选择在微博、微信以及抖音等 App 上开设官方账号,通过官方账号进行日常的文章推送和短视频发布等来塑造和推广杭州旅游形象。

4. 及时关注反馈信息

大众的反馈对任何行业都极为重要，对旅游业更是如此。要检验传播方式的传播效果，就要始终关注大众的反馈信息和游客游后评价，这样才能使旅游目的地形象传播更具有效性。如果大众的反馈较好，旅游目的地就可继续沿着此思路开展形象传播的工作，也可对此传播思路进行优化，提高大众的认可度，在无形中利用大众资源进行旅游目的地形象传播；如果大众的反馈中提到较多问题，就说明目前旅游目的地形象传播的方式存在一定的问题，要通过网络传播的数据反馈调整实施方案。

案例分析一

抚州：戏梦之城，旅游新篇章

坐落在江西东部的抚州，是一座充满历史底蕴和文化魅力的城市。近年来，随着生态文明建设的深入推进，抚州不仅荣获了"中国最美文化生态旅游城市"的美誉，还以其独特的戏梦文化，逐渐树立起"中国戏都"的城市旅游形象。

抚州，是四百多年前中国戏曲大家汤显祖的故乡。在今天的抚州，城市管理者们不仅致力于保护和传承这份宝贵的文化遗产，还希望通过创新的方式，让戏曲文化焕发新的生机。然而，抚州的旅游发展还面临着诸多挑战，如何将这些文化资源转化为吸引游客的旅游产品，成为摆在他们面前的重要课题。

为此，抚州制订了一份详细的旅游发展规划，提出了四个"有戏"的策略，旨在将戏梦文化融入城市的每一个角落，打造出一个独具特色的"城戏融合"的旅游目的地。

"全城有戏"——在全城空间内融入戏梦主题

在抚州的城市空间中，无论是剧院、景区还是街巷，都弥漫着浓厚的戏梦氛围。剧院内，专业剧团和国内外知名演出团队共同演绎着精彩的戏曲盛宴；景区内，文昌里、汤显祖纪念馆等景点都以戏梦文化为主题，为游客提供深度体验；街巷中，戏曲巡游和街头艺术表演更是让游客感受到戏曲文化的魅力。

"全民有戏"——注重戏梦文化的群众基础培育

抚州注重戏梦文化的群众基础培育。通过民间社团的积极推广和市民的广泛参与，戏曲文化在抚州得到了广泛的普及和传承。市民公园广场上的戏曲、歌唱、舞蹈等文娱活动，以及戏曲进校园等推广活动，让更多的人了解和喜爱戏曲文化。

"全景有戏"——为游客提供戏梦主题的沉浸式旅游氛围

为了让游客更好地感受戏梦文化的魅力，抚州在城市风貌和公共服务设施上都融入了戏梦元素。城市的园林绿化、建筑形态等都与戏梦文化相结合，形成了独特的城市景观。同时，路灯、指示牌、垃圾桶等公共服务设施也都被赋予了戏梦 IP 形象，让游客在城市的每一个角落都能感受戏梦文化的氛围。

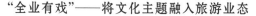

"全业有戏"——将文化主题融入旅游业态

为了丰富游客的旅游体验,抚州将戏梦文化融入了各种旅游业态中。从戏梦主题演艺、主题餐厅到主题酒店、主题展馆等,抚州为游客提供了一系列丰富多彩的旅游产品。这些产品不仅能让游客深入了解戏梦文化,还能让他们在实际体验中感受戏曲文化的魅力。

通过这四个"有戏"的策略的实施,抚州正逐步打造出一个独具特色的"中国戏都"旅游目的地。在这里,游客可以感受到浓厚的戏梦文化氛围,享受到丰富多彩的旅游体验。抚州也将在这一过程中不断发展和壮大,成为一座充满活力和魅力的旅游城市。

(参考案例来源:本案例在搜狐网发布的《四个"有戏"塑造抚州"中国戏都"城市旅游形象》、《江西日报》发布的《以戏为媒 以文化城 ——抚州厚植文化打造"中国戏曲之都"》等内容的基础上进行整合。)

(1)试解释何为旅游目的地形象,以及如何进行旅游目的地的形象定位。

(2)结合上述案例,分析旅游目的地如何进行形象设计。

第三节　旅游目的地的品牌定位

旅游目的地的
品牌定位

一、旅游目的地品牌化的目的

旅游目的地是具有可替代性的,比如江南有很多古镇,就比较雷同,而品牌是不可替代的。旅游目的地进行品牌化的根本目的是,在面对同类旅游目的地之间的可替代性时,成功地将旅游目的地定位于目标游客的考虑范围内,形成可识别性和差异性,给予消费者附加价值,也给旅游目的地带来竞争优势。在这里,品牌并不仅仅指标识或商标,还包括了品牌特征、品牌形象、品牌文化、品牌个性、品牌识别及品牌灵魂(见图6-5)。

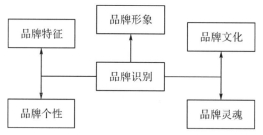

图6-5　旅游目的地品牌的主要内容(Kaplanidou and Vogt,2006)

品牌是一种无形资产,但以物质为载体。根据品牌专家 Davidson(1997)的"品牌冰山"理论,可以发现旅游目的地品牌包括水上可见部分——营销信息、旅游产品价格、线路景点和服务设施质量等,而水下不可见部分则代表旅游目的地管理者内部一系列的品牌管理能力(旅游产品与形象更新能力、危机公关能力、营销宣传能力等)。

旅游目的地品牌形象是基于消费者视角形成的对某一品牌的认知和印象,是旅游目的地代表的社会形象和自我形象的融合,是旅游目的地品牌化的核心要素。旅游目的地品牌形象的打造和提升是实现旅游目的地品牌化、剖析游客对旅游目的地的印象及感受和能够成功定位特色品牌的重要途径。

旅游目的地品牌识别是基于旅游目的地的整体规划,把视觉部分的调研分析和设计定位提升到品牌营造这一层面,从而进行开发、策划、设计等一系列的战略活动。旅游者对旅游目的地的品牌体验会影响其对品牌的识别。此外,品牌识别的形成还与旅游目的地的品牌形象、品牌个性、品牌灵魂、品牌特征、品牌文化相关。

品牌文化是与品牌相关的独特信仰、价值观、仪式、规范和传统的组合。旅游目的地的品牌文化意味着通过赋予旅游目的地品牌深刻而丰富的文化内涵,比如结合当地的风俗习惯、传统故事等,建立鲜明的品牌定位,满足旅游者的精神需求,使其对旅游目的地品牌形成高度的精神认同,最终形成品牌忠诚度。

品牌个性被视为"个性"理论的一种拓展,它可以深入探讨和解释消费者行为。旅游目的地可以被视为一个品牌,具有自己的个性和形象。旅游目的地品牌个性则是指旅游目的地在旅游者心中的独特形象和特质,它是一个旅游目的地独有的、稳定的、心理上的特征,主要包括旅游目的地的文化、历史、地理位置、自然环境、城市规划、建筑、人群等特征(Aaker,2000)。这些特征与旅游目的地的品牌形象密切相关,可以影响旅游者对旅游目的地的感知、态度和行为。

旅游目的地品牌形成文化系统之后,就会赋予旅游目的地一定的品牌灵魂,这是旅游目的地可持续发展的关键要素。

二、旅游目的地品牌定位

在旅游目的地品牌塑造之前,品牌定位是一个必不可少的环节。所谓定位就是找出产品或服务所提供的利益中最值得目标市场记忆的东西;品牌化则是将某种标识或短语应用于定位概念,以快速、简洁地传达定位的实质,使定位过程中提出的独特利益陈述易于理解和记忆(Plog,2004)。

Morrison(1998)提出了 5 Ds(Document,Decide,Differentiate,Design,Deliver)模型,涵盖了从旅游目的地品牌定位到品牌塑造的品牌化过程。

首先是 Document,即基于文献识别需求或利益。这一阶段旅游目的地通过对当地旅游者进行分析,对旅游者最切实的需求与最看重的利益进行筛选,从而识别最符合旅

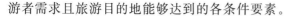
游者需求且旅游目的地能够达到的各条件要素。

其次是 Decide，即决定向选定的目标市场推出的品牌形象。旅游目的地在识别旅游者最主要的需求之后，就需要结合分析结果决定该旅游目的地需要推出的旅游目的地品牌形象。同时，旅游目的地需要充分考虑自身的旅游资源、原始形象、可实现该形象的能力等。

然后是 Differentiate，即形成差别化的旅游产品体系。这里的差别化的旅游产品体系是以旅游者消费需求为前提的。在充分分析其需求的基础上，通过对其旅游资源进行整合来选择旅游吸引物，特别是选择最能代表旅游目的地特色的旅游吸引物，这是差别化的旅游产品体系形成的关键。

接着是 Design，塑造品牌核心价值和品牌形象。通常旅游目的地的品牌形象可以通过 Logo、旅游形象宣传口号、旅游宣传片、象征性吉祥物、旅游形象代言人、旅游纪念品等来塑造和表现。这些品牌形象要能够表达旅游目的地的长远发展目标，也就是品牌价值；也要能够体现旅游目的地的品牌个性、特征和文化。

最后是 Deliver，即对品牌价值与形象进行传递上的设计。这就要求旅游目的地将那些区别于其他竞争对手的优势与旅游地的产品和服务开发相结合，形成自己独有的旅游产品、旅游线路、旅游体验项目等，并较好地运用营销手段将其传递给目标市场，从而满足吸引更多客源的需求。

三、旅游目的地品牌定位影响因素

旅游目的地品牌化若要获得成功，受到两个层面因素的影响，即品牌化战略执行层和品牌化管理支持层（高静，2012）。

（一）品牌化战略执行层

旅游目的地品牌化战略执行层的成功要素就是那些涉及旅游目的地品牌化战略实施各个步骤与环节的关键管理要素。从现有研究成果来看，就旅游目的地品牌化的战略执行过程而言，影响旅游目的地品牌化成功的关键因素主要集中于以下环节：旅游目的地品牌识别；旅游目的地品牌定位；旅游目的地品牌沟通；旅游目的地品牌监测、评价与审计。

1. 旅游目的地品牌识别

作为旅游目的地品牌化的一个核心概念，品牌识别即旅游目的地想要如何被感知，它将旅游目的地与其他地方区别开来。关键是构建品牌特征、形成品牌文化、挖掘品牌个性，通过高度集中化的品牌沟通活动在品牌与旅游者之间建立起情感联系，"我爱纽约（I love NY）"品牌打造活动就是旅游目的地品牌识别构建最为成功的案例之一。

2. 旅游目的地品牌定位

构建差异化的旅游目的地品牌定位能在潜在的旅游者心中塑造一个具有独特认知

与地位的旅游目的地形象。首先,需要让旅游者将旅游目的地与其鲜明特征紧密关联,优化旅游决策。其次,定位信息应精炼、可靠且激发正面联想,最好基于旅游者体验。最后,结合目标市场需求与旅游目的地形象,品牌定位可以通过有形(如标识、图片)与无形(如色彩、味觉)品牌要素展现出来。

3.旅游目的地品牌沟通

品牌沟通是品牌识别与旅游目的地形象之间连接的桥梁,有效的品牌沟通是旅游目的地品牌定位成功的关键因素之一。它是指旅游目的地通过营销方案设计和策划,运用各种媒体及营销沟通手段把旅游目的地品牌的有形要素、品牌理念等内容向旅游消费者及其他利益相关主体传播和渗透的过程。

4.旅游目的地品牌监测、评价与审计

目的地品牌监测、评价与审计即对旅游目的地品牌打造和要素进行综合、系统、独立和定期性的核查,以便确定旅游目的地品牌定位过程中的机会和困难,提出行动计划建议,提升旅游目的地品牌定位效果,是旅游目的地品牌打造的重要环节。

(二)品牌化管理支持层影响因素

旅游目的地品牌化管理支持层的成功要素主要是指那些对旅游目的地品牌化战略实施与执行各个环节起到平台支撑作用的可控管理要素。

1.强有力、坚定的品牌化领导

旅游目的地品牌定位成功在很大程度上依赖于旅游目的地营销组织高效的品牌领导。坚定的领导在旅游目的地品牌定位中十分重要,只有领导者有激情和精力去推动,品牌才能顺利定位。

2.旅游目的地利益相关者之间的持续沟通

旅游目的地品牌促销不仅需要以消费者为中心的沟通,还需要以合作伙伴为中心的沟通。由于各自的需求不同,利益相关者内部及相互之间会产生冲突,因此在确定旅游目的地利益相关者范围及沟通方式时应非常谨慎。与利益相关者之间的沟通必须同时反映旅游目的地品牌的核心价值和利益相关者各自的品牌价值。

3.旅游目的地品牌化文化氛围

旅游目的地品牌定位文化氛围的营造对于旅游目的地品牌定位的成功至关重要。服务导向的文化氛围有助于旅游目的地增强竞争优势。然而,要将旅游目的地品牌文化向目的地其他利益相关者推广却较为困难。单个的以商业利益为主的利益相关者可能是在全国或跨国范围内经营,因此要将地方性的旅游目的地品牌置于他们的管理日程中较为困难。

除上述这些主要因素外,旅游目的地愿景、目标市场与产品组合相匹配等因素也被认为是旅游目的地品牌化成功的要素。

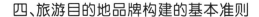

四、旅游目的地品牌构建的基本准则

在构建旅游目的地品牌时，旅游目的地需要遵循真实性原则、差异性原则、美誉性原则。

首先，真实性原则是指旅游目的地品牌必须符合自身的真实情况，要向旅游者传达真实的旅游产品的信息。因为旅游目的地品牌定位要通过旅游景观和旅游设施等旅游资源表现出来，所以旅游目的地品牌定位必须以当地真实存在的旅游资源为载体。如果名不副实，最终不仅不能繁荣旅游市场，反而会损害旅游目的地的形象。因此，客观、全面地认识和分析旅游目的地所拥有的自然资源、人文资源、资源组合和资源品位等具体情况，是其科学进行品牌定位的前提。

其次，差异性原则是指旅游目的地品牌要凸显自身不可替代的特色，掌握核心竞争力。李天元（2007）认为随着旅游业发展的标准化和全球化，旅游目的地之间的同质化现象日趋明显，因此各旅游目的地亟须通过差异化定位使其在不同类型的旅游目的地中形成独一无二的形象。例如，我国的兵马俑、八达岭长城、桂林山水、苏州园林等都以自身独特的魅力，吸引着成千上万的国内外游客。

最后，美誉性原则是指旅游目的地品牌应是褒义的，而不是贬义的。旅游目的地品牌的美誉性越强，对旅游目的地的凝聚力、吸引力和辐射力的提高就越有好处。"上有天堂、下有苏杭"这一千古传颂的旅游目的地品牌，在苏杭自然景色之上又增加了一抹人文景色。"桂林山水甲天下"这个桂林独有的品牌，更是使桂林美上加美，赢得游客的赞誉。

第四节　旅游目的地的公共营销

旅游目的地的
公共营销职能

一、旅游目的地公共营销概念

公共营销的理念较早出现在 20 世纪 70 年代，1977 年纽约州政府发起"我爱纽约"的城市形象营销活动，其广告词与标识成为纽约重要的城市品牌。

所谓旅游目的地公共营销，就是将旅游目的地作为一个整体，以整体形象和综合实力参与旅游市场竞争，根据市场需求和居民感知进行旅游开发与旅游营销的过程，它的目的在于提升旅游者体验、改善居民生活条件、提高投资商回报等（蒋昕，2014）。

二、旅游目的地公共营销的特征

(一)区域性

旅游目的地的旅游资源通常是以内在特质为纽带联系在一起的,并不是以行政区域为单位分布的。同一旅游资源可能跨越不同的旅游目的地,因此各旅游目的地在开发和利用当地旅游资源时,必须树立"大旅游"观念和"一盘棋"思想,对具有共同特质、跨越行政地域的资源要紧紧围绕资源本身进行开发,而不能以部门和行政区划为单位进行开发和利用,更不能各自为政,圈地为王。只有政府出面主导、统一协调,在互利互惠和互相依赖的前提下,才能打破行政界限,实现区域联合,有效地解决管理体制和经营中的一系列问题,形成资源合力,真正按照市场经济规律办事。各地政府在旅游目的地公共营销中要考虑旅游资源的区域性特点,加大区域联合促销的力度,市场营销协调能力才得以充分运用。

(二)公共性

旅游资源具有公共产品属性,需要旅游目的地政府提供旅游基础设施。旅游资源的公共产品或准公共产品的特性,以及由此产生的外部性使政府出面进行旅游市场营销和推介显得尤为重要。旅游资源的公共性还体现在该旅游目的地的地理范围内,同一旅游资源具有共享性和非排他性,无法避免"搭便车"。外部性的存在导致了旅游市场机制的失灵,这就需要政府发挥有形之手的作用,积极参与旅游目的地基础设施的建设和旅游形象的宣传与推广,否则就会形成旅游产业发展的瓶颈,阻碍旅游产业全局的发展。

(三)非营利性

旅游目的地政府的旅游公共营销不是营利性的活动,不同于旅游企业的市场营销活动,目的是在较短时期内使该旅游目的地的营业收入和游客量明显提高。政府出资进行旅游营销本身就说明了政府在旅游业中的宏观调控能力和协调作用。政府搭台,企业唱戏,政府和企业在旅游业的发展中各司其职,共同为当地旅游业的健康发展出谋划策,同时也可进一步提高政府工作的效率。

(四)可持续性

旅游目的地政府的旅游市场公共营销的目的是宣传和树立整体旅游形象,营造良好的旅游环境,吸引更多的旅游者前来参观访问。旅游公共营销活动不同于个体旅游企业的市场营销活动,它是一个连续和渐进的过程。政府每年都会推出一个旅游主题,并使这些旅游主题在内容和形式上有所衔接。例如,每年各旅游目的地的政府都参加由国家和省内组织的对外促销团,尽可能参加在重要客源地举办的旅游展览会或旅游交易会,扩大促销的覆盖面,在巩固新市场的基础上有重点地深入了解目前还没有促销过的客源地,进一步开发新的客源市场,这都体现了政府旅游公共营销和市场开发的可持续性。

三、旅游目的地公共营销主体

旅游目的地公共营销的主体包括政府、企业、第三部门以及社会居民，每个主体都扮演着自己的角色，拥有不同的职能和地位。

政府是旅游目的地公共营销的主导者，这是由旅游目的地整体形象的公共产品特征和政府的基本职能所决定的。旅游目的地整体形象是一种新型的公共产品，政府的基本职能之一就是为社会提供公共产品，满足社会的公共需要，这就决定了政府是旅游目的地公共营销的主导者。

企业是旅游目的地营销活动的组织者和操作者。一方面，企业在承接政府营销实务的同时，可以及时反馈市场信息，帮助政府调整营销策略和战术；另一方面，旅游企业也通过对自身产品的宣传，间接地推广了旅游目的地。

第三部门，又名非营利组织，主要是旅游行业协会及其分支机构。与企业一样，在旅游目的地的营销中，第三方组织起到了承接营销活动、沟通政府和市场的作用。在部分地区，第三方组织直接发挥了主导性作用。另外，由于一些旅游资源、旅游景观会跨行政区域分布，如阿尔卑斯山横跨多个国家，因此需要国际或区域旅游组织对这些不可分割的旅游产品进行营销，可以保证旅游产品及其品牌形象的完整性、统一性。

社区居民既是旅游利益的直接或间接受益者，也是直接或间接的基层实践者。有社区居民参与的旅游是原汁原味的旅游，更能体现旅游地的差异化、特色化，增强旅游吸引力。

四、旅游目的地公共营销内容

旅游目的地公共营销的内容主要是旅游目的地整体形象、节事活动以及代表性旅游景区等纯公共产品或准公共产品。

旅游目的地整体形象是旅游目的地公共营销的重要内容，也是最高层次产品。它是旅游目的地各旅游产品及其他因素综合作用产生的效果总和，需要由政府等公共机构来进行统一的营销规划。

把节日和特殊事件结合在一起，简称"节事"（戴光全，保继刚，2003）。节事活动是旅游目的地的吸引物，对旅游者来访形成拉力。节事活动营销是拉动地区旅游需求、提升旅游目的地品牌形象、推动社会各方面发展的有效手段。例如四年一届的国际足联世界杯、奥运会等，每次举办都会吸引大量旅游者前往举办地。

代表性旅游景区通常指旅游目的地最具影响力的景区组合，有时可以成为地区旅游形象的代表，具有树立地区品牌形象的作用。比如故宫对于北京，埃菲尔铁塔对于巴黎。代表性旅游景区也通常是公共营销中的宣传要素。

五、旅游目的地公共营销举措

(一)实施 IGC 战略

IGC 战略包括整体形象战略(Image)、目标市场战略(Guest)以及合作竞争战略(Cooperation)(熊元斌,2010)。

1.整体形象战略

整体形象是提升旅游地吸引力与竞争力的重要因素,其核心就是对其进行形象定位。在定位旅游目的地的形象时,必须深入考虑其自身特有的自然资源、丰富的文化资源、独特的地理环境和市场吸引力,以及当地社区居民对该形象的认同感等要素,这些要素可以综合归纳为"四脉",即"地脉""文脉""人脉""商脉"。地脉指自然地理因素,文脉指历史文化因素,人脉指社区居民认同和接受的心理因素,商脉指市场的认知和接受因素。综合考量主观和客观两个方面并将此四要素有机统一,才能形成具有特色和吸引力的旅游目的地形象。以奥兰多为例,地脉上,它位于美国佛罗里达州的中部,拥有得天独厚的自然环境和气候条件;文脉上,奥兰多依托其丰富的旅游资源和独特的主题公园文化,成功塑造了"主题乐园天堂"的形象;人脉上,奥兰多注重提升居民对旅游业的认同感和参与度,通过各类活动和政策,让居民成为旅游业的重要参与者和受益者;商脉上,奥兰多凭借独特的旅游形象和吸引力,吸引了大量游客和投资者,推动了当地经济的繁荣和发展。由此可见,通过深入挖掘和整合旅游目的地的"四脉"资源,可以塑造出独特的、有吸引力的旅游形象。同时,为了这一形象的有效传播和广泛接受,旅游目的地必须保持其在传播与推广过程中的一致性。这样不仅能增强对营销对象子系统的冲击力和吸引力,还能实现更为高效的整合效应。

2.目标市场战略

没有一个旅游目的地能够完全吸引所有类型的旅游者,期待每位旅游者至少来访一次往往只是一种不切实际的愿景。基于这一现实,这就要求每个旅游目的地在一旦明确了自身的独特吸引力之后,就必须精心策划具有针对性的市场营销方案,以精准吸引那些特定的目标群体。在进行市场营销的过程中,旅游目的地首先需要进行市场细分。这包括对各个潜在旅游者群体进行深入分析,基于他们的兴趣、需求、预算等因素,明确哪些群体最有可能成为目标旅游者。其次,旅游目的地需要进一步评估这些细分市场的规模大小、进入的难易程度以及盈利潜力,从而决定是否开发这些市场。最后,根据这些评估结果,旅游目的地将选择并确定那些最符合自身发展战略和能力的目标市场,进行精准营销和推广。

3.合作竞争战略

在外部环境中,各个旅游目的地间呈现既竞争又合作的态势。在竞争层面,各旅游目的地积极实施差异化战略,旨在创新市场价值,塑造独特的竞争优势;在合作层面,它们则凭借各自资源优势和市场优势，展开互补性合作营销，通过建立稳固的战略联盟关系，共同挖掘和开发客源市场，并携手对外推广。

转向内部环境，各利益相关者之间也展现出合作与竞争并存的局面。在合作方面，各企业、部门、团体、相关组织及个人紧密合作，共同构建了一条利益相关者价值链，形成了强大的产业集群。这一集群不仅积极参与旅游目的地的整体营销，还共同分享营销所带来的利益。在竞争方面，各利益相关者则通过提升服务意识、优化服务质量、提高服务水平以及改善服务环境等手段，形成了良性的竞争机制，从而确保了市场的优胜劣汰。

通过实施这种合作竞争战略，旅游目的地不仅显著提升了自身的营销力，更在整体上增强了竞争力，为持续发展和繁荣奠定了坚实基础。

（二）创新"4Ps"营销策略

旅游目的地的公共营销要想实现全面的社会效应，必须汇聚全社会的力量共同参与。其策略并非简单地沿用企业营销的"4Ps"组合，而是涵盖了更为多元且独特的维度。具体来说，这些策略包括：第一，文化营销。利用书刊、戏剧演出等文化载体，展现旅游目的地的魅力。特别是借助影视剧的强大影响力推动消费时尚的形成，例如《去有风的地方》便成功地为云南吸引了大量游客。第二，节事会展营销。通过举办盛大的节事和会展活动，制造社会热点，吸引旅游者和投资者的目光。第三，名人推广。借助社会名人的影响力和示范作用，对潜在客源市场产生积极影响。例如，邀请明星担任当地旅游形象大使，推广区域旅游的整体产品。第四，广告营销。通过有偿的商业性广告投入，提高旅游目的地的知名度和吸引力。第五，网络营销。利用互联网的高效传播性，进行广泛宣传。第六，口碑营销。凭借其真实性和可信度，在旅游营销中占据重要地位。通过旅游者口口相传，将对旅游目的地的直观感受和体验传播出去，形成强大的口碑效应。

（三）实施整体配套措施

旅游目的地的公共营销无疑是一项错综复杂且极具挑战性的系统工程。它涵盖了从公共资源的投入、公共秩序的规范，到组织机构的设立、利益相关者的广泛参与，再到职责的明确分配、利益的合理分配，以及社会责任与道德的坚守，甚至包括公共突发事件的快速响应与管理等诸多事务。这一系列事务的顺利推进，都需要强有力的管理协调与严格的监督控制作为保障。

在实际操作中，公共营销的管理协调与监督控制体现在多个方面。首先，设定明确且切实可行的控制和管理目标至关重要。比如，为了提升某海滨旅游目的地的国际知名度，可以设定"在未来三年内，吸引至少××万名国际游客"的具体目标。其次，建立风险评估指标体系，有助于提前预见并应对可能出现的风险。例如，针对旅游季节可能出现的旅游者拥堵问题，可以制订一套包括旅游者流量监控、应急预案在内的风险评估体系。此外，营销效果的审计也必不可少。通过对旅游宣传活动的投资回报率、旅游者满意度等关键指标进行定期审计，可以确保营销策略的有效性和针对性。同时，营销道德和社会责任体系的建立,是确保旅游目的地持续健康发展的基石。在协调利益矛盾方面,各利益相关者之间的沟通与协作至关重要。比如,在旅游开发过程中,需要充分考虑当地居民的利益诉求,确保他们的权益不受损害。最后,强化区域旅游的危机管理。在遭遇自然灾害、公共卫生事件等突发事件时,旅游目的地需要迅速启动应急预案,确保旅游者和当地居民的安全,同时减少旅游业的损失。

六、旅游目的地公共营销绩效评价指标体系

为了科学地评估旅游目的地公共营销的绩效,首先需要构建一套合理的指标体系,确保营销效果能够被量化或清晰地界定,以便于进行横向或历史性的比较,并及时反馈信息以优化营销方案。鉴于公共营销的多元化目标,这一指标体系必定是综合反映多个独立指标的共同成果。在构建这一庞大而复杂的体系之前,首要任务便是精心设计评价指标(范琳琳,2005)。

(一)指标设计的基本原则

1.系统全面性原则

评价指标的设计必须能够全面涵盖旅游目的地公共营销效果的各个方面,包括旅游经济增长、社会文化进步以及环境资源的可持续发展等。同时,还需考虑不同层次的营销诉求,设置宏观、中观和微观等多层次的评价指标,以确保评估结果的全面性和系统性。

2.稳定可比性原则

公共营销所设计的指标应具备稳定的数据来源,以确保能够长期用于形成历史比较。此外,指标的计量单位、内容含义和范围口径等必须保持一致性和可比性,以便准确比较不同旅游目的地的营销效果,揭示各自的优势和不足,为营销实践提供指导。

3.简明科学性原则

公共营销行为相较于企业营销更为复杂和庞大,因此评估其效果时,指标设计应追求简洁明了、实用性强,并能够将反馈信息应用于实践,以产生更大的效益。要避免过于烦琐的指标设计,减少评估过程中的人力、资金和时间成本消耗,确保评估工作的高效进行,从而以最小的成本实现最大的效益,节约社会资源。

4.灵活可操作性原则

尽管强调指标的一致性和可比性,但评估工作并非一成不变。鉴于各旅游目的地在政治、经济、文化等方面的差异,指标设计应具备较强的适应性和可改进性。只有这样,各旅游目的地才能够根据当地地区特点对指标进行适当调整,以确保其符合实际情况,同时保持评估结果的可比性。

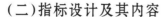

（二）指标设计及其内容

1.投入指数

在构建旅游目的地公共营销投入指数时,可以参照公共支出管理的投入指标,这些指标包括总量指标、增量指标和质量指标。具体而言,总量指标涵盖了财政向政府旅游公共营销拨付的经费在GDP/GNP中的占比,以及预算内旅游公共营销经费占整体财政支出的比重;增量指标聚焦旅游公共营销经费的增长率,以及单位游客所分摊的旅游公共营销经费的增长情况;质量指标则涵盖了专任旅游市场开发部门营销人员的比例,以及新媒体营销经费相对于传统媒体营销经费的占比,这些指标能够更全面地反映营销投入的质量和效率。

2.过程指数

在评估旅游目的地公共营销的过程时,我们可以参考宋慧林(2016)的研究,该研究从市场调研能力、外部网络协同能力、环境政策响应能力和营销方式创新能力四个维度进行了深入分析。其中,市场调研能力和外部网络协同能力可以通过考察对象类型、方式多样性、规模覆盖范围和协作力度等多个维度来具体衡量;环境政策响应能力和营销方式创新能力则基于我国国情和政府旅游主管部门在营销活动中的实际工作情况来设定指标,确保评估的针对性和实效性。这样的评估体系不仅能够全面反映旅游公共营销的过程,还能够为政府制定和调整营销策略提供有力的数据支持。

3.产出指数

当前,旅游公共营销工作主要集中在传统媒体营销与新媒体营销两大维度。传统媒体营销涉及参与各类旅游交易会、在专题推介会大量发放宣传资料,以及在电视、报纸等传统媒体上投放广告等手段;新媒体营销则涵盖旅游官网的建设,利用 Facebook、TripAdvisor 等旅游社交媒体平台进行宣传,开通官方旅游微博和微信公众号,以及借助移动互联网客户端等多种方式进行宣传。为了评估旅游目的地公共营销的产出效果,可以采用营销方式丰富度、营销强度以及营销实施广度三个关键指标来构建产出指数。这些指标能够衡量不同宣传渠道下的营销成果。

4.效益指数

鉴于旅游公共营销过程的复杂性和营销对象的多样性,传统的市场份额分析和财务指标等单一评价方式已无法全面、科学地反映政府旅游公共营销的实际效果,尤其是在旅游目的地层面的绩效评估上。首先,单一指标难以区分私营部门与公共营销部门对旅游目的地影响的不同。其次,从方法论角度看,单一指标难以剔除外部偶发事件(如汶川地震)和社会情境变量(如首都效应)对旅游目的地产生的客观影响。最后,单一指标忽略了旅游公共营销对旅游目的地的滞后效应和对利益相关者的连带效应。因此,效益指数的构建能够综合考量单体营销传播活动的绩效与旅游目的地的整体绩效,并将入境市场基本面等指标纳入其中。这种综合评估方法能够更全面地衡量政府旅游公共营销对营销价值链各利益相关者(从终端游客到旅游企业)的外部结果绩效,从而为政府制定和调整营销策略提供更为科学、全面的依据。

案例分析二

5G 新媒体引领旅游营销新篇章

随着 5G 技术的迅猛发展,信息传播速度大幅提升,数字化营销已成为各行业的重要趋势。在这一浪潮中,旅游行业也紧跟时代步伐,积极探索和创新,从产品、服务到营销方式都迈出了新的步伐。

旅游营销新趋势

在疫情的影响下,旅游行业经历了前所未有的挑战。然而,随着疫情的逐渐稳定,人们对旅游的热情逐渐恢复。调查显示,不少旅游者计划在疫情结束后不久便重启旅行计划,其中周边游和深度游备受青睐。旅客不再满足于简单的打卡式旅行,而是更加追求深度体验和高品质服务。面对这一变化,旅游企业需要转变营销策略,提供更加符合消费者需求的产品和服务。

在行业变革中,直播作为一种新兴的营销方式,逐渐崭露头角。例如,在线旅游平台"去哪儿"就通过 CEO 陈刚的直播首秀取得了显著成效。整场直播累计观看人数 383.5万人次,互动人数突破 150 万人次,成交额达 1 600 万元。从数据反映来看,直播有效地激活了用户的旅行需求,为旅游行业的复苏注入新的活力。

5G 新媒体赋能旅游品牌营销

在 5G 技术的支持下,新媒体平台为旅游品牌营销提供了更广阔的空间。企业可以利用视频直播、短视频等新型媒体形式,向目标用户展示旅游产品、推荐景点和线路,并与用户进行实时互动。这种全新的营销方式不仅增强了用户的参与感和体验感,还能够帮助企业更精准地把握市场需求,实现差异化竞争。

因此,在 5G 新媒体的赋能下,旅游品牌营销正迎来新的发展机遇。企业需要紧跟时代步伐,不断创新营销策略和手段,以满足消费者的多元化需求,推动旅游行业的持续健康发展。

(参考案例来源:本案例在《中国旅游报》发布的《5G 助力智慧旅游再加速》、北国网发布的《旅游营销升级,梦网富信助力 5G 新媒体加速来袭》、新浪新闻发布的《"互联网＋旅游"发展提速 如何以数字赋能"旅游×"》等内容的基础上进行整合。)

(1)旅游目的地的公共营销主体有哪些?

(2)结合上述案例,分析旅游目的地如何进行公共营销。

本章小结

本章首先对旅游目的地形象的概念、类型、结构要素、系统构成以及基本属性进行了

介绍,系统阐述了旅游目的地形象的形成和影响因素。在此基础上,本章拓展了旅游目的地形象建立程序以及形象口号设计和形象传播,要求掌握如何构建旅游目的地形象,以及为旅游目的地设计一个具有吸引力和传播力的形象口号,并有效地传播出去。另外,通过旅游目的地品牌构建的基本准则,了解到旅游目的地需要根据其形象在市场竞争中找准定位,并成功建立旅游目的地的品牌。通过旅游目的地公共营销的概念、特征、主体、产品和绩效评价指标体系的介绍,了解到旅游目的地营销管理是一个动态的过程,为了推广旅游目的地,可以运用多种手段,包括广告、公共关系、促销、直接营销和建立网站等,以实现旅游目的地的市场营销目标。

复习思考题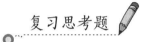

(1)概念解释:旅游目的地形象、旅游目的地品牌化、旅游目的地品牌定位、旅游目的地公共营销。

(2)理解并掌握旅游目的地形象的不同分类。

(3)解释旅游目的地的基本属性包括哪些。

(4)试分析旅游目的地形象形成的影响因素。

(5)试论述旅游目的地形象设计的具体内容。

(6)试详细论述旅游目的地品牌化的过程。

(7)简单论述旅游目的地公共营销的主体。

(8)简单论述旅游目的地公共营销绩效评价指标体系。

习 题

获取更多更新资源,请到中国大学 MOOC 网站搜索"走进旅游目的地:理论与实务"课程进行学习。

参考文献

[1] 陈卫星.传播学是什么:《传播的观念》导论[J].博览群书,2004(1):39-45.

[2] 戴光全,保继刚.西方事件及事件旅游研究文献分析[J].世界地理研究,2003,12(4):78-83.

[3] 范琳琳.旅游目的地公共营销理论与实践研究[D].青岛:青岛大学,2005.

[4] 高静.旅游目的地品牌化成功的影响因素:基于文献回顾的研究[J].旅游论坛,2012,5(5):7-12.

［5］ 蒋昕.旅游目的地公共营销中的社交网络传播效果研究［D］.武汉:武汉大学,2014.

［6］ 李蕾蕾.旅游地形象策划:理论与实务［M］.广州:广东旅游出版社,1999.

［7］ 李倩.宁夏旅游目的地形象传播策略探究［J］.旅游纵览,2023(9):67-69.

［8］ 廖卫华.旅游地形象构成与测量方法［J］.江苏商论,2005(1):140-142.

［9］ 刘欢.中国旅游"感知形象"与"投射形象"对比研究［D］.济南:山东大学,2015.

［10］ 钱志鸿,陈田.发达国家基于形象的城市发展战略［J］.城市问题,2005(1):63-68.

［11］ 宋慧林,蒋依依,吕兴洋.过程视角下政府旅游公共营销绩效:理论框架与评价指标体系构建［J］.商业经济与管理,2016,292(2):80-88.

［12］ 王红国,刘国华.旅游目的地形象内涵及形成机理［J］.理论月刊,2010(2):98-100.

［13］ 王艳平,金丽.界面增长:提高旅游体验总量的重要环节:以构筑温泉旅游"更·宽衣"环节为例［J］.旅游学刊,2004,19(5):45-47.

［14］ 魏宝祥.中西方旅游目的地形象比较研究述评［J］.甘肃社会科学,2012(4):25-29.

［15］ 吴必虎.区域旅游规划原理［M］.北京:中国旅游出版社,2001.

［16］ 谢朝武,黄远水.论旅游地形象策划的参与型组织模式［J］.旅游学刊,2002,17(2):63-67.

［17］ 熊元斌,蒋昕.区域旅游公共营销的生成与模式建构［J］.北京第二外国语学院学报,2010,32(11):1-6.

［18］ 薛源.新媒体传播与旅游目的地的形象塑造［D］.哈尔滨:黑龙江大学,2020.

［19］ 张朝枝.旅游目的地管理［M］.重庆:重庆大学出版社,2020.

［20］ 张迈曾.传播学引论［M］.西安:西安交通大学出版社,2002.

［21］ 邹统钎.旅游景区开发与管理［M］.北京:清华大学出版社,2004.

［22］ AAKER D A, JOACHIMSTHALER E. Brand leadership［M］. New York: Free Press, 2000.

［23］ BALOGLU S. The relationship between destination images and sociodemographic and trip characteristics of international travelers［J］. Journal of vacation marketing, 1997, 3(3): 221-233.

［24］ BALOGLU S, MCCLEARY K U S. An international pleasure travel-ers'images of four mediterranean destination: a comparison of visitors and nonvisitors［J］. Journal of travel research, 1999, 38 (2): 144-52.

［25］ CHON K S. The role of destination image in tourism: a review and discussion［J］. The tourist review, 1989, 45(2): 2-9.

［26］ DAVIDSON J R T, BOOK S W, COLKET J T, et al. Assessment of a new self-rating scale for post-traumatic stress disorder［J］. Psychological medicine, 1997, 27(1): 153-160.

［27］ DOLORS M, FRIAS, MIGUEL A, et al. Internet vs. travel agencies on previsit destination image formation: An information processing view［J］. Tourism management, 2008, 29: 163-179.

［28］ ECHTNER C M, RITCHIE J R B. The meaning and measurement of destination image［J］. Journal of tourism studies, 1991, 2(2): 2-12.

［29］ FAKEYE P C, CROMPTON J L. Image differences between prospective, firsttime, and repeat visitors to the lower rio grande valley［J］. Journal of travel research, 1991, 30(2): 10-16.

［30］ GARTNER W C. Temporal influences on image change［J］. Annals of tourism research, 1986, 13(4): 635-644.

［31］GARTNER W C. Image formation process［J］. Journal of travel and tourism marketing，1994，2 (2-3)：191-216.

［32］GROSSPIETSEH M. Perceived and projected images of rwanda：visitor and international tour operator perspectives［J］. Tourism manage-ment，2006，27(2)：225-234.

［33］GUNN C A. Vacationscape：designing tourist regions［M］. Austin：university of texas，1972.

［34］KAPLANIDOU K，VOGT C. A structural analysis of destination travel intentions as a function of web site features［J］. Journal of travel research，2006，45(11)：204-216.

［35］LASSWELL H D. The structure and function of communication in society［M］. In the communication of ideas：the institute for religious and social studies：New York，NY，USA，1948.

［36］MAZURSKY D. Past experience and future tourism decisions［J］. Annals of tourism research，1989，16：333-344.

［37］MORRISON A M. Hospitality and travel marketing［M］. New York：Delmar publishers，1998：137-139.

［38］PLOG S C. Leisure travel：a marketing handbook［M］. Upper saddle river，NJ：pearson prentice pall，2004.

［39］SCHREYER R，LIME D W，WILLAMS D R. Characterizing the influence of past experience on recreation behavior［J］. Journal of leisure research，1984，16(1)：34-50.

［40］SELBY M，MORGAN N J. Reconstructing place image：case study of its role in destination market research［J］. Tourism management，1996，17 (4)：287-294.

第七章 旅游目的地公共服务

学习目标

　　掌握旅游目的地公共服务的概念、特征、分类等内容,从而能够区分旅游目的地公共服务与一般公共服务;重点掌握旅游目的地公共服务体系的构成,了解其未来发展趋势,并会分析旅游目的地公共服务体系的设计与运行;了解旅游目的地公共服务供给的概念、理论基础等内容,学习旅游目的地公共服务的供给机制以及供给的双重标准。习近平总书记指出,坚持以人民为中心的发展思想,把增进人民福祉、促进人的全面发展、朝着共同富裕方向稳步前进作为经济发展的出发点和落脚点。引导学生坚持以人民为中心,满足大众特色化、多层次旅游需求,构建旅游目的地公共服务新格局,以此培养学生不忘初心、有担当、注重社会责任的品质。

第一节 旅游目的地公共服务的概念与内涵

一、旅游目的地公共服务的概念

旅游目的地服务的公共属性

　　旅游目的地服务是一个综合性的概念,它涵盖了旅游目的地内各部门为满足旅游者的需求而提供的全方位服务流程,既包括了商业性质的服务,又涉及了公共服务范畴。其中,公共服务通常是由政府旅游管理部门主导,面向社会全体旅游者,旨在满足其旅行需求而不以盈利为首要目标的服务供给(杨大明,2006)。李爽(2008)则进一步认为旅游公共服务与公共服务体系紧密相连,相互协调补充,是由政府或社会其他组织提供的,以旅游者共同需求为核心,具备显著公共属性的产品与服务的集合。徐菊凤(2012)则从权力与资源运用的角度深入剖析,指出旅游公共服务是政府及其公共部门利用公共权力和资源,基于旅游目的地公共利益,面向旅游者提供的、不以营利为主要目的的服务。

由上述学者观点可见,旅游公共服务的主要载体是旅游目的地,通常是由旅游目的地提供的一系列面向游客的服务。由此可以将旅游目的地公共服务界定为:由政府或其他组织组织,为满足海内外旅游者的需求,运用公共权力和资源,在旅游目的地范围内提供的一系列基础性、公益性、非营利性的设施与服务。这些服务不仅体现了旅游目的地公共部门的责任与担当,还确保了旅游活动的顺利进行与旅游者的基本权益,具有广泛的社会价值和深远的影响。

二、旅游目的地公共服务的特征

旅游目的地公共服务是公共服务的重要组成部分,具有公共服务的一般特性,包括受益的非排他性、消费非竞争性、效用不可分性和供给非营利性。

首先,受益的非排他性是指旅游目的地公共服务所产生的利益不能为某个人或某些人所专有,任何人都可以无偿享有,要将一些人排斥在这一过程之外,不让他们享受这一利益是不可能的。例如,消除空气中的污染是一项能为人们带来好处的服务,它使所有人能够生活在新鲜的空气中,要让某些人不能享受新鲜空气的好处是不可能的。

其次,消费非竞争性是指一部分人对某一旅游目的地公共服务的消费不会影响另一些人对该旅游目的地公共服务的消费,一些人从这一旅游目的地公共服务中受益不会影响其他人从这一旅游目的地公共服务中受益,受益对象之间不存在利益冲突。例如,国防保护了所有公民,其费用以及每一个公民从中获得的益处不会因为多出生一个孩子或出国一个人而发生变化。

再次,效用不可分性是指旅游目的地公共服务的消费效用在不同消费者之间不能分割,即其是为整个社会提供的,不能将其分割成若干部分或分别归于由某一个人或组织来消费。它的消费是在保持其完整性的前提下,由众多的消费者共同享用的。例如,交通警察给人们带来的安全利益是不可分割的,是为整个社会提供的,而不是为个别人专门提供的。

最后,供给非营利性是指旅游目的地公共服务的提供不是以营利为目的的,而是免费提供的。一般情况下,对于具有供给非营利性质的旅游目的地公共服务,是无法制定价格和收取费用的,通常由政府免费提供。例如,大部分的公共厕所就是由政府提供资金建设、供旅游者和居民等免费使用的。

三、旅游目的地公共服务的分类

旅游活动包括旅游者前往旅游目的地停留及访问。在这个过程中,旅游者会有食、住、行、游、购、娱等多方面的需求。因此,旅游目的地的公

旅游目的地公共服务类型

共服务需要满足旅游者的多方面需求,包括交通服务、住宿服务、餐饮服务、景点服务、导游服务、游客中心、娱乐和文化活动、旅游信息中心等,这些公共服务的提供旨在提升旅游者的旅游体验。李爽(2008)提出,旅游目的地公共服务可以按照属性特征、内容、存在形式、受益或影响范围以及需求类型进行划分。

(一)按照旅游目的地公共服务的属性特征进行划分

根据是否具有非竞争性和非排他性的属性特征,旅游目的地公共服务可以划分为具有纯公共产品性质的服务和具有准公共产品性质的服务。

纯公共产品性质的服务具有绝对的非竞争性和非排他性,由全体成员共同使用,使用权归群体或集体所有,极易由公众共享。每增加一个使用者,其边际成本都为零,任何一个人对该服务的使用都不会影响他人对该服务的使用。如旅游者共同需要的旅游信息化平台等公共服务设施和旅游公共安全保障、旅游公共信息服务、旅游环境治理、旅游者权益保障等服务。

准公共产品性质的服务是指不同时具有或不完全具有非竞争性和非排他性的公共服务,这些服务虽然在供给方面具有"公共性",但在消费方面具有一定的"私人"性质。如公共交通系统、收费的旅游公厕等,是向公众广泛提供的,但享用该服务时一般还要缴纳一部分费用。

(二)按照旅游目的地公共服务的内容进行划分

根据旅游目的地公共服务的内容,可以将其划分为旅游目的地公共信息类服务、旅游要素保障类服务以及旅游目的地公共安全类服务。

旅游目的地公共信息类服务指满足旅游者需要的公共环境信息、旅游基本信息、旅游产品促销等相关信息的服务。如旅游交通标识系统、旅游导览系统、旅游信息网站等。

旅游要素保障类服务是指为旅游者"食、住、行、游、购、娱"等方面活动的顺利开展而进行的服务环境的营造,以及为旅游者提供汇兑、通信、医疗保健、商务等多种辅助性的服务。其中,服务环境的营造包括制定行业服务标准、优化购物环境、打造餐饮服务品牌、处理旅游投诉等。

旅游目的地公共安全类服务是旅游者的旅游活动能够安全、顺利进行,旅游业能够健康发展的保障,具体可包括旅游交通安全、游乐设施安全、旅游饮食安全、旅游消防安全、汛期旅游安全等,也包括旅游目的地公共安全应急预案等。

(三)按照旅游目的地公共服务的存在形式进行划分

按照旅游目的地公共服务的存在形式可划分为实物形式的公共服务和抽象的具有消费特征的无形公共服务。具体来说,旅游目的地公共服务包括实物性旅游目的地公共服务、精神性旅游目的地公共服务、信息性旅游目的地公共服务三大类。

第一类是实物性旅游目的地公共服务,以实物形式存在,如旅游咨询中心、旅游集散中心、多媒体信息触摸屏、旅游标识系统等旅游公共服务设施,以及旅游环保公共厕所等市政配套系统和残疾人通道等特殊群体设施，等等。例如《杭州城市旅游专项规划》指出，杭州规划建设 29 个旅游集散中心，形成一级旅游集散中心 2 个、二级旅游集散中心 13 个、三级旅游集散中心 14 个的旅游集散中心体系。

第二类是精神性旅游目的地公共服务，是旅游目的地为满足旅游者的精神需求而提供的服务。这些服务旨在提供心灵、文化和教育上的满足，让旅游者能够在旅行中获得启发、放松和成长。如提供对文化遗产的保护和展示，使旅游者有机会了解和欣赏旅游目的地的文化传统和历史背景；设立博物馆和艺术馆，展示艺术作品、历史文物等，提供旅游者参观和学习的机会，促进文化交流和理解；组织生态游览和环保活动，让旅游者深入了解自然生态系统并增强环境保护意识等。

第三类是信息性旅游目的地公共服务，如政府发布的旅游出行信息、旅游交通信息、公共安全信息公告、天气预报等。杭州"城市大脑"就可以做到让游客通过一部手机即可查询景区舒适度，避开拥堵和各种排队等待情况，通过手机找厕所、找酒店、找停车场等。

（四）按照旅游目的地公共服务的受益或影响范围进行划分

根据受益或影响的范围，旅游目的地公共服务可划分为全国性旅游目的地公共服务和地方性旅游目的地公共服务。从使用范围来看，供所有现实的和潜在的旅游者共同使用的为全国性旅游目的地公共服务，如全国旅游假日办信息服务、全国性旅游政策法规等。主要为某一地区服务的旅游目的地公共服务则称为地方性旅游目的地公共服务，如旅游目的地营销系统、地方旅游管理条例等。地方性旅游目的地公共服务进一步可以划分为城市旅游目的地公共服务和农村旅游目的地公共服务。

（五）按照旅游目的地公共服务的需求类型进行划分

根据旅游目的地公共服务的需求类型可以将其分为普遍性旅游目的地公共服务和差异性旅游目的地公共服务。其中，普遍性旅游目的地公共服务是指供全体社会成员平等享有的无差别公共服务。不管使用者是否愿意付出代价，都应公平对待。倘若没有这种服务，大部分旅游者就会感到严重不适，如旅游公共安全保障服务、旅游基础设施、旅游公共信息平台、旅游生态建设与保护、旅游标识系统等。差异性旅游目的地公共服务包括定向服务和特殊服务。定向服务是针对特定群体和特定区域的服务，如台风预警服务等。特殊服务是个体层面的服务，如无障碍旅游设施、旅游投诉处理服务等。

通过分类归总，我们不难发现旅游目的地提供的公共服务种类丰富。但是这些分类方式并不是绝对的，比如我们可以根据公共服务是同时面向居民和游客，还是仅面向游客，将其分为基础性旅游目的地公共服务和专门性旅游目的地公共服务。

四、旅游目的地公共服务与一般公共服务的关系

旅游目的地公共服务与一般公共服务之间既有联系又有区别。

从服务内容上看，公共服务是旅游目的地公共服务有效供给的基础和重要支撑。旅

游目的地公共服务的有效供给依赖于旅游目的地地域范围内完善的公共服务和设施体系，比如公共交通、城市综合环境、城市基础设施、公共信息服务、消防救灾以及公共安全等。旅游目的地公共服务和一般公共服务在服务内容上存在差异。旅游目的地公共服务主要关注旅游者的需求，包括旅游信息咨询、导游服务、旅游产品销售、交通和住宿等。一般公共服务则涵盖了更广泛的服务领域，如教育、卫生、安全、社会福利等。

从服务对象来看，旅游目的地公共服务和一般公共服务都是为公众提供服务的，只是服务对象的范围不同。旅游目的地公共服务主要面向旅游者，满足他们在旅游过程中的需求和提供期望的服务。一般公共服务则面向更广泛的群体，包括社区居民、企业、组织等。

从边界范围看，旅游业是一个多部门协作的行业，旅游目的地公共服务需要与其他部门进行协调和合作，以促进旅游业的发展。旅游目的地公共服务在协调旅游部门和其他部门发展的关系中发挥着重要作用。它可以整合资源、优化服务，并提供旅游目的地的整体规划和管理。通过综合利用各方的优势和资源，旅游目的地公共服务可以弥补一般公共服务在旅游领域的不足，提高旅游业的效益和可持续发展水平。

旅游目的地公共服务与一般公共服务之间在概念上有区别，在实践上的界限比较模糊。尽管旅游目的地公共服务和一般公共服务在某些方面存在差异，但它们都是为公众提供服务的重要领域，都需要政府、私营部门和非营利组织的合作与协调，以满足公众的需求，促进社会的发展和民生福祉。

第二节　旅游目的地公共服务体系的构成

一、旅游目的地公共服务体系的主体分析

构建旅游目的地公共服务体系，需要有明确的主体。其主体是具有不同需求，提供不同服务的人或人群或由人组成的机构（如政府）。不管是构建旅游目的地公共服务体系的理论框架还是进行公共服务体系实践，其前提都是确定主体，并对主体进行分析，总结出各主体间的相互关系，从而形成对旅游目的地公共服务体系的完整认识。

（一）旅游目的地公共服务体系提供主体

随着公共服务相关理论的演进，公共服务提供主体逐渐由政府垄断演变成为以政府为主，积极引入市场竞争机制。而在实践中，因为旅游消费需求结构以及旅游公共需求偏好的多样化，政府的单一供给模式无法满足旅游者的需要，这也就要求旅游目的地公共服务供给主体多样化，建立包括政府、旅游企业和从事旅游服务的事业单位与社会团

体,甚至个人等主体在内的服务体系。

1.政府机构

政府是非营利的行政组织,其存在的目的是通过有效地配置公共资源实现公共利益和社会福利最大化。政府实际上承担着两种职能:一种是管制职能,即对社会主体的行为进行管理和引导;另一种是服务职能,即通过提供各种公共服务为社会主体的活动降低成本。政府的公共服务具有整体性和普遍性。就旅游目的地公共服务而言,就是要让所有旅游从业者和服务者以能够接受的价格享受到满意的旅游公共服务。

2.企业

企业是经济运行和产业发展的市场主体,具有独立的营利性。在旅游目的地公共服务产品中,准公共产品服务具有消费的排他性和非竞争性。为提供这一部分的公共服务,企业作为市场运行主体可以与政府合作。通过旅游目的地公共服务体系的市场化提供,引导市场主体参与,能够使不愿无差别享受旅游目的地公共服务的部分公众,在自愿多付费的前提下进行更加灵活的选择,以享受更多更优质的服务。

3.社会第三部门

社会第三部门包括除政府和以营利为目的的企业(市场部门)之外的一切社会组织,包括志愿者组织、社会组织或行业协会、基金会和公益性事业单位,具有非营利性、自愿性等特点。这类非营利组织由于其草根性、志愿性、公益性和灵活性等特征,与民众保持着天然密切的联系。这使其在反映不同群体的诉求方面具有独特优势,通过提供志愿性、公益性、互助性服务,在旅游目的地公共服务提供等方面发挥积极作用。

这些主体在旅游目的地公共服务的提供过程中并不是单独存在的,需要相互合作和协调,才能提供优质的旅游体验和满足游客的需求。

(二)旅游目的地公共服务体系服务主体

旅游目的地公共服务体系的服务主体是相对于接受服务的对象而言的,它指的是区域旅游目的地公共服务的服务对象,在旅游目的地公共服务体系中占据核心地位,也常被称作旅游目的地公共服务的核心受益者或参与者。广义而言,旅游目的地公共服务体系服务主体不仅涵盖了潜在的和现实的旅游者,还扩展到旅游目的地政府、旅游企业、社区等多元主体;狭义而言,旅游目的地公共服务体系的服务主体则明确指向旅游者。

1.旅游者

旅游者显然是最重要的服务主体。旅游目的地公共服务体系是为满足旅游者需求而构建的。随着社会经济的快速发展,一方面,旅游者的消费需求和旅游方式日趋多元化,尤其是散客游、自驾游、休闲游、特色游的兴起,对旅游目的地公共服务体系提出了更高的要求;另一方面,旅游者出游呈现出规模扩大、频次增多、重视体验等特点,对旅游目的地公共服务体系的建设提出了更高的要求。因此,旅游目的地公共服务体系的构建,要以旅游者需求为导向,以人为本。

2.本地居民

本地居民是旅游目的地公共服务体系的重要服务主体。一方面,本地居民本身就拥有旅游者或潜在旅游者的身份,对旅游目的地公共服务体系有着强烈的需求;另一方面,对本地居民而言,旅游目的地公共服务体系与其生活息息相关。因旅游目的地公共服务体系具有公共服务的根本属性,使得本地居民成为旅游目的地公共服务体系的最大受益者。同时,旅游目的地公共服务体系为本地居民服务,也实现了旅游目的地公共服务体系的效益最大化。因此,旅游目的地公共服务体系的构建,要兼顾本地居民的需求。

3.社会

社会包括政府、旅游企业、社区等旅游活动的参与主体。一方面,构成政府、旅游目的地企业、社区的人群作为旅游者或当地居民都是旅游目的地公共服务体系的受益者或服务主体;另一方面,不管是政府还是企业或社区都可以从旅游目的地公共服务体系构建中受益。对政府而言,构建旅游目的地公共服务体系是建设公共服务型政府的重要内容。企业作为旅游市场运行主体,也需要依托旅游目的地公共服务体系才能运行、实现盈利。社区则直接受益于旅游目的地公共服务体系建设带来的各种服务。

二、旅游目的地公共服务体系的构成

旅游目的地公共服务体系主要由旅游目的地公共交通服务、旅游目的地公共信息服务、旅游目的地公共安全服务、旅游目的地公共管理服务、旅游目的地公共环境服务构成。

(一)旅游目的地公共交通服务

旅游目的地公共交通服务是指旅游目的地为游客提供的旅游专线班车(船)、旅游集散交通、旅游公共巴士(车、船)和旅游公共自行车等体系。例如,爆火之后的淄博为了方便游客来往于各旅游景点,政府新开通多条旅游公交专线,极大缓解了道路拥挤、游客换乘困难等问题。

(二)旅游目的地公共信息服务

旅游目的地公共信息服务是指旅游目的地公共服务体系中,向旅游者提供的旅游目的地的各种信息,包括旅游交通信息、旅游景点信息、旅游目的地概况、旅游安全环境信息等。一些常见的公共信息提供方式有游客中心、信息亭、触摸屏、旅游地图、旅游指南、旅游呼叫中心(旅游热线、投诉电话)、旅游 App、旅游网站等。旅游目的地公共信息服务是旅游目的地公共服务体系建设中的重要组成部分,以桂林为例,桂林是全国率先成立旅游咨询服务中心的旅游目的地,也是全国首创的自驾车旅游咨询服务站。在智慧旅游发展的支持下,旅游信息咨询、旅游网络建设、自媒体信息建设、旅游目的地宣传信息系统、旅游信息标识系统、旅游信息服务平台建设等都将迎来新的发展契机。

(三)旅游目的地公共安全服务

旅游目的地公共安全服务主要包括旅游卫生防疫、旅游食品卫生安全、旅游公共秩序维护、旅游消防安全和特种旅游项目安全等方面的内容。旅游目的地公共服务体系建设中的旅游目的地公共安全服务是为了保障旅游活动安全有序进行，消除不安全因素，提供安全稳定的旅游环境。旅游安全因素是旅游者做出旅游决策的重要影响因素，旅游公共安全服务更应该涉及旅游活动的全领域、全要素、全时空。旅游公共安全服务包括旅游安全信息体系、旅游安全法制体系、旅游安全预警监控体系、旅游安全应急处置体系、旅游安全保险体系等。《上海市旅游条例》规定建立假日旅游预报制度和旅游警示信息发布制度，市旅游行政管理部门应当在春节、国际劳动节、国庆节假日期间及放假前一周，通过大众传媒逐日向社会发布主要景区(点)的住宿、交通等旅游设施接待状况的信息。

(四)旅游目的地公共管理服务

旅游目的地公共管理服务是指为维护旅游目的地有序、畅通、高效地运行，为旅游者和当地居民提供良好的旅游环境和生活环境，以旅游经营者和行政管理部门为管理主体制定并执行的相关标准、规定、条例或法规。在旅游目的地公共服务体系建设中，旅游目的地公共管理服务需要形成一套完整、有序、高效的服务机制，建立良好的沟通协调机制，充分发挥管理人员的积极性，使服务人员能够提供更好的服务。旅游目的地公共管理服务包括旅游政策法规、旅游教育培训、旅游规划、旅游标准制定等。

(五)旅游目的地公共环境服务

旅游目的地公共环境服务包括旅游目的地整体自然环境、旅游目的地局部环境、城市微观环境等。旅游目的地整体自然环境的主要监测项目包括大气、温度、极端天气、污染物排放等。旅游目的地局部环境主要包括景观植被、水体环境、空气质量、旅游流量区容量等。城市微观环境主要包括城市绿地系统等。

三、旅游目的地公共服务系统的发展趋势

(一)旅游目的地公共服务体系的智慧化

在智慧旅游发展背景下，旅游目的地需要通过利用新一代的信息技术，让旅游目的地的公共服务变得智慧化。智慧化公共服务体系包括了五方面的内容：公共信息服务体系、安全保障服务体系、惠民便民服务体系、交通便捷服务体系和行政管理服务体系(方羽公，2017)，其核心思想在于通过数智化手段改造、完善和优化原有的旅游目的地公共服务体系，提升服务的效能(吴子晨，2018)。在构建智慧化公共服务体系时，还需要有技术、信息安全、规范制度以及人才等方面的保障，才能构建更为完善的旅游目的地智慧化旅游公共服务体系。

（二）旅游目的地公共服务体系的文旅融合导向

在文旅融合背景下，有学者对旅游目的地公共服务体系的变革进行了研究。杨君（2022）基于文旅融合发展的视角，提出了旅游目的地公共服务体系的构建与评价，并提出了有关旅游目的地公共服务体系的一系列提升建议。如整合文化旅游资源，打造特色公共文化品牌；激活文博场馆的旅游价值，提升公共文化空间与旅游的融合度；创新公共文化活动，营造主客共享文旅新体验；丰富公共文化产品供给体系，加强文旅融合载体建设。

（三）旅游目的地公共服务体系的全域化

旅游目的地公共服务具有不同的分类和表现形式，从地域范围看，可分为全国的和地方的。全域旅游更加注重公共服务的全面覆盖，城市乡村、景区内外一视同仁，消除区域差别，对旅游目的地公共服务体系要有全域全局视角。目前，学术界对全域旅游背景下的旅游目的地公共服务体系尚未有明确定义。董燕娜（2020）将其描述为：在全域旅游示范区范围之内旅游目的地的全部公共服务集合，面向游客兼顾居民的主客共享服务体系。其大部分包含在旅游公共服务体系之内，又有小部分属于公共服务体系范围。譬如，停车服务既包含向全体旅游客车的停车服务，又包含面向区域内部分民众（非游客）的停车服务。

目前在全域旅游发展背景下，旅游公共服务体系的构建至关重要，通过构建评价指标体系对全域旅游示范区旅游公共服务体系的评估、规划、建设、运作、维护等提供较全面的实践指引，有助于全域旅游示范区建设可持续发展。在其评价指标体系构建过程中，需遵循科学性原则、系统性原则、可实施性原则和前瞻性原则。

案例分析一

“掌上宜昌游”小程序：智慧旅游新体验

在文化和旅游部资源开发司公布的 2021 年智慧旅游典型案例中，宜昌市智慧旅游“精准推荐”助力旅游消费转型升级成功入选。

“掌上宜昌游”小程序旨在提升游客的旅游体验。基于人工智能技术，为游客提供精准、个性化的旅游推荐服务。通过微信小程序平台，巧妙解决了游客在旅游过程中的“搜索决策困惑”问题。

功能与创新

“掌上宜昌游”小程序在提供推荐服务时，展现出了其独特的全面性和精准性。它不仅深入分析了线上用户的浏览、搜索和购买等行为数据，还洞察了游客的个性化偏好和需求。同时，它也密切关注游客在线下的实际旅游场景，比如游客所处的地理位置、已访问的景点、偏好的活动类型等。通过将线上线下数据巧妙地融合，该小程序能够精确捕捉游客的实时需求和潜在兴趣，从而为他们提供更为精准、个性化的旅游推荐。

为了进一步优化用户体验，"掌上宜昌游"小程序还采用了先进的可视化技术。它将推荐结果直观地展示在导游导览地图上，使游客能够看到推荐景点、餐饮、住宿等的位置和详细信息。游客只需简单操作，就能直接在地图上查看和选择自己感兴趣的推荐信息，大大提升了推荐结果的易用性和直观性。

此外，"掌上宜昌游"小程序还以"热销爆品"为推荐内容，紧密结合了当前旅游市场的热点趋势和游客的喜好变化。通过精选最具吸引力和竞争力的旅游商品和服务，该小程序迅速吸引了游客的注意力，激发了他们的购买欲望，为当地旅游业的发展注入了新的活力。

实施效果

"掌上宜昌游"小程序以其独特的功能和精准的服务，极大地提升了游客的旅游体验。它不仅是一个信息展示平台，还是游客的私人旅游助手。游客在使用该小程序时，可以轻松地浏览各种旅游信息，包括景点介绍、美食推荐、住宿预订等，无须再在海量的旅游信息中迷失方向。通过智能推荐系统，小程序能够基于游客的偏好和历史行为数据为游客提供个性化的旅游推荐，确保游客能够获得最符合个人需求的旅游商品和服务。

这种"精准推荐"不仅让游客的旅行更加便捷，还大大提高了游客的消费转化率。当游客在小程序上发现心仪的旅游商品或服务时，可以直接在线下单购买，无须跳转到其他平台或进行烦琐的操作。这种无缝对接的购物体验，极大地提升了游客的满意度和忠诚度，为当地旅游业的发展注入了新的活力。

"掌上宜昌游"小程序的成功推出，是宜昌文旅产业数字化升级的重要里程碑。它展示了现代科技与旅游业深度融合的无限可能，为当地文旅产业向更高层次、更智能化方向发展提供了有力支撑。未来，随着技术的不断进步和应用的深入拓展，"掌上宜昌游"小程序将继续优化升级，为游客提供更加优质、便捷的旅游服务，推动宜昌文旅产业的持续繁荣和发展。

"掌上宜昌游"小程序的成功使用，为其他地区提供了可借鉴的智慧旅游建设模式。通过推广和应用该小程序，可以推动文旅产业的数字化升级和智能化发展，提升游客的旅游体验，促进旅游业的繁荣和发展。

（参考案例来源：本案例在新浪财经发布的《宜昌市智慧旅游"精准推荐"助力旅游消费转型升级》、央广网发布的《宜昌市智慧旅游"精准推荐"满足游客个性化需求》等内容的基础上进行整合。）

（1）试论述何为旅游目的地公共服务体系。

（2）结合案例试分析在智慧旅游背景下，旅游目的地公共服务平台应如何构建。

第三节 旅游目的地公共服务体系的设计与运行

一、旅游目的地公共服务体系的设计

蔡礼彬和罗依雯（2019）基于服务科学的概念提出了旅游公共服务体系设计（见图 7-1）。旅游目的地公共服务体系的设计同样遵循服务科学的核心理念，也可用该体系进行设计，呈现多维度、多阶段的系统性特征。在横向维度上，这一体系紧紧围绕游客的需求与体验，包括准备阶段、实施阶段和保障阶段，形成了一套闭环管理机制。纵向来看，政府在旅游目的地公共服务过程中扮演着发起者、主要供给者与保障者的角色。在旅游目的地公共服务的准备阶段，其具体行为有制定旅游目的地公共服务规划、设立专门的旅游目的地公共服务开发与管理机构等；在旅游目的地公共服务的实施阶段，主要包括在构建国家智慧旅游平台，优化旅游目的地旅游厕所，设立旅游目的地集散中心，以及推出各项旅游优惠政策等；在旅游目的地公共服务保障阶段，政府的行为主要包括出台旅游目的地公共服务规范与标准、颁布国民休假制度、用地保障政策等。

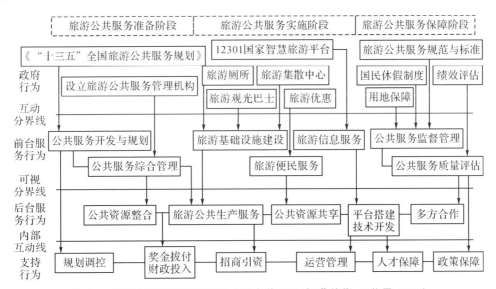

图 7-1 基于服务科学的旅游公共服务体系设计（蔡礼彬，罗依雯，2019）

在旅游目的地公共服务体系的设计中，三条核心分界线对于理解旅游目的地公共服务的运作机制至关重要。

一是互动分界线。该分界线明确区分了政府与旅游者之间的直接互动。在旅游目的地公共服务体系的设计上，该分界线强调以群众需求为导向，确保服务供给的精准性。

在旅游目的地公共服务准备阶段，政府通过一系列具体措施满足旅游者对公共服务资源的需求，并宏观把控公共服务的整体方向。进入旅游目的地公共服务实施阶段，政府行为聚焦满足旅游者对基础设施、旅游信息及便民利民等方面的实际需求，比如旅游厕所的建设、旅游集散中心的完善等。在旅游目的地公共服务保障阶段，政府则通过一系列措施对旅游目的地公共服务进行管理与监督，例如出台旅游公共服务规范与标准、颁布国民休假制度等，以确保旅游公共安全。

二是可视分界线。该分界线将旅游目的地公共服务的活动区域划分为前台与后台。前台区域主要由企业、行业组织等参与者负责，他们承担为旅游者提供具体旅游目的地公共服务的职责，比如为旅游者提供旅游信息以及公共服务监督管理等。后台区域则涵盖旅游目的地公共资源的整合与共享、旅游目的地公共生产服务、旅游目的地公共服务平台建设、新兴技术的开发应用和多方合作（包括行业合作、省内合作、省际合作及城乡协作）等方面。

三是内部互动线。作为另一条关键分界线，内部互动线明确了后台服务区域与支持性服务区域之间的界线。旅游目的地公共服务的提供往往由政府发起，并由企业与行业组织执行。因此，政府需要提供必要的支持性服务。这些支持性服务涵盖规划调控、资金拨付/财政支持、招商引资、人才培养及政策支持等多个方面，以确保旅游目的地公共服务的有效实施与持续优化。

在深入剖析旅游目的地公共服务体系的设计理念后，可以发现以下几点关键内容，这些内容共同构成了旅游目的地公共服务体系的核心框架。第一，服务流程的优化在提升旅游目的地公共服务质量方面扮演着举足轻重的角色。一个高效、便捷的服务流程能够确保旅游者在享受服务的过程中获得良好的旅游体验。这包括从旅游者需求的收集、分析到服务资源的整合、配置，再到服务过程的执行、监控和反馈，每一个环节都需要经过精心设计和优化，以确保服务的高效性和满意度。第二，从供给层面考虑，旅游目的地公共服务的构建并不是单一主体的任务，而是政府、市场主体、第三部门以及志愿组织等多元主体的协同参与。这些主体具有不同的资源和优势，通过有效的合作与协同，能够共同推动旅游目的地公共服务体系的完善与发展。第三，政府在旅游目的地公共服务体系建设中占据核心地位。其影响力不仅体现在前台服务的直接提供上，更贯穿于后台服务的支持与维护。此外，政府还需要在整体服务策略的制定与推动中发挥关键作用，确保旅游目的地公共服务体系与旅游产业发展相协调、相促进。第四，在服务蓝图的构建中，互动环节的优化至关重要。旅游目的地公共服务体系是一个复杂的系统，涉及多个参与主体和多个服务环节。为了确保服务的顺畅和高效，需要加强各参与主体之间的沟通与协作，提升服务提供者与接受者之间的交互效率，这包括优化服务流程、加强信息共享、提升服务质量等方面。通过这些措施的实施，可以进一步增强旅游目的地公共服务体系的黏性与可持续性，为旅游者提供更加优质、便捷、个性化的旅游服务。

二、旅游目的地公共服务体系的运行驱动

(一)旅游目的地公共服务体系驱动模型

旅游目的地公共服务体系较为复杂,是有形的功能型服务要素与无形的性能型服务要素的整合与交互。蔡礼彬和罗依雯(2019)在服务系统广义生命周期模型(Broad Service Lifecycle Model,BSLC)的基础上,构建了旅游公共服务体系驱动模式(见图7-2),描述了旅游公共服务体系从服务需求的获取到逐渐实现的过程。

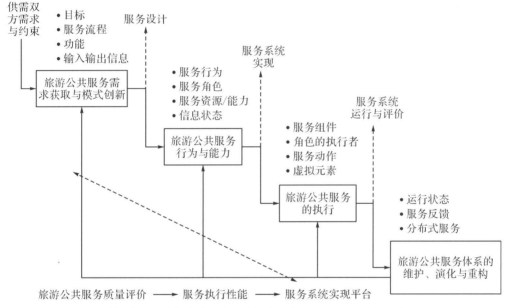

图 7-2　旅游公共服务体系驱动模型(蔡礼彬,罗依雯,2019)

首先,在旅游目的地公共服务体系的需求获取与模式创新阶段,需收集旅游者的需求,并明确服务主体和服务资源等方面的约束条件,这构成了旅游目的地公共服务需求获取与模式创新的初始阶段。在这一阶段,不仅要深入分析旅游目的地公共服务的需求,还要明确旅游目的地公共服务所需达成的目标,进而界定初步的旅游目的地公共服务任务与流程。同时,要清晰界定旅游目的地公共服务所需资源、信息输入输出和主要服务要素的功能,为模式的创新奠定坚实基础。此阶段的核心在于明确旅游目的地公共服务的主要内容是什么和预期达到什么成效。

其次,进入旅游目的地公共服务行为与能力的设计阶段。在这一阶段,将选取相互关联的旅游目的地公共服务要素,对服务进行系统的规划与设计。这包括详细描述每个公共服务任务中的服务行为、行为间的交互流程、执行这些行为的角色,以及所需的服务资源和服务能力支持。此外,还需考虑公共服务行为对公共信息状态与内容的潜在影响。此阶段侧重于阐述旅游目的地公共服务的实施路径与方法。

再次，进入旅游目的地公共服务的执行阶段。在完成系统设计之后，将对旅游目的地公共服务的具体实现进行详细描述。这包括旅游目的地公共服务的行为与动作、动作的执行顺序、执行者的角色分配、公共服务组件的构成和信息在数据库中的表现形式等。此阶段进一步细化旅游目的地公共服务的实施细节，确保服务能够按照既定计划有序进行。这一阶段主要侧重于旅游目的地公共服务的具体资源"谁来做何时做""如何一步一步地做"等问题。

最后，进入旅游目的地公共服务体系的维护、演化与重构阶段。通过对旅游目的地公共服务运行状态的持续监控，对其效果进行评价与分析，识别出存在的不足之处并反馈给前续阶段，以便对旅游目的地公共服务体系进行持续改进与优化。这一过程是确保旅游目的地公共服务体系能够持续适应市场需求、提供高效优质服务的关键。

（二）政府行为的驱动作用

可以发现，在旅游目的地公共服务体系的构建中，政府行为的重要性不容忽视，它贯穿于前台服务、后台支持以及各类服务行为的全过程。因此，在旅游目的地公共服务体系的设计中，必须强化多元参与主体在互动环节中的节点优化，尤其是以政府为代表的主体，旨在加强旅游目的地公共服务提供者与接受者之间的紧密联系。旅游目的地公共服务体系的成功实现依赖于公共服务需求获取与模式创新，行为与能力构建，服务执行与体系的维护、演化与重构等多个阶段的相互作用与协同。

在当今时代背景下，旅游目的地公共服务体系展现出服务要素间动态交互与紧密结合的趋势，服务内容日益全面且精准，服务方式更加高效便捷。作为旅游目的地公共服务的核心推动者，政府在此过程中发挥着至关重要的作用。作为发起者，政府需要敏锐地洞察市场变化，把握旅游产业的发展趋势，为旅游目的地公共服务体系的建立与发展指明方向；作为主要供给者，政府应聚焦加强旅游目的地公共服务的顶层设计，以科学的规划为引领，推动供给模式与渠道的创新，以满足不断变化的旅游市场需求。此外，政府还需要优化服务流程设计，确保硬件建设与运营管理同步提升。最后，政府还需强化旅游目的地公共服务的绩效评估与综合推进机制，加强法制建设，与多元供给主体共同构建一个"共商、共建、共享"的良性旅游产业发展生态，推动旅游产业的持续健康发展。

第四节　旅游目的地公共服务供给机制

一、旅游目的地公共服务供给概念

旅游目的地公共服务供给是指由政府和其他社会部门，通过一定机制体制将旅游目的地公共服务产品配置给受益群体来满足社会共同需要的一个动态过程（李

旅游目的地公共　　　　讨论课
服务供给模式

爽,2008)。旅游目的地公共服务供给涉及多个机构和部门的合作与协调,包括政府机构、旅游管理机构、旅游业者、社区组织等,以实现服务的高效提供和整体协调。

旅游目的地公共服务供给需要资金支持和投资,包括政府拨款、私人投资以及旅游业者的投入,以确保服务设施和服务质量的提升;也需要专业的人力资源,包括旅游管理人员、导游、服务人员等,他们负责提供各类服务并确保旅游者满意。同时,对旅游目的地公共服务供给进行监督和评估,以确保服务的质量和效果,同时及时发现问题并采取改进措施。

二、旅游目的地公共服务供给的理论基础

旅游目的地公共服务是在旅游公共服务的基础上发展而来的,而旅游公共服务的有效供给也并非凭空而来,而是建立在坚实的理论基石之上。在追求高质量、高效率的旅游公共服务供给过程中,经济学领域的公共选择理论以及公共管理领域的新公共管理理论和治理理论等都为旅游公共服务理论提供了重要依据和思想源泉。与此同时,我国旅游目的地公共服务的有效供给实践也在不断汲取这些理论的养分。

(一)公共选择理论

公共选择理论这一在西方经济学界兴起于 20 世纪 40 年代的理论,凭借其新古典经济学的深厚基础,深入剖析了政治市场中的主体行为及其运行机制。以美国当代著名经济学家、诺贝尔经济学奖获得者 Buchanan 为代表的杰出经济学家们,通过将经济人模式应用于政治分析,成功地将市场经济与政府行为纳入同一研究框架,从而弥补了传统经济学在分析中忽视政治制度的缺陷。

在旅游目的地公共服务的供给领域,公共选择理论为我们提供了极具价值的启示。首先,它主张实现供给主体的多元化,鼓励营利性企业与非营利性社会组织加入,为旅游者提供丰富多样的旅游目的地公共服务选项,让旅游者能够基于自身需求进行理性选择。其次,公共选择理论倡导放松规制,打破政府在旅游目的地公共服务领域的垄断地位,允许政府、市场及非营利组织在职能和服务范围上有所交叉,形成良性竞争。这种公私界限的模糊化,不仅促进了服务效率的提升,还推动了旅游目的地公共服务的持续创新与发展。因此,公共选择理论为旅游目的地公共服务供给的多元化和竞争化提供了坚实的理论基础,为构建高效、优质的旅游目的地公共服务体系注入了强大的动力。我们应当深入理解和运用这一理论,推动旅游目的地公共服务供给体系的优化与升级,满足广大旅游者的多元化需求,推动旅游产业的持续健康发展。

(二)新公共管理理论

新公共管理理论的起源可以追溯到追求行政现代化改革实践中的"管理主义"对韦伯官僚制理论的持续争论。英国著名公共管理学家 Hood 教授特别将新公共管理理论的特质归纳为:在公共部门中实施专业化管理,让公共管理者自己管理并且承担责任;确

立明确的目标，设定绩效测量标准并且进行严格的绩效测量；特别强调产出控制，对实际成果的重视甚于对过程或程序的关注；打破公共部门中的本位主义，对部门进行撤分与重组，破除单位与单位之间的藩篱；在公共部门中引入竞争机制，降低管理成本，提高服务质量；强调对私营部门管理方法和风格的吸收和运用；强调对资源的有效利用和开发。我国学者黄新华(2006)对各种新公共管理理论进行梳理后，将新公共管理理论的基本内容归纳为：政府的职责是掌舵而非划桨；利用市场或社会的力量，推行公共服务社会化；引进私营部门的管理方法和经验，提高公共部门的工作效率；以顾客和服务对象为中心，提高服务质量。

新公共管理理论为我国旅游目的地公共服务供给机制的构建提供了深刻的洞见。首先，在构建旅游目的地公共服务供给机制时，应该坚持以顾客需求为导向，确保服务内容与实际需求相契合。其次，需重新审视政府在旅游目的地公共服务中的角色定位，打破政府传统的垄断模式，转向间接管理，以实现更高效的资源配置。再次，政府应当授权给营利性企业、非营利性社会组织等机构，使其成为旅游目的地公共服务的主要生产者，从而释放政府在非核心领域的精力。同时，为确保服务质量和效率，应建立并实施有效的绩效管理机制，对服务绩效进行全面而准确的测量与评估。最后，在旅游目的地公共服务供给的全过程中，应当引入成本效益分析的理念，确保资源的合理利用与最大化效益。

(三)治理理论

治理理论，作为20世纪90年代兴起的政府管理范式，由全球治理理论奠基人之一的Rosenau提出。它指的是一系列在特定活动领域内运作的管理机制，尽管未获正式授权，却能有效运作。作为治理理论的权威研究者，Stoker对治理理论进行了系统的梳理和分类，概括出五种核心观点。一是治理理论突破了政府作为唯一权力中心的传统观念，挑战了传统的国家和政府权威。允许非政府社会公共机构和行为者参与，从而形成了一种新型的权力分布和运行机制。二是在解决社会和经济问题的过程中，治理理论强调界限和责任的模糊性。这种模糊性使得治理过程更加灵活和适应性强，能够根据不同的问题和情境做出相应的调整和变化。同时，这种模糊性要求参与者具备更高的自主性，以更好地履行自己的职责和义务。三是治理理论确认了社会公共机构在集体行动中的权力依赖关系。这种权力的依赖性使得各个机构之间必须建立紧密的合作关系，共同协商、共同决策，以实现公共利益的最大化。四是治理理论促进了一个自治网络的形成。该网络在特定领域内拥有权威，并与政府合作，分担行政职责，不仅提高了治理的效率和效果，还增强了社会公共机构之间的凝聚力和合作力。五是治理理论强调权力的多元化和分散化。它表明政府所拥有的权力并不是办好事情、做好管理所必需的唯一能力。相反，政府应该积极寻求与其他社会公共机构和个体的合作与协调，共同推动社会公共事务的发展。这种多元化的权力结构不仅能够更好地满足公众的需求和利益，还能够促进社会的和谐稳定和发展进步。

治理理论强调多元、民主、合作和非意识形态化的管理模式,注重市场效率和管理灵活性。它主张非政府组织、公民自组织等第三部门以及私营机构与政府之间,通过合作、协商和建立伙伴关系的方式,共同管理公共事务,这种合作网络的基础在于市场原则、公共利益和各方认同。治理理论不仅为旅游目的地公共服务供给机制的构建提供了理论支撑,还为旅游目的地公共服务供给主体的多元化、供给方式和规则的多样化提供了分析工具,从而推动了旅游目的地公共服务供给体系的创新与发展。

(四)制度变迁理论

在 20 世纪 70 年代的经济史研究浪潮中,制度因素逐渐被纳入解释经济增长的考量之中,由此催生了制度变迁理论(Institutional Transition Theory)。制度变迁的本质在于制度的革新与突破,即旧有制度框架被新的制度安排所替代的演进过程。美国著名经济学家 North 与 Davis 等人构建了理论框架,深入剖析了制度变迁的动因。他们认为,制度的非均衡状态是驱动制度创新的先决条件,一旦非均衡现象显现,制度便需要经历创新与变迁,进而达到新的均衡状态。然而,这种均衡并非永恒不变,而是在社会参与者的互动与博弈中不断被打破和重塑。

制度变迁理论对于我国构建公共服务型政府具有显著的指导意义,特别是在旅游目的地公共服务制度创新方面,它提供了坚实的理论基础。随着我国社会经济的蓬勃发展,大众旅游需求持续增长,旅游目的地公共服务供给与旅游目的地公共需求之间的不均衡状态日益凸显。在这一背景下,我国旅游目的地公共服务供给体制的革新已刻不容缓。在旅游目的地公共服务实现多中心供给的过程中,政府、营利性企业以及非营利性社会组织共同参与,涉及资源的优化配置。制度创新的目标在于实现供给与需求的均衡,而社会选择则追求效率与效益的最大化。因此,在特定的约束条件下,由于各参与主体间边界的动态性和互动性,旅游目的地公共服务多中心供给制度呈现多样化的合作选择。这些选择不仅反映了不同主体间的利益诉求,还体现了制度变迁的复杂性和动态性。

三、旅游目的地公共服务供给机制

旅游目的地公共服务供给机制是指旅游目的地公共服务供给领域中资源的有效配置方式,是通过旅游目的地公共服务供给主体、供给方式等部件影响旅游目的地公共服务供给的运行规则、轨迹和运作效果的有效体系。

(一)旅游目的地公共服务政府供给机制

政府实际上承担着两种职能:一种是管理职能,另一种是服务职能。因此,在公共管理理论中,认为政府源于社会公共需要,其基本职能就是提供公共服务,即为社会公众提供国家安全、社会稳定、经济发展、文化繁荣和社会保障等方面的公共服务。政府提供公共服务可以较大发挥规模经济效应,大大降低供给成本,节约更多的资源。由于旅游目的地公共服务具有非竞争性和非排他性,因此会产生"搭便车"现象,这使得旅游目的地仅靠市场或社会会使公共服务提供量不足。政府介入供给的旅游目的地公共服务包括三类:第一类是公共性纯度较高的公共产品和服务,如旅游目的地公共基础设施建设、旅游目的地生态环境建设与保护等;第二类是非政府力量不愿意供给的公共产品和服务,如旅游目的地形象宣传、旅游目的地公共景观设施等;第三类是非政府力量没有能力提供的公共产品和服务,如旅游公共信息平台的搭建、景区周边环境治理与保护等。

(二)旅游目的地公共服务市场供给机制

现在的旅游者对旅游目的地公共服务的需求越来越多样化、细化,如果这些旅游目的地公共服务完全由政府承担,就会出现机构庞大、机构臃肿、效率低下、财政不堪重负等难以避免的问题。这时候市场供给机制就开始发挥作用了。

市场介入供给的旅游目的地公共服务包括两类:一类是具有竞争性和非排他性的旅游目的地公共服务,如城市公共基础设施中的城市绿地、多媒体旅游触摸屏信息服务等。这类准公共产品由于不具有排他性,其价格机制难以有效形成,只能采取免费供给方式。另一类是具有排他性和非竞争性的旅游目的地公共服务,如旅游集散中心、旅游交通服务、旅游保险服务等。在多数时候,国资企业承担了此类公共服务的供给。

(三)旅游目的地公共服务社会供给机制

当政府逐渐把自己提供服务的功能转向起更多的催化作用时,就会十分依赖第三部门。因此,政府将制定政策与直接提供服务的职能进行分离,这一举措自然而然地促使原本由政府承担的某些服务职能转移给第三部门(即非营利组织)来承担,以实现更高效、更专业的服务提供。非营利组织在旅游目的地公共服务的供给方面也具有非常重要的作用:一方面可以弥补政府在提供公共服务方面的职能不足。由于政府不可能有精力提供具体的、多样化的公共服务,因此引入社会力量成为解决公共服务需求的重要思路。另一方面可以补充市场在旅游目的地公共服务供给中的欠缺,例如各行业协会发挥行业自律的作用,保障广大游客的利益。为了实现社会对旅游目的地公共服务的有效供给,可以采取加强政府与社会的合作、拓宽非营利组织的筹资渠道、改善非营利组织的自身建设等策略。

四、旅游目的地公共服务供给机制构建的原则

(一)需求导向原则

游客满意度是以人为本的科学发展理念在旅游领域中的具体体现。由于旅游目的地公共服务具有层次性、地域性等特征,这些特征要求在构建旅游目的地公共服务供给机制时,必须以旅游者需求为导向,充分考虑不同地区的经济发展水平、政府的服务水平

及供给能力、市场的发达程度、非营利性社会组织的发展程度,应该遵循需求导向原则,根据旅游者的需求构建更加符合地方实际情况的多中心供给机制。

(二)经济发展的阶段性原则

东、中、西部地区之间的经济发展水平存在差异,使得不同区域的旅游目的地公共服务供给存在区域性失衡的现象。同时,由于市场、非营利性社会组织在不同地区的成熟程度不同,故市场、非营利性社会组织在不同地区的旅游目的地公共服务供给中所发挥的作用不尽相同,承担的供给任务也各不相同。因此,应该在不同地区设计并选择有针对性的旅游目的地公共服务供给机制。

(三)各级政府权责明确原则

由于各级政府的职权范围不同、财政实力不同,因此能够承担的旅游目的地公共服务的供给内容和范围也有较大的区别。实现旅游目的地公共服务的有效供给,应该注意科学划分各级政府的职权范围及财权与事权的关系,只有将各级政府的财权与事权相匹配,才能保证地方政府有足够财力和能力负责应该承担的旅游目的地公共服务的供给任务。此外,对于不同地域内的地方政府应该根据本区域的实际情况,承担部分旅游目的地公共服务的供给任务,积极鼓励其他供给主体参与旅游目的地公共服务的供给。同时,各级政府应将原有的工作重点由管理逐渐转变为服务和监督,并综合协调各相关部门保障旅游目的地公共服务得到有效供给。

(四)分层供给原则

不同的旅游者对不同的旅游目的地公共服务项目的重视程度是不同的。因此,在提供不同的旅游目的地公共服务项目时,不能采取一刀切式的平均供给方式,而应该设定供给顺序。对于重要性评价高,特别是需要重点改进的项目应该优先供给。对于需要次要改进或过度供给的项目,可以在财政资金充足的情况下提供供给或维持现有的供给水平。另外,由于我国各地区的社会经济发展水平迥异,不同地区现有的旅游目的地公共服务供给水平不同,需要改进的项目和改进程度也不同,因此应该根据各地所处的发展阶段确定旅游目的地公共服务的供给内容、数量和优先顺序,根据各地的政府财政能力、经济实力对旅游目的地公共服务项目进行分层供给,根据各地区自身实际情况,因地制宜地建立符合地区特点的旅游目的地公共服务供给模式。

五、旅游目的地公共服务供给的双重标准

公平与效率都是旅游目的地公共服务供给机制设计应坚持的两大标准(樊丽明,石绍宾,2006)。这意味着在提供旅游目的地公共服务时,应该以最有效率的方式满足社会对各种旅游公共服务的需求,并确保旅游者的公共需求得到满足,从而实现服务供给的有效性和公平性。这要求我们在设计供给机制时,同时应注重资源利用的效率和服务的

公平性。

在旅游目的地公共服务供给中，追求效率意味着通过合理的资源配置和管理，以最少的成本提供高质量的服务，这可以通过引入市场机制、竞争和创新来实现。市场化供给能够鼓励企业竞争，提高效率和服务质量，以满足旅游者的需求。然而，效率并不应以牺牲公平为代价。公平意味着所有旅游者都应该平等享有旅游目的地公共服务，不论其背景、地区或经济实力。政府供给在此方面发挥着重要作用，通过制定政策、规章制度和资源分配来确保公共服务的平等性和普惠性。这包括关注边远地区或经济困难地区的服务供给，以及关注弱势群体的需求。因此，在旅游目的地公共服务供给中，我们需要在效率和公平之间取得平衡。政府和市场机制应相互配合，通过合作与协调，以最佳方式提供服务，确保旅游者的需求得到满足，同时促进旅游业的可持续发展和社会的整体福祉。

为了达到旅游目的地公共服务有效供给，要实现供给主体由单中心向多中心的转变，以及供给方式由一元化向多元化的转变（李爽，黄福才，李建中，2010）。政府、市场和社会三方主体在旅游目的地公共服务供给中各有优劣势，因此应建立一个有效的选择和相互协调的机制，根据资源的优化配置和交易成本最小化原则，努力寻求政府、市场和社会在旅游目的地公共服务供给领域的均衡点。

应当重视加强政府与市场、社会的伙伴关系，引入市场化和社会化机制，实行公共服务合同外包、公共服务购买、政府间协议、合同承包、补助、特许经营、凭单制、志愿服务等多种供给方式。比如，关于旅游目的地的环境保护，政府可以将一些环境治理工作委托给发展较好的环境保护组织，同时政府为项目提供运作资金。接受委派的环境保护组织可以自己承担其中诸如环保宣传、法律咨询等方面的任务，将环境评价、规划设计、施工等工作交给专业公司来做，这样三方就可以通过合作发挥各自的优势。

案例分析二

文旅交融，共创共享，塑造"全域风华 余韵悠长"的旅游新标杆

浙江省杭州市余杭区作为全域旅游示范区建设的先行者，自启动创建工作以来，便紧紧围绕良渚文化、运河文化、禅茶文化这"三大文化瑰宝"，精心规划了"三城一区一带"的发展布局，以景区标准全面规划全区。余杭区不仅专注于打造以良渚遗址、大运河文化带、大径山禅茶文化为核心的全域文化旅游典范，还积极推进美丽公路、现代交通体系的建设，以确保游客的出行畅达。同时，城乡发展专项如靓丽城市、美丽城镇、美丽乡村等也同步推进，旨在实现全域产业的深度融合。城市精细化管理及全域治理的加强，更是为游客提供了精细化、高品质的旅游服务。这一系列举措共同构成了余杭区"全域风华 余韵悠长"的全域旅游发展新格局。

文旅融合助力产业升级

余杭区在推动全域旅游产业拓展的征程中,始终秉持着创新精神,不断寻求突破与超越。其成功的关键,在于构建了一个多元化、互融互通的旅游产品体系,这个体系涵盖了红色旅游、特色小镇旅游、乡村旅游、研学旅游和工业旅游等多个领域。这样的设计不仅满足了不同游客的多样化需求,还在旅游市场中形成了独特的竞争优势。

为了实现这一目标,余杭区深入实施了"百千万"工程。如今,这一工程已经取得了显著成效,多个特色小镇类景区和风情小镇如雨后春笋般涌现,为游客提供了更加多样化、个性化的旅游选择。这些景区和小镇不仅展现了余杭区的独特魅力,还成为推动当地经济发展的重要力量。

除了打造优质的旅游产品,余杭区还高度重视旅游基础设施的建设。为了提升游客的出行体验,余杭区构建了完善的全域旅游集散交通体系,实现了景区之间的快速通达。同时,美丽公路和生态廊道的建设也为游客提供了更加舒适、安全的旅行环境。这些基础设施的完善不仅提高了游客的满意度,还增强了余杭区旅游产业的吸引力和竞争力。

在智慧文旅平台建设方面,余杭区也取得了显著进展。通过引入先进的信息技术和管理模式,智慧文旅平台为游客提供了更加便捷、高效的旅游服务。游客可以通过平台快速完成酒店入住、景区入园等流程,大大节省了时间和精力。同时,平台还提供了丰富的旅游信息和咨询服务,帮助游客更好地了解余杭区的旅游资源和文化特色。这些智能化、个性化的服务让游客的旅行更加轻松愉悦,也进一步提升了余杭区旅游产业的品质和形象。

共建共享共绘幸福画卷

"人民对美好生活的向往就是我们的奋斗目标。"余杭区始终坚持共建共享原则,将游客及本地居民满意度作为全域旅游发展的核心,努力实现市民幸福、游客快乐,共享全域旅游发展成果。

近年来,为了更有针对性地扶持西部地区发展全域旅游,余杭区实施了文旅西进工程。西部地区农村人均收入增长率逾 10%,旅游成为西部山区富民强村的重要途径;投入 4.7 亿元精准扶持西部五镇文旅再发展,推进文化和旅游公共服务均等化,三级及以上乡镇综合文化站覆盖率达 100%。

同时,余杭区还通过实施文旅惠民工程,如免费游览景区、免费导览、免费交通等,让市民和游客都能享受旅游发展的红利。此外,余杭区还积极打造"非遗"体验基地、24 小时图书馆等文化设施,为市民和游客提供了丰富多彩的文化活动和服务,让"主客共享"的文旅生活成为现实。

未来,余杭区将继续深化文旅融合,挖掘三大文化的历史底蕴,发挥"双世遗"品牌的优势,推进"文旅 1010 工程",丰富文旅产品体系,提升文旅产业质量。同时,余杭区还将继续坚持共建共享的原则,让更多的人享受旅游发展的成果,共同打造长三角休闲旅游目的地和全国知名文化旅游胜地。

（参考案例来源：本案例在《浙江日报》发布的《文旅融合 共建共享 打造"全域大美 独特余韵"全域旅游示范区》、大律师网发布的《全域大美 独特余韵 余杭打造全域旅游示范区》等内容的基础上进行整合。）

（1）阅读上述案例，分析旅游目的地公共服务的供给机制。

（2）请思考旅游目的地如何才能实现旅游公共服务的有效供给。

本章小结

本章首先介绍了旅游目的地公共服务的概念、特征和分类，进一步明确了旅游目的地公共服务的划分依据，从而能够区分目的地面向旅游的公共服务与一般公共服务，并根据旅游目的地公共服务的类型学会如何划分旅游目的地公共服务。在此基础上，拓展了各类旅游发展背景下旅游目的地公共服务体系的主体和构成，学习了旅游目的地公共服务供给的理论基础，从而更好地理解旅游目的地公共服务的供给机制以及构建供给机制时应遵循的原则。

复习思考题

（1）概念解释：旅游目的地公共服务。

（2）试简单分析目的地面向旅游的公共服务和一般公共服务的关系。

（3）试分析旅游目的地公共服务体系包括哪些方面。

（4）试详细论述旅游目的地公共服务体系的主体。

（5）试举例说明如何进行旅游目的地公共服务体系的设计。

（6）试详细分析旅游目的地公共服务的供给机制。

（7）试解释构建旅游目的地公共服务供给机制时应遵循哪些原则。

习 题

获取更多更新资源，请到中国大学 MOOC 网站搜索"走进旅游目的地：理论与实务"课程进行学习。

参考文献

[1] 蔡礼彬,罗依雯.基于服务科学的旅游公共服务体系设计研究[J].山东社会科学,2019(7):137-142.

[2] 董燕娜.全域旅游示范区旅游公共服务体系评价与优化:以南京市江宁区为例[D].南京:南京师范大学,2020.

[3] 方羽公.智慧旅游公共服务体系建设问题研究:以杭州市余杭区为例[D].南昌:南昌大学,2017.

[4] 斯托克,华夏风.作为理论的治理:五个论点[J].国际社会科学杂志(中文版),1999(1):19-30.

[5] 黄新华.公共部门经济学[M].上海:上海人民出版社,2006.

[6] 李爽.旅游公共服务供给机制研究[D].厦门:厦门大学,2008.

[7] 李爽,黄福才,李建中.旅游公共服务:内涵、特征与分类框架[J].旅游学刊,2010,25(4):20-26.

[8] 樊丽明,石绍宾.公共品供给机制:作用边界变迁及影响因素[J].当代经济科学,2006,28(1):63-68,126.

[9] 吴子晨.张家界智慧旅游公共服务体系建设问题研究[D].西安:长安大学,2018.

[10] 徐菊凤.旅游公共服务:理论与实践的若干问题[J].旅游学刊,2012,27(3):6-7.

[11] 杨君.文旅融合背景下城市旅游公共服务体系的构建与评价研究:以扬州市为例[D].扬州:扬州大学,2022.

[12] DAVIS L,NORTH D. Institutional change and american economic growth:A first step towards a theory of institutional innovation[J]. The journal of economic history,1970,30(1):131-149.

[13] HOOD C. A public management for all seasons[M]. Public administration,1991.

[14] ROSENAU J N. Governance without government:order and change in world politics[M]. Cambridge university press,1992.

[15] STOKER G. Governance as theory:five propositions[J]. 1998.

第八章　旅游目的地公共管理

学习目标

理解旅游目的地公共管理的概念、基本特征、构成要素、基本原则；了解旅游目的地公共管理的内容；重点掌握旅游目的地公共管理手段的内容。通过展示新型政府建设和政府公共管理改革的成就，培养学生的系统观、全局观，让学生理解政府在引导旅游目的地发展中的作用和重要性，培养学生为民服务的精神，增强学生的家国情怀。

第一节　旅游目的地公共管理基本概念

一、旅游目的地公共管理的概念

旅游公共管理的定义为以政府为核心的旅游公共部门及非营利组织，运用现代公共管理的基本理论，以提升管理效率为重点，以增加旅游的社会福利为目的，对旅游活动进行计划、组织、协调和控制，并提供旅游公共产品和服务的活动总称。

与旅游公共管理相对应的有旅游行政管理。旅游行政管理是指从中央到地方的各级人民政府，通过其授权的旅游管理职能机构，依据国家有关政策法规，发挥计划、组织监督、协调、服务等职能，对本国、本地区的旅游业进行总体管理和综合调控的过程。简言之，就是政府对旅游业的总体管理。但是，旅游公共管理不是对旅游行政管理的否定，而是在旅游行政管理的基础上进行的管理理念的转变和管理模式的革新，也是国家公共管理的重要组成部分。虽然旅游公共管理仍以政府的旅游行政管理为核心，但其内涵和外延都远远超出了旅游行政管理的范畴。

进一步地，基于旅游公共管理的这一核心理念，我们可以推出旅游目的地公共管理的概念。即在特定旅游目的地内,政府、非政府旅游公共部门、社区及市场力量等多方协作,运用旅游公共管理的理论与方法,针对该旅游目的地的实际情况进行精细化管理。这包括制定符合当地特色的旅游规划、优化资源配置、加强内外部协调以及提供高质量的旅游服务,旨在实现旅游目的地的可持续发展,提升游客的旅游体验,同时促进当地经济、社会与环境的和谐共生。

二、旅游目的地公共管理的基本特征

旅游目的地公共管理的基本特征是由当地旅游活动的特点决定的,概括起来有以下几点。

(一)协调性

旅游目的地公共管理是建立在旅游协同性基础之上的综合管理。旅游业发展的实践表明,无论是旅游者的旅游活动,还是旅游经营者的经营活动以及旅游管理者的管理活动,都具有综合性。因此,旅游目的地公共管理的最大特征就是建立在协同基础之上的综合协调性。旅游目的地公共管理的相当一部分内容,与其说是管理,不如说是协调,具有"宽口径、大范围、巨系统"的特征,常常需要用综合性的手段进行多角度的管理。

(二)复杂性

旅游活动的综合性、协同性和异地性使旅游目的地公共管理既涉及经济领域又涉及社会、文化、自然领域,既需要管理又需要服务。同时,由于旅游活动在绝大多数情况下是一种跨区域的活动,并不是按照行政区划来安排的,因此旅游目的地的公共管理并不像其他管理领域那样有着非常明确的边界。旅游目的地公共管理的这种边界模糊性,便决定了其复杂性。

(三)服务性

旅游目的地公共管理在某种程度上可以理解为一种服务性管理,是当地政府提供公共物品的组成部分。但旅游活动的特点决定了旅游目的地公共管理更多的是一种管理性服务,服务的成分往往大于管理的成分,如在旅游形象塑造、旅游市场营销、旅游教育与培训、旅游标准化建设、旅游基础设施建设、旅游信息咨询等方面,这就决定了旅游目的地公共管理内容的服务性和方法的多样性。

(四)强制性

就如前面所说的一样,旅游公共管理不是对传统旅游行政管理的抛弃,而是对传统旅游行政管理模式的改进和拓展。因而,旅游行政管理依然是旅游公共管理的重要组成部分。由于旅游行政管理具有一定的强制性,因此旅游目的地公共管理在某些方面同样具有强制性特征,在维护旅游市场秩序、保护旅游者权益、保护旅游资源、保证旅游产品质量、维护旅游安全等方面,都必须通过法律和行政等手段进行强制性管理,以确保旅游

活动的顺利进行和旅游公众利益不受到损害。

（五）政治性

旅游目的地公共管理的目的、理念和方法都受一定生产关系的影响，反映了不同阶级、不同国家的意志和利益。在不同的社会体系中，旅游公共管理中的决策、指挥、监督与控制都要服从统治阶级的政治纲领和社会需求。因而，旅游目的地公共管理也是国家意志和利益的反映，具有高度的政治性。要在尊重旅游目的地公共管理客观规律的基础上，主动将其融入国家政治和社会经济发展的大局之中。

三、旅游目的地公共管理的构成要素

任何管理活动都要明确"谁来管、管什么、为何管、怎么管"这四个基本问题。因此管理的主体、管理的客体、管理的目标和管理的方法就成为旅游目的地公共管理这个复杂大系统中紧密相连、不可或缺的四个基本要素，任何一个要素发生变化，其他要素就必须进行相应的调整和改进，否则就会影响管理效率，甚至形成阻力。要深刻理解旅游目的地公共管理的概念和内涵，就必须对旅游目的地公共管理的基本构成要素有着全面深刻的认识。

（一）旅游目的地公共管理的主体

研究旅游目的地公共管理的主体，就是研究"谁来管"的问题。政府作为旅游政策的制定者、旅游活动的管理者、旅游纠纷的裁定者和旅游公共物品的供应者，是旅游目的地公共管理的核心主体。在我国，各级政府虽然是法定的旅游目的地公共管理核心主体，但在实践中，各级政府专门设立的旅游行政管理部门或被赋予旅游行政管理职能的相关部门，作为政府旅游公共管理的代表，全面行使国家和地区的旅游目的地公共管理职能，它们是实际上的旅游目的地公共管理的核心主体。

（二）旅游目的地公共管理的客体

旅游目的地公共管理的客体即旅游目的地公共管理的对象，就是明确"管什么"的问题。旅游目的地公共管理的对象往往受人们对旅游现象理解的影响。由于旅游活动被旅游者当作一种经济现象，因此长期以来，旅游目的地的公共管理部门只是被当作单一的经济管理部门，而旅游目的地的公共管理也只是被理解为单一的旅游行业管理和旅游经济管理，只局限于对通常所说的"食、宿、行、游、购、娱"六要素的管理。但其实旅游活动发展中出现的一些新业态，如旅游网站、旅游规划、旅游策划、旅游票务代理、旅游俱乐部、旅游电子商务等都应该纳入管理的范围。因此，总体而言，旅游目的地公共管理的客体应该是整个旅游活动，包括旅游者的旅游活动和旅游产业的经营活动。

（三）旅游目的地公共管理的目标

旅游目的地公共管理的目标主要取决于政府的旅游价值取向及旅游活动发展的需

要,有什么样的旅游价值取向和旅游活动发展需要,就有什么样的旅游管理目标。不同的旅游活动发展阶段,旅游目的地公共管理的目标是不同的。随着我国旅游经济进入转型期,旅游目的地公共管理也面临着从单纯的经济管理向全面的公共管理的转型。转型期的旅游目的地公共管理的核心目标是克服市场失灵、建立市场秩序、培育产业环境、打造理想的旅游目的地、削减旅游负面影响、增加社会福利等。

(四)旅游目的地公共管理的方法

管理的主体、管理的客体或管理的目标不同,管理的方法也会有所不同。旅游目的地公共管理作为社会公共管理的一个组成部分,既要遵循公共管理的一般原则和规律,如法制原则、公平公正和正义原则、效率原则等,同时由于旅游活动自身的特性,又具有与其他领域公共管理工作不同的特点和规律。为了实施有效的旅游目的地公共管理,不仅需要了解政府应该履行的旅游管理职能,还需要对各种管理与服务工具有一个详尽的了解。旅游活动的综合性决定了旅游目的地公共管理工具的多样性,概括起来主要包括规制手段、调控手段、监管手段、激励手段、协作手段、服务手段以及自律手段,这些手段将在本章第三节具体介绍。

四、旅游目的地公共管理的基本原则

旅游目的地公共管理一般有六个基本原则。

(一)系统原则

由于旅游活动是一个复杂的系统,具有很强的关联性和协同性,因此旅游目的地公共管理必须将管理的客体和管理的实践作为一个完整的系统,实施系统性的全要素管理,以实现旅游公共管理的整体优化。否则,就会破坏旅游目的地公共管理的整体性,造成管理漏洞和非协同现象,影响旅游活动的顺利进行。

(二)人本原则

旅游活动是以人为核心的活动,人既是管理活动的主体,又是管理活动的客体。因此,旅游目的地公共管理应聚焦全面而细致地满足游客的旅游需求,将这一追求设定为最终目的。为实现此目标,根本的出发点在于做好与旅游活动相关人员的各项工作。具体而言,就是要积极调动他们的积极性,充分激发他们的主观能动性,使他们能够以饱满的热情和创造力投入到工作中,共同营造一个安全、舒适、愉悦的旅游环境,从而确保每一位游客的旅游需求都能得到最大程度的满足。

(三)动态原则

管理的主体、客体、目标和方法是旅游目的地公共管理体系中四个紧密关联、相互影响和制约的基本要素,而且随着旅游活动的深入发展,这四个要素也处于不断地运动发展之中。其中任何一个要素发生变化,都要求其他要素也要相应变化。因此,要根据旅

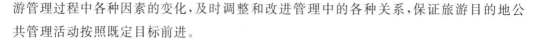

游管理过程中各种因素的变化，及时调整和改进管理中的各种关系，保证旅游目的地公共管理活动按照既定目标前进。

（四）效益原则

旅游目的地公共管理不仅强调管理的效率，还强调管理的效果，要求通过有效的管理，以最低的投入，实现旅游活动的经济效益、社会效益和环境效益最大化。

（五）开放原则

旅游目的地公共管理是一种开放式管理，要求突破旅游行政管理的局限性，动员一切社会力量，实施多元化的管理模式。因此，除了政府旅游管理部门外，旅游目的地公共管理要更加注重非政府组织等公共部门，以及相关私人部门在旅游目的地公共管理中的作用，拓宽旅游发展所需公共物品与服务的供给渠道，提高供给效率。

（六）公平原则

习近平总书记在学习贯彻党的二十大精神研讨班开班式上的重要讲话中强调，推进中国式现代化是一个系统工程，需要统筹兼顾、系统谋划、整体推进，正确处理好顶层设计与实践探索、战略与策略、守正与创新、效率与公平、活力与秩序、自立自强与对外开放等一系列重大关系。

随着旅游活动的深入发展，人们对旅游现象的认识也不断深入，综合而全面地发挥旅游的功能，通过旅游发展来促进社会总体福利水平的提高，日渐成为旅游目的地公共管理的核心内容之一。这就要求旅游目的地公共管理在追求效率的同时，必须更加注重公平。通过有效管理，解决旅游活动发展中出现的由旅游负面影响、社区参与不充分、旅游所得分配不均等问题而导致的不公平问题，从而提升社会整体福利。

旅游目的地管理组织及政府主导旅游业发展

第二节　旅游目的地公共管理内容

旅游目的地公共管理的主要内容包括旅游公共产品和服务、旅游目的地公共营销、旅游资源及设施管理、旅游发展规划管理、旅游服务质量管理、旅游法律法规及标准化管理、旅游信息统计管理七个方面。

一、旅游公共产品和服务

讨论课

从人类旅游活动的特征来分析，旅游目的地公共部门的基本职能就是满足旅游公共需求，即为旅游者提供公共服务以及公共产品，一般包括基础性旅游公共产品和服务、市场性旅游公共产品和服务、管理性旅游公共产品和服务三类。其中基础性旅游公共产品和服务是由旅游目的地公共部门生产的、提供给全体社会成员平等消费和享有的无差别的公共服务。市场性旅游公共产品和服务是指既能满足旅游公共需求，又能满足旅游企业和游客需求，可以吸引旅游企业、非营利性社会组织共同参与，通过市场竞争方式提供的公共服务。管理性旅游公共产品和服务是指旅游目的地政府为了维护旅游经营公平，建立有序的旅游市场秩序，对旅游经营单位提供的管制性公共服务。关于旅游公共服务的详细内容可参见本书第七章。

二、旅游目的地公共营销

在市场经济条件下，旺盛的市场需求是旅游业发展的最大优势和根本保障。旅游目的地公共管理部门的重要任务就是深入研究客源市场发展变化规律，积极采取各种措施。不断扩大市场总量，并对各类型、各层次旅游市场，以及与旅游市场密切相关的活动进行有机整合，以形成旅游市场发展的系统效应和板块整体效应。加大旅游市场促销力度，创新旅游促销方式，拓展旅游销售渠道，全面展示旅游目的地总体形象。关于旅游目的地公共营销的详细内容可参见本书第六章。

三、旅游目的地资源及设施管理

（一）旅游目的地资源管理

作为旅游目的地公共管理内容的资源是有特定含义和范围的。一般来说，为旅游目的地共同拥有的有形财产和无形财产，都属于公共管理资源的范畴。这些资源在名义上是每个人都可以享有的财物，但实际上任何人都不可能完整地占有它。旅游目的地需要管理的资源主要包括自然资源、历史文化资源以及人力资源等。

自然资源是旅游目的地赖以存在和发展的各种自然性物质条件，也是一定社会存在和发展的基础，如土地资源、矿产资源、水资源、森林资源等。这些资源虽然属于旅游目的地的共同财产，一般不属于个人所有，但是如何合理使用和开发这些自然资源则对旅游目的地的整体发展影响极大。正因为如此，自然资源的保护和利用就理所当然地成了旅游目的地公共管理中的重要内容。

历史文化资源大致包括旅游目的地的历史遗迹、古代建筑、古代陵墓、非物质文化遗产等。历史文化资源在目的地的旅游发展过程中具有关键性作用。通过对旅游目的地历史文化资源的有效管理，可以提高对历史文化价值的认识。通过将历史文化资源与现代旅游需求相结合，进行创新性的开发与利用，可以提升旅游目的地的吸引力。

人力资源是在指旅游目的地从事旅游业的各类人员，以及他们的能力、经验、技能等。人力资源管理包括宏观和微观两个方面。宏观方面是指为了适应旅游业发展的需要，旅游目的地要保证其旅游整体人力资源结构的合理性，对人力资源的供需状况进行中长期预测和规划，制定相关政策保障旅游业发展所需人才的质量和数量。微观方面则

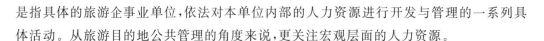

是指具体的旅游企事业单位,依法对本单位内部的人力资源进行开发与管理的一系列具体活动。从旅游目的地公共管理的角度来说,更关注宏观层面的人力资源。

（二）旅游目的地设施管理

旅游设施是指为了游客旅游活动能正常进行而由旅游目的地提供的、使旅游服务得以顺利开展的各种设施设备的总称。旅游设施是提供旅游服务、进行旅游活动的生产资料,是旅游目的地从事经营活动,以及为旅游者提供服务或者其他旅游产品的物质基础。旅游目的地设施管理就是对各种设施设备从规划、选购、验收、安装开始,经过使用、维护、保养、维修到更新改造为止的全过程的系统管理活动。通过对旅游目的地设施的管理,可以提高旅游目的地的产品质量、降低旅游运营成本、保障游客安全。旅游目的地设施的管理工作包括但不限于旅游目的地设施设备的配置,确保旅游目的地设施设备的正常运转和使用,旅游目的地设施设备的检查、维护、保养与修理,旅游目的地设施设备的更新改造,旅游目的地设备的资产管理,旅游目的地各种能源的供应管理。

四、旅游发展规划管理

旅游发展规划的编制与管理一直是旅游目的地公共管理部门的重要工作任务之一。此项工作直接关系到该旅游目的地旅游业发展的目标、方向、结构、布局、市场定位、产品类型、环境保护、可持续发展等关键性的问题,同时也是旅游业与相关行业协调发展,获得良好的经济效益、社会效益和环境效益的前提和依据。

《旅游规划通则》至今为止仍是我国旅游发展规划的重要管理文件,它对旅游规划的编制原则、程序、内容和评审方式,以及旅游规划编制人员和评审人员的组成与素质要求等都做了相关规定,适用于各级旅游发展规划及各类旅游区规划。其主要将旅游规划分为旅游发展规划和旅游区规划两大类。

旅游发展规划是根据旅游业的历史、现状和市场要素的变化所制定的目标体系,以及为实现目标体系在特定的发展条件下对旅游发展要素所做的安排。它一般为期限五年以上的中长期规划,按规划的范围和政府管理层次划分,主要有全国旅游发展规划、区域旅游发展规划和地方旅游发展规划。地方旅游发展规划又可分为省级旅游发展规划、地市级旅游发展规划和县级旅游发展规划等。旅游区规划按规划层次可分为总体规划、控制性详细规划、修建性详细规划等。

制定旅游发展规划可以确保旅游业的可持续发展,以防止过度开发和资源的过度利用;可以统筹区域旅游业的发展,促进经济增长;可以提高旅游目的地的基础设施和服务质量,从而提升游客的体验;可以更好地了解市场需求和竞争对手的策略,从而提高自身的市场竞争力;有助于应对风险,如自然灾害等。

五、旅游服务质量管理[①]

旅游服务质量是旅游业作为现代服务业的内在属性,是企业的核心竞争力,是衡量行业发展水平的重要指标。加强旅游服务质量监管、提升旅游服务质量是推进旅游业供给侧结构性改革的主要载体,是旅游业现代治理体系和治理能力建设的重要内容,是促进旅游消费升级、满足人民群众多层次旅游消费需求的有效举措,是推动旅游业高质量发展的重要抓手。因此,旅游服务质量管理也是旅游目的地管理的中心和重要目标之一。加强旅游服务质量管理,不仅可以提高当地旅游企业素质和旅游产品质量,还可以提高旅游行业的整体形象,增强对外竞争力,推动旅游行业管理的全面深化。

(一)旅游服务质量管理的总体要求

目前,我国旅游服务质量管理与国家要求和旅游业发展形势有很大差距。因此,各旅游目的地在旅游服务质量管理方面最重要的就是要明确旅游服务质量管理的目标。《文化和旅游部关于加强旅游服务质量监管提升旅游服务质量的指导意见》明确指出,到2025年,解决一批影响旅游服务质量的突出问题,高质量旅游服务供给更加丰富,人民群众的满意度进一步提高。主动提升旅游服务质量成为市场主体和各级文化和旅游行政部门的自觉意识,旅游服务质量基础设施更加完善,旅游服务质量提升的合力显著增强。旅游企业质量管理水平进一步提升,形成一批适应市场需求和引领消费升级的优质旅游服务品牌。旅游市场综合监管能力进一步增强,信用监管效能得到有效提升,旅游投诉处理及时有效,旅游市场秩序更加规范,旅游消费环境明显改善。质量提升政策体系更加健全,旅游服务标准化、品牌化、网络化、智能化水平显著提升,中国旅游服务的国际竞争力和影响力持续增强,旅游服务成为中国服务的典型代表。

要实现这一目标,需要遵循以下基本原则:①坚持以人民为中心。树牢以人民为中心的发展理念,把人民群众满意作为实施旅游服务质量监管和提升工作的出发点和落脚点,围绕影响人民群众旅游体验的重点问题和主要矛盾开展工作,让游客游得放心、游得舒心、游得开心,不断实现人民对美好生活的向往。②坚持系统观念。加强旅游服务质量监管和提升的系统性思考、整体性推进、协同性发展,统筹旅游服务质量需求和供给,统筹旅游服务质量主体和监管主体需要,统筹大众旅游时代多层次、多元化旅游服务质量提升需要,统筹各区域旅游服务质量协调发展需要,实现旅游服务质量持续提升。③坚持创新发展。加快完善旅游服务质量基础设施,加强标准、评价等能力建设。以数字化驱动旅游服务质量监管和提升变革。坚持创新驱动和融合发展,推动市场主体创新理念、技术、产品、服务、模式和业态,加快数字化转型,提高旅游服务专业化水平,提升便利度,改善服务体验。④坚持深化改革。破除制约旅游服务质量提升的体制机制障碍。

[①]　https://www.gov.cn/gongbao/content/2021/content_5627700.htm.

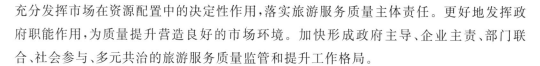

充分发挥市场在资源配置中的决定性作用,落实旅游服务质量主体责任。更好地发挥政府职能作用,为质量提升营造良好的市场环境。加快形成政府主导、企业主责、部门联合、社会参与、多元共治的旅游服务质量监管和提升工作格局。

(二)旅游服务质量管理的主要任务

1.落实旅游服务质量主体责任

旅游企业是提升旅游服务质量的主体。要引导和激励 A 级旅游景区、星级饭店、旅行社、在线旅游经营者、等级旅游民宿等市场主体将提升旅游服务质量作为增强市场竞争力的重要手段,主要可从以下几点入手:①培育企业质量文化。大力弘扬企业家精神和工匠精神,提高管理人员和从业人员的质量意识和质量素养,推动旅游企业树立以质取胜发展战略和质量第一的企业文化。②提升质量管理水平。鼓励和支持旅游企业建立健全质量管理体系,大力推广应用先进质量管理方法,创新旅游服务质量管理模式,完善消费和评价体系。③促进旅游企业服务创新。促进旅游企业线上线下融合,推动旅游企业数字化发展,支持大数据、云计算、区块链、人工智能等在旅游服务中的应用,提高旅游企业个性化、多样化、定制化服务能力,提升旅游服务效能,增强旅游服务体验。④增强旅游服务质量保障。比如,在线旅游经营者要提高专业服务能力,鼓励旅游购物企业建立完善旅游购物无理由退货制度,切实保障游客旅游购物权益。⑤发挥行业组织作用。鼓励和支持各类旅游协会、商会等旅游社会组织推动市场主体进一步提高旅游企业服务质量,鼓励和支持相关行业组织建立服务质量分会,加强质量文化宣传引导,提升质量兴旅、质量强旅意识。

2.夯实旅游服务质量基础

进一步夯实旅游服务质量提升的工作基础,主要是推进旅游服务相关标准制修订工作。提升旅游服务标准制修订水平,增强旅游服务标准的科学性、先进性、有效性和适用性,对接国际规则体系,不断提升旅游标准国际化水平。要重点加强旅游新产品新业态、在线旅游服务、旅游服务质量评价等领域的标准制定。在具备一定发展基础、形成一定规模和可复制可推广经验的基础上,有序制定涉及旅游新业态、新模式等方面的标准。在《旅行社等级的划分与评定》《导游服务规范》《旅游饭店星级的划分与评定》《旅游景区质量等级的划分与评定》《旅游度假区等级划分》等国家标准及相关行业标准、地方标准的修订中,进一步突出旅游服务质量方面的要求。支持和引导市场主体和各类社会机构积极参与旅游服务标准制定,鼓励行业协会、学会等完善团体标准,激发企业制定发布标准积极性。在此基础上,加大旅游服务标准的宣传力度,提高全社会、全行业的标准意识和认识水平,并开展质量监测评价,加快建立区域、业态、企业等旅游服务质量监测机制,推进监测结果应用,督促引导社会各方提升旅游服务质量水平。

3.加强旅游人才队伍建设

旅游人才是旅游目的地提升旅游服务质量的重要支撑。一是加强导游队伍建设,开展导游队伍建设和管理行动。实施导游专业素养研培计划和金牌导游培训项目。完善导游人员资格考试和等级考核制度,旅游目的地可将特级、高级导游纳入高层次人才目录。二是举办旅游服务技能竞赛。比如,办好导游大赛、红色故事讲解员大赛、饭店服务技能竞赛,开展红色旅游五好讲解员建设行动,表彰一批优秀导游、领队、讲解员和饭店从业人员,加强对先进人物和典型事迹的宣传推广。支持和鼓励旅游行业协会开展旅游饭店、旅游景区等旅游从业人员和旅游专业学生服务技能竞赛。三是大力培养旅游服务质量人才。将旅游服务质量培训纳入高级经营管理人才培养、高质量产业人才培养扶持、专业人才培养及乡村文化和旅游能人支持等各级各类培养项目,特别是提升乡村旅游人才的旅游服务质量意识和专业化水平。实施更加开放的旅游人才引进政策,鼓励各地制定有利于旅游服务质量人才引进的政策措施。

4. 加快推进旅游业信用体系建设

旅游业信用体系建设是提升旅游服务质量的重要保障,是推动旅游市场治理体系和治理能力现代化的重要抓手。相关部门要建立旅游市场信用监管工作综合协调机制,完善旅游市场信用管理制度,编制旅游市场公共信用信息基础目录和补充目录、失信惩戒措施基础清单和补充清单,完善行政审批告知承诺制度。鼓励旅游市场主体主动向社会做出信用承诺,支持旅游行业协会、商会建立健全行业内信用承诺制度,加强行业自律;研究制定旅游企业信用评价规范,组织开展企业信用评价,依托信用评价结果实施分级分类监管;坚持"应列入、尽列入"原则,依法依规将查处的符合列入条件的失信主体列入失信名单,依法实施信用惩戒,进一步增强震慑力;将守信情况纳入 A 级旅游景区、星级饭店、旅行社、在线旅游经营者、旅游民宿等市场主体的资质及等级评定、项目招投标中。加强诚信文化建设,打造一批诚信企业,探索开展信用经济发展试点工作。

5. 加强行业旅游服务质量监管

质量监管是规范旅游企业行为、落实旅游企业质量责任的重要手段。相关部门要加强旅游服务质量监管,综合运用市场监管和综合执法手段,规范旅游市场秩序,净化旅游消费环境,促进旅游服务质量整体提升。主要包括以下方面:①加快制定旅游服务质量监管目录、流程和标准,构建高效协同的旅游服务质量监管体系。依法实施旅游服务质量监管,强化服务质量源头管控。开展不合理低价游综合治理行动。②围绕侵害游客合法权益、影响游客旅游体验和满意度的突出问题,进一步加大旅游市场执法监管力度。常态化开展"体检式"暗访评估工作,加强对各类在线旅游经营者、互联网平台等的日常监测,及时处置监测发现的各类问题。③建立在线旅游市场监管机制,及时将新进入在线旅游经营领域的综合网络平台纳入监管视野,建立在线旅游产品价格预警机制、旅游产品网络巡查机制,引导在线旅游平台企业等新兴市场主体守法经营、履行责任,提升旅游服务质量,健康有序发展。④创新质量监管方式。比如,推进"互联网＋监管",完善"全国旅游监管服务平台",推广旅游电子合同,推进旅游电子合同技术标准应用,全面提高数字化、智能化监管水平。⑤健全旅游领域公平竞争审查机制,坚决反对垄断和不正

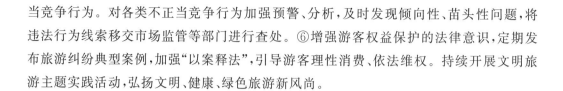

当竞争行为。对各类不正当竞争行为加强预警、分析，及时发现倾向性、苗头性问题，将违法行为线索移交市场监管等部门进行查处。⑥增强游客权益保护的法律意识，定期发布旅游纠纷典型案例，加强"以案释法"，引导游客理性消费、依法维权。持续开展文明旅游主题实践活动，弘扬文明、健康、绿色旅游新风尚。

六、旅游法律法规及标准化管理

（一）旅游法律法规建设

建立健全各项旅游法规，实施"依法治旅"是旅游目的地公共管理的一项重要任务。这对确立公平、公开、公正的旅游市场秩序和市场竞争环境，从而规范旅游产业健康发展有着极其重要的意义，同时也是顺应社会主义法制建设的必然结果。

目前我国旅游法律法规建设相对完善，但仍然存在一些问题，如部分法则的内容不够完善等。若不及时纠正旅游法律制度建设中出现的问题，那么将不利于中国对旅游业的有效管理，不利于保护旅游消费者和经营者的合法权益，不利于树立中国旅游事业的良好形象，也不能适应旅游业迅猛发展的要求。针对中国当前旅游立法建设中出现的问题，今后中国旅游法律制度建设应该加强旅游立法的理论研究；继续制定新的法律法规，并对现有的旅游法规、规章进行完善；加大旅游执法的力度，严格处理旅游违法行为；加快中国旅游法制建设的现代化和国际化进程。

（二）旅游公共政策制定

对于旅游公共政策的制定，理论界存在不同的理解：第一种理解是指对解决旅游政策问题的政策制定、执行和评估工作所做的计划和安排；第二种理解是指对具体政策的制定和分析；第三种理解是指政府部门制定政策的过程。无论是哪种理解，在制定旅游公共政策时，为了使其更加合理、公正和有效，并使政策内容更能反映社会旅游公众的公共利益，在旅游公共政策制定过程中，都应坚持理性化、规范化和民主化的基本原则。

旅游公共政策的制定过程实际上是一个政治过程。可以将政策的制定看作一个政策信息、政策资源、政策行为的输入加工与政策产品的输出和反馈的过程。从政策环境中产生的政策诉求、政策资源和政策主体，分别从不同的渠道进入政策制定过程系统，从系统中输出的制定好的政策则是政府提供的公共物品。经公布并获得合法性的政策，与环境和资源结合，并经过政策执行主体的活动得到贯彻实施，政策实施所形成的结果又会在社会上得到评估，评估的信息又以新内容进入政策制定流程。如此循环往复，政策将得到调整或更新，见图 8-1。

（三）旅游服务标准化管理

2021 年 10 月，中共中央、国务院印发的《国家标准化发展纲要》提出，推进度假休闲、乡村旅游、民宿经济、传统村落保护利用等标准化建设，提高文化旅游产品与服务、消费

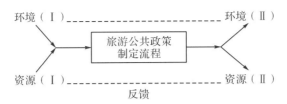

图 8-1　旅游公共政策制定流程（严强，2002）

保障、公园建设、景区管理等标准化水平。由此可见，标准化引领高质量发展。为推动旅游业高质量发展，就必须强化标准引领，实施旅游标准化行动，把各项工作全面纳入标准化轨道。比如，由于标准化滞后，过去那些年我国旅游民宿服务与品质参差不齐，发展受到影响。为了规范和引导旅游民宿业高质量发展、充分发挥行业标准的引领作用，文化和旅游部发布《旅游民宿基本要求与评价》等政策规范并不断修订完善，引导旅游民宿业逐步走上高质量发展之路。因此，推动旅游业高质量发展，必须进一步优化标准化治理结构，增强标准化治理效能，加快构建推动高质量发展的标准体系。

1.标准的制定

文化和旅游部的标准是指旅游领域需要统一的技术要求，包括国家标准、行业标准、地方标准、团体标准和企业标准，国家标准又分为强制性标准和推荐性标准。其中，国家标准的管理按照《国家标准管理办法》《强制性国家标准管理办法》执行，行业标准的管理按照《行业标准管理办法》和《文化和旅游标准化工作管理办法》执行，地方标准的管理按照《地方标准管理办法》等相关规定执行，团体标准的管理按照《团体标准管理规定》执行，旅游企业标准的管理按照《企业标准化管理办法》执行。据统计，旅游业现有国家标准 31 项、行业标准 78 项。同时，全国旅游标准化技术委员会正式成为国际标准化组织旅游及相关服务技术委员会（ISO/TC 228）成员单位，代表中国参与国际旅游标准制定。

2.标准的实施和监督

文化和旅游的国家标准、行业标准、地方标准发布后，各级文化和旅游行政部门、相关技术委员会应依据标准开展实施和监督工作。一是贯彻国家关于标准化工作的方针政策，在此基础上密切结合当地旅游业发展的特点，制定旅游服务标准化工作的规划。二是旅游目的地政府不仅要抓好组织实施工作，还要抓好宣传工作，并对标准化管理的全过程进行监督检查。三是培养一批既熟悉旅游标准化管理的原则和方法，又对旅游目的地的旅游发展足够了解的专业技术人才，并进行标准化管理。四是鼓励当地旅游企事业单位和相关社会组织开展文化和旅游标准的宣传与业务交流活动，指导旅游目的地进行标准化管理。

七、旅游信息统计管理

旅游统计作为测度旅游发展、评估旅游经济影响的重要手段，能够为政府与旅游企业的决策提供依据，其基本任务是对旅游目的地的旅游企事业单位的经营、业务情况进行统计调查、统计分析,提供统计资料和咨询,实行统计监督,其基本内容是对旅游区(点)接待工作量、经营效益、旅游从业人数等情况进行的统计调查和对旅游者实施的抽样调查。

目前,由于出游人数统计口径的不一致、游客时间和距离界定标准的差异、统计方法和核算方法的不同等,导致旅游目的地对旅游统计工作的管理还存在较大问题。保继刚(2019)提出,将尺度观引入旅游统计工作,即在不同地理尺度下进行分层级的旅游数据统计,能够使得旅游统计工作中重要统计指标的概念明晰化,从而为实际的旅游统计工作提供参考。

(一)现行旅游统计体系

根据文化和旅游部 2020 年制定的《全国文化文物和旅游统计调查制度》《全国假日旅游统计调查制度》,中国目前的旅游统计指标体系主要包含五部分(见表 8-1):一是国内出游,在全国范围内开展抽样调查,主要获取城乡居民国内旅游出游人次、旅游花费等基础数据,从而推算城镇居民、农村居民和全国旅游总规模;二是入境接待,通过抽样调查,获取入境过夜和一日游游客在中国(大陆)期间行、游、住、食、购、娱等方面的花费,从而测算旅游收入;三是地方接待,通过抽样调查,获取地方接待国内游客人数、在地方花费等情况;四是网上直报,文化旅游企事业单位通过网上填报统计报表,调查旅游从业人员情况、资产数量、财务状况、业务开展等方面内容,分年度统计和季度统计;五是假日统计,统计调查全体公民放假的节日期间(元旦、春节、清明节、劳动节、端午节、中秋节、国庆节等节假日),包括国内游客出游总人次、旅游总收入、人均花费等内容。

表 8-1　中国现行旅游统计体系

类别	主要项目	调查方式	实施部门
国内出游	城镇居民、农村居民旅游出游人次;城镇居民、农村居民旅游花费、停留时间、出游目的	抽样调查	文化和旅游部财务司
入境接待	游客国籍、居住地、性别、年龄、职业及旅游目的;旅游停留时间、游览方式;旅游花费及构成;旅游次数;游览城市座数及旅游流向	抽样调查	文化和旅游部财务司
地方接待	国内游客构成、停留时间及构成、旅游花费及构成、旅游目的	抽样调查	各级文化和旅游部门
网上直报	文化旅游企事业单位数量、固定资产原值、直接从业人员、间接从业人员、星级饭店的规模和经营情况、旅行社的规模和经营情况	企业上报	文化和旅游部财务司会同各省文化和旅游部门负责组织填报
假日统计	国内游客出游总人次、旅游总收入、人均花费	位置数据测算＋精准短信推送调查	各级文化和旅游部门数据中心

（二）旅游统计工作管理

1.推进旅游统计基础建设

第一，旅游目的地应该加强旅游统计队伍建设。各级各部门要积极支持旅游行政主管部门依法开展各项旅游统计调查工作，并配有与工作任务相适应的专职或兼职统计工作人员。在加强现有统计人员的业务培训，提高其综合素质的同时，注重培养、引进高素质统计人才，提升其专业素质和创新能力。第二，通过进一步优化完善旅游目的地开展统计工作所必需的计算机软硬件等设备配置，逐步提高旅游统计信息采集、处理、传输、应用和管理水平，从而促进当地旅游统计工作良性发展。

2.强化旅游统计监测

旅游目的地的各级旅游部门要建立国内旅游、入境旅游、旅游总收入等旅游产业主要经济指标质量管理体系，坚持把数据真实准确作为旅游统计工作的生命线，做到实事求是、应统尽统。及时掌握当地各旅游企业的经营情况，认真核实旅游数据之间逻辑关系，实时跟踪、监测、评估、对比各类上报数据，提高基础数据质量，确保数据采集准确，数出有源、数出有据。另外，旅游目的地的统计部门、农业农村部门、公安部门、交通运输部门、商务部门、市场监管部门等相关部门要相互协作配合，实现资源互补、数据共享，防止重复调查、数出多门。各县级、区级旅游目的地要建立国内旅游者、旅游总收入、旅游投资、旅游脱贫攻坚等指标为主的评价体系，全面准确反映旅游目的地旅游产业结构调整、旅游产业转型升级和专项重点工作推进等情况。

3.依法开展旅游统计工作

旅游统计法律法规、有关制度和规定的宣传教育是有效开展旅游统计工作的基础，因此旅游目的地要增强统计调查对象、从业人员，特别是各级领导干部的依法统计意识。旅游目的地的旅发局、统计局要对旅游统计工作开展经常性检查，实行常态化管理。坚决打击旅游统计中出现的各类违法违规行为，对弄虚作假、提供不真实不完整统计资料、拒报统计资料等违法违规行为，要依法严肃处理；对典型违法案件，要予以通报和公开曝光，切实维护旅游统计工作的严肃性和权威性。

4.完善旅游统计工作制度

一是要完善组织机构。旅游目的地应该根据旅游统计任务的需要设立统计机构，或者在有关机构中设置统计人员，确保工作有专人负责，并落到实处。旅游统计信息化建设、统计调查、抽样调查和重点调查所需经费，应予以切实保障。加强统计从业人员继续教育和业务培训，提升专业素质和创新能力，提高工作水平，促进旅游统计工作良性可持续发展。二是要创新统计调查手段。广泛运用大数据、云计算、物联网等先进技术，推进旅游统计调查方式和手段电子化、网络化、智能化，提高旅游统计调查联网直报、互联共享、深度利用的程度。三是要开展旅游统计研究。在推动全域旅游发展，促进旅游业与农业、工业、文化、体育、康养、研学等全面融合发展的同时，有针对性地开展旅游新业态的统计研究。鼓励通过向社会购买服务的方式,组织实施旅游统计调查。

毋庸置疑,旅游统计工作是推动旅游经济发展、形成旅游产业并提高其经济效益的一种有力手段。在旅游市场竞争日益激烈的今天,建立健全旅游统计工作,加强对旅游统计方法的研究,对解决目前旅游统计工作中存在的问题,及时了解和预测旅游目的地的旅游市场,都具有十分重要的现实意义。

案例分析一

威海旅游新篇章:智慧、文化与品牌齐飞

2023年7月,山东省文化和旅游厅下发《关于公布2023山东省旅游公共服务典型案例的通知》,威海的《系统化提升 标准化管理——打造覆盖全域千里山海自驾旅游公路》案例和《旅游信息全覆盖 文化资源大家享——深度融合提升文旅公共服务》案例入选2023山东省旅游公共服务典型案例名单。

如今,威海凭借其创新的旅游管理模式,在旅游业发展上取得了显著成效,成为全国瞩目的焦点。威海不仅用智慧和文化赋能旅游业,还通过品牌建设,将这座美丽的海滨城市推向了更广阔的舞台。

千里自驾路,串联山海美景

在威海,有一条总长1 001km的公路巧妙地串联起了威海90%以上的核心旅游资源,将威海变成了一个没有边界的大景区。沿线布局4个滑雪场、9处天然温泉、15个国家级海洋牧场、49家A级景区和80个乡村振兴样板区。规划建设东浦湾·房车驿站等23个主题驿站、猫头山等66个观景平台和音乐路、彩虹路等13处特色路段,充分挖掘沿线红色文化、民俗文化、海洋文化,串联公共文化服务设施、"非遗"旅游体验基地和红色印记等,以文化赋能全域旅游发展。

这条自驾旅游公路的建成,不仅极大地推动了威海旅游业的发展,还成了自驾游爱好者心中的天堂。无论是追求刺激的探险者,还是渴望放松的旅行者,都能在这条公路上找到属于自己的乐趣和惊喜。

智慧旅游,让旅行更自在

为了让游客在威海的旅行体验更加便捷、舒适和智能化,威海倾力打造了"自在威海"智慧旅游平台。这个平台不仅是威海旅游业数字化转型的重要成果,还是提升游客满意度、增强城市旅游竞争力的重要抓手。

"自在威海"智慧旅游平台集合了丰富的旅游信息,包括景点介绍、特色美食、住宿推荐等,让游客可以随时随地通过手机或电脑终端获取最新的旅游资讯。此外,该平台还具备强大的路线规划功能。游客可以根据自己的兴趣和时间安排,选择适合自己的旅游线路。门票预订功能也是"自在威海"智慧旅游平台的一大亮点,游客可以通过平台提前预订各大景点的门票,避免现场排队等待的烦恼。

为了满足自驾游爱好者的需求,平台还开发了"滨海旅游公路智慧系统"。这个系统不仅提供了详细的公路地图和导航服务,还实时更新交通信息,包括路况、拥堵情况等,让游客可以更加精准地规划自己的行程。此外,系统还提供了沿途的景点推荐和特色美食介绍,让游客在自驾的过程中也能充分感受到威海的魅力。

品牌建设,打造威海旅游新名片

为了让更多的人深入领略威海的独特魅力,威海精心策划并量身定制了"千里山海自在威海"这一旅游品牌。为了将这个品牌理念具象化,威海精心推出了50余条涵盖自然风光、历史文化、美食体验等多方面的精品旅游线路。这些线路设计科学,既考虑了游客的游玩时间和体力状况,又确保了游客能够深入体验威海的每一处精华。同时,为了增加游客的游玩乐趣和互动性,威海还特别挑选了100个具有代表性和特色的网红打卡点,让游客在游玩的同时,也能在社交媒体上分享自己的旅行点滴。

在品牌推广方面,威海紧跟时代潮流,积极联动抖音、快手、小红书等热门新媒体平台进行宣传推广。通过制作精美的宣传视频、发布引人入胜的旅游攻略、举办线上线下互动活动等方式,威海的旅游品牌知名度得到了大幅提升。越来越多的游客通过这些平台了解了威海的美丽风光和独特魅力,纷纷前来体验。

跨越山和大海,遇见最美威海。如今,威海已经成为一个备受瞩目的旅游目的地。无论是想感受山海之间的宁静与壮美,还是想品尝地道的海鲜美食,抑或是想体验丰富的历史文化,威海都能满足游客的需求。未来,威海将继续努力,不断提升旅游服务水平,为游客打造更加美好的旅行体验。

(参考案例来源:本案例在威海市旅游局发布的《入选全省典型案例,威海文旅这样做!》、《齐鲁晚报》发布的《开拓创新,聚焦年轻旅游市场,打造精致威海新名片》等内容的基础上进行整合。)

(1)试述旅游目的地公共管理的构成要素有哪些。

(2)结合案例,分析政府对旅游目的地旅游业发展的各方面应如何进行管理。

第三节　旅游目的地公共管理手段

旅游目的地公共
管理方法和手段

　　旅游目的地公共管理是一项庞大、复杂的系统工程,它不仅需要多方的共同参与和协作合作,还需要运用多种管理手段。从旅游目的地公共管理手段来说,具体包括规制手段、调控手段、监管手段、激励手段、协作手段、服务手段以及自律手段。

一、规制手段

规制是政府实施旅游公共管理的主要工具之一。所谓规制,理论界大致有两种观点:一种观点认为规制是产业所需要的并为其利益所设计和使用的法规(Stigler,1971),其中心思想是政府规制产生于特殊利益集团的需要,因为这些集团有强大的(政治、经济,甚至文化)势力和强烈的动机寻求政府的所谓规制来维持自身的优势;另一种观点认为政府规制是对市场失灵或缺陷的回应,是通过一定的和适当的政府行为提高资源配置效率,以增加全社会的福利(余晖,1997)。

根据旅游业的特点,旅游规制是政府利用行政性质资源和行政手段,从维护旅游者的公共利益和国家的整体利益出发,纠正或缓解市场失灵与市场缺陷带来的不经济和不公正,以维护旅游经济和旅游市场秩序的稳定,提高旅游者的福利水准。具体而言,规制手段包括出台旅游法律、政策规定、审核审批、标准认证、规划管理等。

旅游法律是国家或地方立法机构出台的旅游专门法或相关旅游法,是政府旅游管理部门依法进行旅游管理的法律基础。例如,《中华人民共和国旅游法》就是凭借法律保障旅游者和旅游经营者的合法权益,规范旅游市场秩序,保护和合理利用旅游资源,最终促进旅游业持续健康发展。

政策规定是以整个旅游活动、旅游产业、旅游企业为着眼点,出台专门性的政策规定协助旅游目的地公共管理。

审核审批是旅游管理部门基于法律、政策、规定对旅游市场实行的一种管理和监控行为,审核审批手段具体包括备案、核准、批准、年度审验四个层次。

标准认证指管理组织制定和执行行业标准和资质认证,包括 A 级旅游景区评定、A 级旅行社评定、酒店星级评定等。

同时,规划管理也十分重要。旅游业的发展有时会出现盲目跟风的现象,比如民宿旅游火热就一窝蜂地做民宿,乡村旅游火热就一窝蜂地发展乡村旅游。政府应通过规划手段,规制和引导产业的发展。

二、调控手段

调控是政府公共管理的重要内容之一,目的在于运用经济政策和手段,通过调整税收、货币、利率等方面的政策来调整旅游经济活动中的各种变量,以实现整体旅游市场的正常运行和良性发展。旅游目的地公共管理也常运用调控工具,加强对旅游市场需求的预测与管理,并以市场需求为基础对旅游业的总供给进行调控,使旅游业的供求关系在总量上和结构上保持相对平衡,以"有形之手"的优势弥补"无形之手"的缺陷,解决旅游业发展的定向、定性和定位问题。

调控手段包括财税调控、资源调控等。财税调控又可分为财政返还、财政贴息、发行公债、财政资金的导入性投入等,资源调控主要是对土地、文物、山川湖泊等公共资源的整合利用和有效配置。

三、监管手段

旅游规划的落实、旅游市场的管理、旅游资源的保护、旅游质量的保证、旅游投诉的解决、旅游行为的规范等一系列工作都需要通过旅游监管来落实。旅游监管常常通过专门稽查、联合执法等方式进行。专门稽查主要是依据旅游法规,对旅游活动的各个环节进行实时管理,是一种行之有效的管理手段。我国许多重点旅游区域都组建了旅游质量监管队伍。联合执法是指由旅游部门牵头,多部门联合执法,它是针对旅游活动的综合性进行多部门、多法种执法的一种有效途径。

四、激励手段

激励手段主要是通过奖优罚劣,对好的企业行为和优秀的从业人员进行激励,树立典型,以带动整体素质和水平的提高,这也是旅游目的地公共管理手段之一。如优秀导游人员评选活动、文明示范景区创建活动、全国百强旅行社评比、优秀旅游城市评比、优秀旅游示范区创建等,这些活动对鼓励先进、鞭策后进、整体提高都有很好的效果。

五、协作手段

旅游目的地公共管理的对象不仅包括旅游企业、旅游设施、旅游从业人员等旅游产业内部要素,还包括公共产品和服务的提供、当地居民的引导、社会环境和自然环境等外部要素。这就要求旅游管理部门必须具有很强的综合协作能力,形成"政府主导、部门联动、社会参与"的旅游发展格局。各种涉旅政府部门之间要加强分工协作,文化和旅游部牵头的"全国假日旅游部际协作会议",各地成立的"旅游业发展指导委员会""旅游工作协作领导小组"等,都是协作手段在实践中的具体体现。

六、服务手段

当前我国政府面临着从管制型向服务型转变,体现在旅游的公共管理上,就是要通过加强公共服务,引导旅游者和旅游企业行为。旅游公共服务主要包括提供公共物品、咨询服务,进行旅游营销;教育、培养所需人才,统计分析服务,提供征信服务、旅游救援服务、旅游预警服务;等等。

七、自律手段

旅游目的地公共管理工作也要依靠非政府旅游组织的作用,积极扶持、指导各种非政府旅游组织的建立和发展，并努力发挥其应有作用。通过完善行业自律机制，使各种组织成为协同政府管理的重要力量。

总的来说，旅游业的综合性决定了旅游目的地公共管理手段的多样性，坚持法制原则、公平公正原则与效率原则是旅游目的地公共管理的基本前提。

案例分析二

浙江立法严控大运河遗产区缓冲区建设项目，推动文化保护与传承

浙江，这片古老而又充满活力的土地，见证了京杭大运河的辉煌与变迁。这条始建于春秋、历经两千多年的大运河，在 2014 年 6 月 22 日被正式列入《世界遗产名录》。大运河世界文化遗产浙江段包含总长 327 千米的河道和 13 个世界遗产点，分布在 5 个设区市的 20 个县（市、区），是古人留给的灿烂文化遗产之一。

为了守护这份宝贵的文化遗产，浙江于 2020 年 9 月 21 日，在省十三届人大常委会第二十四次会议上，对《浙江省大运河世界文化遗产保护条例（草案修改稿）》进行了审议。这次立法不仅是对大运河遗产保护工作的强化，还是对其文化价值和精神内涵的尊重与传承。

根据草案修改稿，大运河遗产区被明确划分为遗产区和缓冲区。在遗产区内，任何形式的工程建设、爆破、挖掘等作业都被严格禁止，除非经过特殊审批。在缓冲区内，土地的开发利用也受到严格限制，以确保不会对遗产造成不良影响。

对于擅自进行违规建设或未按批准方案进行工程建设的行为，草案修改稿设定了严厉的处罚措施，包括责令改正、罚款，甚至吊销施工单位资质证书。同时，对于已存在的不符合保护规划的建筑项目，草案修改稿要求相关政府部门依法进行拆除、外迁或整改，并规定了相应的补偿措施。

值得一提的是，草案修改稿还强调了文化保护与传承的重要性。它鼓励依托大运河的历史街区、码头古渡等景观，开发特色旅游，推广戏曲、书法、茶叶、丝绸等特色文化。同时，还建议将青瓷等文化元素纳入特色文化，以丰富大运河的文化内涵。

为了更好地宣传大运河的文化价值，草案修改稿将每年的 6 月 22 日所在周定为"浙江大运河世界文化遗产宣传周"。这一举措旨在提高公众对大运河遗产保护的认识和参与度，共同守护这份珍贵的文化遗产。

这次立法不仅体现了浙江对大运河遗产保护的决心和力度，还展示了其对文化传承与弘扬的重视。相信在不久的将来，大运河浙江段将焕发更加璀璨的光彩。

（参考案例来源：本案例在中国新闻网发布"《浙江省大运河世界文化遗产保护条例》审议通过"和《浙江省大运河世界文化遗产保护条例》等内容的基础上进行整合。）

（1）请结合例子详细说明旅游目的地公共管理的方法和手段有哪些。

（2）结合案例分析浙江是如何利用这些公共管理的方法和手段的。

本章小结

本章介绍了旅游目的地管理的概念、基本特征、构成要素、基本原则。了解到旅游目的地公共管理的主要内容包括旅游公共产品和服务、旅游目的地公共营销、旅游目的地资源及设施管理、旅游发展规划管理、旅游服务质量管理、旅游法律法规及标准化管理、旅游信息统计管理七个方面。本章的重点在于了解和掌握旅游目的地的公共管理手段：规制手段、调控手段、监管手段、激励手段、协作手段、服务手段以及自律手段，并清楚这些手段的内涵及适合运用的场景。

复习思考题

(1)试分析旅游目的地管理的构成要素有哪些。

(2)试论述在旅游业的发展中，旅游目的地公共管理应遵循怎样的基本原则。

(3)试分析政府主导旅游业发展的优劣势。

(4)试分析旅游目的地公共管理的内容包括哪些。

(5)试论述如何规范旅游目的地的旅游规划市场，提高旅游规划的质量。

(6)试分析旅游目的地的公共管理手段有哪些，并举例说明。

习　题 ✏

获取更多更新资源，请到中国大学 MOOC 网站搜索"走进旅游目的地：理论与实务"课程进行学习。

参考文献 ✏

[1] 保继刚.将尺度观引入旅游统计工作的几点思考[J].旅游导刊,2019,3(1):1-8.

[2] 刘洋,赵彦云,张鑫钰.中国旅游统计体系的现状、问题与现代化改革[J].统计与信息论坛,2023,38(9):17-31.

[3] 魏翔,朱德良.基于公共经济学的旅游经济政府规制研究[J].经济问题探索,2005(12):109-111.

[4] 严强,王强.公共政策学[M].南京:南京大学出版社,2002.

[5] 余晖.政府与企业:从宏观管理到微观管制[M].福州:福建人民出版社,1997.

[6] 张辉.旅游经济论[M].北京:旅游教育出版社,2002.

［7］张俐俐.旅游行政管理［M］.北京:高等教育出版社,2002.

［8］STIGLER G J. The theory of economic regulation［J］. The bell journal of economics and management science，1971, 2(1)：3-22.

第九章　旅游目的地危机管理

学习目标

　　了解旅游目的地安全管理、旅游目的地危机管理的特点、影响与理论基础；熟悉旅游目的地安全事故的致因与影响因素、旅游目的地危机的定义以及进行旅游目的地危机管理的目的；掌握旅游目的地安全事故的预防与应对方法、旅游目的地危机的生命周期以及危机的应对措施。通过学习危机管理，增强学生的心理素质，提升其心理抗压能力，培养学生在危机处理中的诚信意识和责任担当。

第一节　旅游目的地安全管理

旅游目的地安全管理

一、旅游目的地安全管理概述

　　2014 年 3 月 24 日，习近平主席在荷兰海牙核安全峰会上指出，要秉持为发展求安全、以安全促发展的理念，让发展和安全两个目标有机融合。旅游安全作为旅游与安全相互交叉的研究领域，已经受到社会各界的广泛关注。《中华人民共和国旅游法》单辟一章阐述旅游安全问题，其重要性可见一斑。

（一）旅游安全、旅游安全事故的概念

　　在旅游活动中，旅游者离开居住地到达一个陌生的环境，其人身安全、财产安全等问题需要得到保障，在传统意义上，旅游安全的概念有广义和狭义之分。郑向敏（2003）在《旅游安全学》中对旅游安全做了全面的阐述。广义的旅游安全是指旅游活动中各相关主体的一切安全现象的总称，它包括旅游活动各环节的相关现象，也包括旅游活动中涉及的人、设备、环境等相关主体的安全现象；既包括旅游活动中的安全观念、意识培育、思

想建设与安全理论等，又包括旅游活动中安全的防控、保障与管理等；狭义的旅游安全是指旅游者的安全，包括旅游者在旅游过程中的人身安全、财产安全和心理安全。

旅游目的地安全指旅游者离开常住地，到达一个吸引其进行游览、观光等旅游活动的地方的人身安全、财产安全和心理安全。旅游安全是旅游业的生命线，是旅游业发展的基础和保障，也是旅游目的地旅游发展的基本要素。重视旅游目的地安全问题，避免旅游安全问题的出现对正常开展旅游活动和传播旅游目的地的声誉具有重要意义。

旅游安全事故有广义与狭义两种概念。广义的旅游安全事故既包括造成较大人身伤害与财产损失的旅游突发事件，又包括达不到突发事件级别标准的一般性旅游安全事件，例如旅游业务安全事件（如消费纠纷、航班延误）以及一般性意外事件（如意外摔伤扭伤、感冒发烧等）。狭义的旅游安全事故专指导致较大程度人身伤亡与财产损失的安全事故，也有研究称其为旅游突发事件（刘逸，李源，纪捷韩，2022）。

（二）旅游目的地安全的特点

旅游目的地安全的显著特点表现在以下四个方面。

1. 严重性

严重性表现在，第一，旅游安全问题造成的危害和破坏巨大，涉及个人、集体甚至国家的利益；第二，旅游安全问题会对旅游者造成严重影响，进而影响旅游者对旅游目的地的安全认知及其旅游决策。

2. 隐蔽性

旅游活动中的安全问题本身的敏感性和所带来的负面影响往往易被旅游目的地管理者所掩盖。各旅游目的地面对媒体或广大公众对其安全事件的询问常常避而不谈，安全管理制度不完善，因疏于管理导致旅游安全事故愈演愈烈。

3. 复杂性

旅游活动是一种开放性的活动，旅游目的地为开放性活动提供各种产品和服务，涉及巨大的人流量、复杂的人员构成和多个安全管理内容与复杂的安全管理环节。因此，旅游安全工作表现出极大的复杂性，除防火、防食物中毒外，更要防盗、防暴力、防各种自然灾害及人为灾害等。

4. 突发性

发生在旅游活动中的各种安全问题，往往带有突发性。例如，旅游活动中的许多安全问题都是在极短的时间内，在毫无防备的状况下发生的，旅游活动中的自然灾害也具有突发性。因此，这就要求各旅游管理部门、旅游企业、旅游从业人员平时要有处理各种突发事件的准备。

（三）旅游安全事故表现形态

旅游目的地安全事故按事件性质可分为安全事件（Safe Event）和安保事件（Security Event）（见表9-1）。安全事件是指使旅游者受到意外伤害的非预谋类事件，这类安全事件可能由自然灾害、基础设施问题、旅游目的地环境、游客的行为和活动所造成。例如，安全事件的发生可能包括洪水、火灾、传染疾病、食物中毒、交通事故，以及与游客活动相关的安全事故，如意外滑倒、坠落、割伤和烧伤、财产损失等。安保事件主要指由于他人的故意行为使旅游者遭受损害的事件，如战争。

表 9-1　旅游目的地安全事故不同表现形态（张朝枝，郑艳芬，2014）

类别	亚类	表现形态
安全事件	自然灾害事件	如地震、洪水和火山爆发等
	与旅游目的地管理相关的事件	基础设施的问题（如恶劣的卫生条件）、旅游设施的安全标准（如火灾、建筑误差）、交通事故、健康问题（如军团病）等
	与自然相关的事件	如台风、洪水、极端温度等
	与旅游者相关的事件	极限体育运动、不遵守规定、身体状况欠佳、不熟悉任务或环境等
安保事件	犯罪	如抢劫、绑架等
	恐怖主义	如世界贸易中心的"9·11"恐怖袭击事件等
	战争	如海湾战争等
	内乱/政治动乱	如美国 20 世纪 60 年代的民权运动

二、旅游目的地安全事故预防

旅游安全事故对旅游目的地形象和服务质量都有深刻影响，因此旅游目的地要防患于未然，做好安全预防工作，给旅游者提供安全的旅游环境，促进当地旅游业的发展。

（一）旅游目的地安全预防内容

预防作为安全管理最重要的工作，具体包括以下几个方面。

1.完善旅游安全法律法规体系

安全的预防需要法律法规保障，在充分尊重现有法律前提下，制定必要的安全预防管理规则是旅游目的地安全管理的关键，这些规则应该既包括预防内容、标准与程序，又包括监督与管理标准、程序。

2.建立完善的旅游安全教育体系

建立完善的旅游安全教育体系，对旅游者、旅游从业人员、社区居民以及旅游行政管理部门的旅游安全教育内容与方式都应该进行相应的规定。

3.建立完善的预防机制

旅游安全超越传统的安全管理范畴，需要建立旅游目的地多部门联动的安全预防机制，保障安全工作长期运行和及时运行。

(二)旅游目的地安全预防措施

为了做好旅游目的地安全预防工作,可以从以下几个方面做起。

1.加强各部门合作

安全管理应当注重整体作用,充分发挥各相关部门的作用。由旅游管理部门牵头,相关政府部门出面,联合公安、交通、通信、消防、卫生等各个部门,建立旅游安全整体联动系统。加强对旅游目的地的旅行社、旅游饭店、旅游车船公司及旅游景区景点、旅游购物商店、旅游娱乐场所和其他旅游企业的安全管理。

2.落实预警措施

旅游行政管理部门可以通过以下措施提高对旅游安全的预警。一是建立健全的应急预案和指挥系统,定期组织应急演练,提高应急响应能力。在各主要交通枢纽和旅游集散地设置显著的安全提示和应急信息发布系统。二是通过电视、广播、报纸等传统媒体,以及公共场所的公告栏和电子屏幕向旅游者提供及时、准确的安全信息和预警通知。三是设立 24 小时的旅游安全服务热线,方便旅游者获取最新的安全信息和求助。同时,政府应积极开展安全宣传教育,提高旅游者的安全意识和自我保护能力。

3.引进先进设备

旅游目的地可以通过智能技术提升旅游安全管理,具体措施包括:利用大数据和人工智能进行旅游者流量预测和风险评估;布署智能监控系统,无人机实时监测旅游目的地的安全情况,及时发现和处理突发事件;开发多语言的旅游安全 App,提供实时预警、导航和紧急求助功能;加强旅游安全管理系统与城市其他智能管理系统的联动,确保在紧急情况下能够迅速调度资源。

4.提高从业人员素质

旅游目的地的旅游工作人员在旅游活动中扮演着关键的安全保障角色。他们是活动的主要管理者和服务提供者,必须能够有效干预和处理各种突发事件。通过培训可以显著提高从业人员的安全意识和应对能力,从而降低意外事件的发生率。

三、旅游目的地安全事故应对

旅游目的地安全管理预防可以在宏观上起到减少或避免安全事故发生的作用,但是当旅游安全事故不幸发生时,要采取适当的方案去积极应对。

(一)旅游目的地安全事故处理

1.旅游目的地安全事故处理原则

在旅游安全事故的善后处理工作中,应恪守保护旅游者的基本权利和利益为第一位的原则,在具体工作中,要遵循以下基本原则。

1)迅速处理原则

旅游安全事故发生后,报告单位应在简单了解事故后第一时间派人赶赴现场组织抢救工作,同时注意事故现场的保护,并及时将旅游安全事故有关情况报告当地相关管理部门。

2)属地处理原则

旅游安全事故发生后,原则上由事故发生地政府协调有关部门与事故责任方及其主管部门负责,必要时也可成立事故处理领导小组。

3)妥善处理善后原则

旅游安全事故发生后,要妥善处理善后事宜。采取积极的态度去处理,避免事故造成的损失进一步扩大。

2.旅游目的地安全处理一般程序

1)立即报告

旅游安全事故发生后,有关单位和人员应立即向属地政府和当地旅游行政管理部门报告。当地旅游行政管理部门接到一般、重大、特大事故报告后,要及时上报国家旅游行政管理部门。

2)保护现场

一旦发生旅游安全事故,现场有关人员一定要配合公安机关或其他有关部门,严格保护事故发生的现场。

3)协同有关部门进行抢救侦查

当旅游安全事故发生后,地方行政管理部门和有关单位与人员要积极配合公安、交通、救护等方面查清事故原因,组织对旅游者进行紧急救援并采取有效措施妥善处理善后事宜。

4)有关单位负责人应及时赶赴现场处理

旅游安全事故发生后,有关单位和当地旅游行政管理部门负责人应及时赶赴现场,组织指挥,并及时采取适当的处理措施。

(二)旅游目的地安全事故的应对流程

考虑到旅游安全事故特点,旅游目的地需要制订一个完善的应急处理流程,在面对突发旅游安全事故时,可以做到临危不惧。旅游目的地安全事故处理流程见图 9-1。

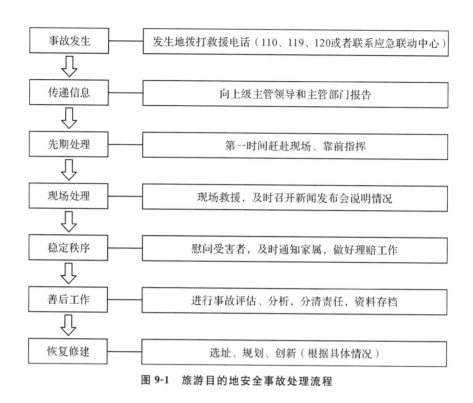

图9-1 旅游目的地安全事故处理流程

案例分析一

赴泰中国游客锐减，系列安全事件重创旅游信心

泰国2018年发生的一系列旅游安全事件对中国游客赴泰旅游的意愿产生影响。来自泰国旅游业界的消息称，自2018年7月以来，抵泰的中国游客明显减少，中国"十一"黄金周期间来泰旅游的中国游客团也呈下降趋势。

普吉府旅游协会表示，自2018年7月发生游船沉没事故后，中国游客对普吉旅游安全方面的信心大打折扣，目前赴普吉的中国旅游团较平时已经锐减50%。当下亟须采取措施重塑中国游客的信心。

2018年上半年，前往泰国旅游的中国游客同比增长超过两成。然而，2018年7月5日的普吉岛游船翻沉事故，造成47名中国游客遇难，震惊了中泰两国。这一悲剧尚未平息，9月20日，一名28岁的中国女游客在泰国南部宋卡府象牙瀑布景区遇难。更糟糕的是，同月27日晚，曼谷廊曼机场发生一名中国游客被机场保安殴打的事件，再次引发了游客对泰国旅游安全环境的质疑。

旅游业是泰国的支柱产业，中国又是泰国最大的旅游客源国。2017年，泰国接待了超过980万中国游客，为该国带来了超过5 200亿泰铢的收入。泰国旅游和体育部部长威拉萨承认，这些事件严重影响了泰国旅游形象，中国游客对赴泰旅游的安全性产生了广泛质疑。

为了重振泰国旅游形象并恢复中国游客的信心,泰国相关部门已在曼谷素万那普、廊曼、清迈、普吉、合艾等五大国际机场为中国游客设立了入境特别通道。新任泰国移民局局长素拉切下令,移民局工作人员在检查护照时不得收取小费,违者将受到严厉处罚。

泰国旅游业协会呼吁政府实施"一次签证可入境泰国两次"的特殊签证措施。威拉萨表示,尽管这会影响签证收入,并且需要经过外交部的相关程序,但政府将会进一步讨论和评估这个提议。他还透露,政府将召集与旅游业发展相关的各部门开会,商讨如何恢复中国游客的信心等问题。其中,为中国游客建立安全和旅游便利的标准措施被认为是首要任务,以确保各机构采取统一标准,并加大中国游客在泰旅游的安全保护力度。

(案例参考:本案例在中国新闻网发布的《系列安全事件重创旅游信心,赴泰中国游客锐减》等内容的基础上进行整合。)

结合案例讨论旅游安全的特点及如何处理旅游目的地安全事故。

第二节　旅游目的地危机

一、旅游目的地危机概述

(一)基本概念

危机通常指的是那些事关组织或个人生死存亡的突发性事件。世界旅游组织把旅游危机阐述为影响旅行者对一个旅游目的地的信心并扰乱正常经营的非预期性事件,亚太旅游协会把旅游危机定义为具有完全破坏旅游业的潜能的自然或人为的灾难。

综上,可以将旅游目的地危机定义为可能威胁旅游目的地正常运营和旅游目的地社区正常生活,使旅游目的地旅游经济出现一定幅度波动震荡,使旅游者对旅游目的地的信心产生消极影响,给旅游者的身心健康带来实际或潜在影响的突发性自然或人为事件(张朝枝,陈钢华,2020)。

(二)旅游目的地危机的特点

相较于一般危机而言,旅游目的地危机具有以下几个方面特点。

1.敏感性

旅游业高度依赖于人口流动和旅游目的地安全状况,凡是可能对人员流动及人员安全产生影响的任何事件,都可能形成旅游目的地危机,因此旅游目的地危机具有非常高的敏感性。

2.脆弱性

旅游是人类更高层次的需求，短时的旅行限制并不直接影响人类的生存发展。当危机事件发生时，人们最先禁止或放弃的往往是旅游行为，因此旅游目的地在危机面前的脆弱性特征明显。

3.强韧性

旅游业往往是一个韧性非常强的行业，也是在危机事件结束后能最快恢复起来，甚至出现报复性增长的行业之一，故旅游目的地在危机面前具有非常强的韧性。

（三）旅游目的地危机的分类

从危机的形成和影响角度来看，旅游目的地危机可以依据不同的划分标准进行分类（见表9-2）。

表 9-2　旅游目的地危机分类

划分维度	划分标准	旅游危机类型
危机形成	形成原因	自然危机、技术或人为危机、健康危机、冲突性事件危机
	产生起源	外生危机、内生危机、关联性危机
危机影响	演化速度	龙卷风型危机、腹泻型危机、长投影型危机、文火型危机
	市场表现	周期性危机、常规性危机、突发性危机、经营性危机
	持续时间	一次性危机、反复性危机、持续性危机
	影响范围	旅游目的地尺度危机、区域尺度危机、国家尺度危机、国际尺度危机

1.按旅游目的地危机形成维度分类

按照危机形成的原因可以将旅游目的地危机划分为自然危机、技术或人为危机、健康危机、冲突性事件危机。自然危机多指自然灾难，包括气候性灾难和地理灾难，如龙卷风、洪水、地震、海啸等；技术或人为危机包括与交通运输相关的危机、生物性危机、化学事故和有害物质泄漏等；健康危机可分为传染性疾病、流行性疾病、地方性疾病等；冲突性事件危机以冲突性事件为导火索，如犯罪、暴乱等（张朝枝，郑彦芬，2014）。

按照危机产生起源进行划分，旅游目的地危机可以分为外生危机、内生危机和关联性危机。外生危机是指由超出旅游组织控制能力范围的各种因素所导致的危机，危机来源主要包括自然灾害、社会灾害、意外事故、竞争因素等；内生危机是相对于外部危机而言的，主要指旅游组织日常经营中由经营管理不当、财务管理不当等主观因素导致的危机；关联性危机是内外危机相互波及所涉及的危害性事件或状态（李峰，2010）。

2.按旅游目的地危机影响维度分类

按照危机演化速度，旅游目的地危机可划分为四种类型：一是龙卷风型危机，这类危机来得快去得也快，如空难、车祸等；二是腹泻型危机，这类危机酝酿时间长，但爆发后结束得快,如军事政变、朝圣踩踏等;三是长投影型危机,这类危机爆发突然、后续影响深远、长时间不能平息,如新冠疫情等;四是文火型危机,这类危机事件在爆发前会经历一个酝酿的过程,爆发后也需要较长的时间才能逐渐化解。

按照危机的市场表现划分,旅游目的地危机主要存在四种类型:周期性危机、常规性危机、突发性危机和经营性危机。对于周期性危机、常规性危机和经营性危机而言,由于它们可预知和可控的成分较多,因此对这些危机进行危机预警和危机管理时,常规性的行动较多。对于突发性危机来说,由于危机发生的时间、地点、强度和形势难以预料,因此对决策的紧迫性和应对行动的科学性要求更高。

按照危机的持续时间进行划分,可分为一次性危机、反复性危机和持续性危机三种(谷惠敏,2007)。

按照危机的影响范围,依据旅游目的地危机所能波及的空间、尺度、层次,可将旅游目的地危机划分为旅游目的地尺度危机、区域尺度危机、国家尺度危机和国际尺度危机(邹统钎,王欣等,2012)。

二、旅游目的地危机的生命周期

旅游目的地危机作为一种行业危机,其发展演化的生命周期可以大致划分为五个阶段(张朝枝,陈钢华,2020)。

1.潜伏期

旅游目的地危机的潜伏期也被称为警告期,是旅游目的地危机的酝酿与形成时期,即从第一个前兆出现到造成可感知的损失的阶段。潜伏期征兆通常不明显,隐蔽不易被发觉,但这个阶段有时会出现前期警告信号,如能及时监测和发现危机征兆,并及时采取行动,就能有效避免旅游目的地危机的发生,极大地控制旅游目的地因危机造成的损失。

2.爆发期

旅游目的地危机的爆发期是指危机由隐性转变为显性,并快速扩散,对旅游业和旅游目的地产生危害的时期。当危机潜伏到一定阶段、危害性孕育到一定程度时,危机便会爆发。危机爆发猛烈,会在极短的时间内给旅游组织和个人带来大规模的破坏。

3.持续引进期

旅游目的地危机的持续引进期是指危机仍在发展或危机仍在恶化,但其引进的速度已经放慢,危害程度逐渐达到顶峰。这一阶段与爆发期相比,危机的危害程度继续加深,范围不断扩大,涉及面越来越对旅游组织的生存能力造成直接威胁,对旅游系统形成全面打击。

4.消解减缓期

旅游目的地危机的消解减缓时期是指危机的危害程度从顶峰转而下降,矛盾和冲突不断减少,影响范围不断缩小,危机形势逐渐趋缓并得以有效控制,旅游系统开始全面恢复的时期。

5.消除复苏期

旅游目的地危机的消除复苏期是指引起危机的因素已经不存在,旅游系统经过全面恢复进入原有或正常状态的时期。

三、旅游目的地危机的影响

旅游目的地危机的影响是指危机事件对旅游目的地的各类旅游利益相关者造成的各种后果。旅游目的地危机的影响是多方面的,主要包括以下几个方面。

1.旅游目的地危机对旅游者的影响

旅游者是旅游活动的主体,对旅游目的地危机的反应最为敏感。旅游目的地危机可使旅游者受到身心伤害或者遭受财产的损失,同时也会影响旅游者对旅游目的地的旅游信心和旅游需求,导致旅游者改变旅游行为,如旅游者停滞或推迟旅游活动,寻求替代性旅游等。但这种影响具有短期性和可逆性,在危机结束后旅游目的地会得到较快恢复,甚至会出现新的旅游机遇。

2.旅游目的地危机对旅游企业的影响

旅游企业是旅游产品和旅游服务的提供者,当旅游需求在危机中受到影响,供给方也会在一定程度上受到影响,如企业资金链断裂、旅游资源遭受破坏等,旅游企业会面临较大的经营困难,甚至破产。

3.旅游目的地危机对旅游产业的影响

受旅游产业的关联性影响,旅游目的地危机不仅会直接造成旅游市场需求严重下滑,还会波及整个旅游产业链的各个环节,影响相关产业的经济效益和社会效益,从而影响旅游产业在一个时期内的持续稳定和健康发展。

4.旅游目的地危机对旅游目的地管理组织的影响

旅游目的地危机对旅游目的地管理组织的影响往往间接发生。旅游目的地发生危机事件会使旅游目的地形象声誉受到影响,导致旅游吸引力和旅游人数下降,竞争力削弱,在一定程度上影响经济、社会、生活等方面(徐虹,路科,2015)。

第三节　旅游目的地危机管理

一、旅游目的地危机管理概述

(一)基本概念

旅游目的地危机管理是旅游目的地的政府部门、旅游企业、旅游从业人员、旅游者等多个行为主体为避免和减轻危机事件给旅游业带来的严重威胁和重大损失,恢复旅游经营环境和消费信心,通过对旅游开发经营过程中可能产生的风险因素采取监测、预警、控制、预防、应急处理、评估、恢复等措施,进行沟通、宣传、安全保障和市场研究等多个方面的工作,使旅游业得以持续健康稳定发展的科学管理方法和决策行为(张朝枝,陈钢华,2020)。

(二)旅游目的地危机管理的特征

旅游业具有鲜明的行业特征,旅游目的地危机自身也有鲜明的个性,结合旅游危机管理系统,旅游目的地危机管理的特征如下。

1.旅游目的地危机管理的目的具有预防性

旅游目的地危机管理强调预防危机的发生。通过有效的风险评估、监测系统和预警机制,可以识别潜在的危机因素和先兆信号,及时采取预防措施,最大限度地减降低危机产生的可能性。产生危机的原因或危机的表现形式多种多样,但每种危机的发生总有内在或外在的诱发因素,危机发生前后表现出或强或弱的先兆信号,对诱发因素和先兆信号的监管就可以预防危机的发生或减少危机造成的影响。引发的旅游危机在一定程度上说是可以预防的,其关键在于危机管理的体制及机制的保障。另外,危机的预防还取决于预防的程度、预防的成本及预防技术的先进性等因素。有一个先进的危机预防理念,有一套完备的危机管理法治体制,有一个综合的、高效运转的危机管理体制,可以有效地做好危机事件的预防工作。

2.旅游目的地危机管理行动具有应急性

危机事件具有突然爆发、状态紧急的特征,危机管理行动越及时,可能越有利于危机的控制。这就使得旅游危机管理必须应急处置,而且处置时间极其有限。因此,旅游目的地危机行动具有应急性意味着旅游管理部门在发生危机事件以后必须在最短的时间内做出较优的决策,要承担决策事务可能带来的巨大风险,决策者在决策过程中要承受巨大的心理压力,同时危机事件发生以后的处理程序也必须紧张而有序。

3.旅游目的地危机管理具有综合性

旅游业是吃、住、行、游、购、娱等六大要素构成的综合性产业,旅游目的地危机也表现为一个综合的的多面体。从其发展阶段来看,有先兆阶段、爆发阶段、持续阶段和消亡阶段。一项危机事件常常会引发或衍生另外一项甚至多项危机事件,因此纵向来看,旅游危机事件是一条线,横向来看,危机事件是一条链,这就决定了旅游危机管理具有综合性特点。

4.旅游目的地危机管理主体具有多元性

旅游目的地危机管理涉及多方参与,包括地方政府、旅游业者、社区组织、媒体、游客及其他利益相关者。这些参与者在危机发生时需要共同努力,协调行动,减轻危机带来的负面影响。此外,旅游目的地危机管理对象的综合性和主体的多元性要求旅游危机管理必须有一个综合协调的机构,由该机构来协调相关危机管理部门的关系,并统一领导对危机事件的应急处理工作。

(三)旅游目的地危机管理的目的

(1)尽可能地防止和规避危机,最大限度地减少危机带来的损害,危机难以预料,破坏力大,有效地对危机进行监测评估,对可以避免的危机能起到良好的预警作用,对已经发生的危机,则应及时进行应急处理,减少可能的损害。

(2)维持正常旅游秩序,恢复经营环境和消费信心,对可能到来的危机做好预案。当危机发生后,能以最快的速度处理,恢复市场秩序,稳定消费者情绪。

(3)保障旅游者的正常旅游活动和利益,促进旅游目的地和谐健康发展。旅游目的地危机管理的关键在于减轻危机带来的负面影响,从而保护组织和人们免受损害,避免旅游目的地的平衡遭到破坏(杨宏伟,党春艳,王瑾,2015)。

(4)保持旅游目的地的可持续发展。任何一种旅游目的地危机管理都是追求最大限度地降低危机所造成的有形和无形损失,旅游目的地危机管理者追求的是旅游安全、旅游秩序、旅游稳定和旅游者的利益,促进旅游目的地可持续发展。

二、旅游目的地危机管理理论基础

(一)混沌理论

混沌理论是系统从有序突然转变为无序的一种演化理论,是对确定性系统中出现的内在"随机过程"形成的途径、机制的研讨。非线性现象是自然界和社会领域都普遍存在的一种现象,在自然、社会、经济、文化等高度综合化的旅游业内外,各种非线性现象经交叉、混合、冲突、叠加等变得更加突出和复杂。旅游目的地危机事件也具有明显的非线性特征,着重探讨非线性系统随时间而变化发展的过程,揭示这种变化的不确定性、不稳定性、不可预测性和复杂性,为旅游业的非线性现象提供了一个认识和解决问题的途径。

混沌理论的核心概念有"蝴蝶效应"和"面包师效应",可以很好地解释旅游业的高度敏感性及连锁反应与危机的联系,探索旅游目的地危机影响的机理。所谓"蝴蝶效应",假设初始条件的细微变化将导致终端事件的动态大变革,初始的一个小错误,通过加强相互反馈的正向过程,将来可能产生一个巨大的错误。旅游系统主要在地理空间、时间空间、产业链空间这三个维度空间内运行,旅游资源、旅游季节、旅游服务三个稳定吸引子共同支配旅游客流在旅游系统中的稳定流动。但这种稳定只是相对稳定,旅游系统的三维空间内部存在不稳定的特性,主要表现为旅游活动的空间异地性、季节性、综合性等,这也为危机的发生和蔓延埋下了不稳定的种子。这些不稳定特性除了导致旅游系统不断出现一般性波动现象外,还可能在外力的作用下导致大规模的起伏波动,进而导致旅游活动呈现某些显著的混乱现象,这时旅游目的地危机就出现了(李峰,2010)。

(二)风险感知理论

风险感知是指个体对外界存在的各种客观风险的感受和认识,并强调个体因直观判断和主观感受获得的经验对认知的影响。在面对突发危机事件时,无论是个人还是组织都存在非理性行为,会严重影响风险应对的有效性。风险感知理论通过对人们在面对突发事件时的风险感知与行为反应进行分析指导,对突发事件的管理策略构建和危机沟通,为旅游目的地突发事件下的系列管理问题提供理论依据。

风险感知经过具有社会放大效应的多种放大机制后通常会导致不良的后果,致使影响超过灾害本身的直接影响,不同的旅游者对危机的判断不同,因此风险感知理论侧重于对感知过程中不同维度的测量。风险感知理论利用心理范式,建立灾害分类体系,可以了解和预测旅游目的地利益相关者面对风险时的反应,定量地判断多种不同灾害的当前风险、期望风险和风险的调节期望水平。

(三)社会角色理论

社会角色是指简单社会关系两端位置上的由社会需要所规定的个人行为模式(丁水木,张绪山,1992),是与社会地位、身份相一致的行为规范(白以娟,2008),包含角色权利、角色义务、角色冲突等角色内涵。角色权利是角色扮演者应有的权利和权益。角色义务指每一种社会角色在享受一定权利和权益的同时需要承担一定的社会责任。角色冲突指角色扮演者在角色扮演情境中在心理或行为上的不适应、不协调的状态,主要有角色间冲突和角色内冲突。旅游目的地危机管理中涉及旅游危机的相关行为主体,只有了解旅游危机不同阶段主要行为主体的角色定位和角色冲突,才能保证危机管理机制持续高效运行。在旅游目的地危机管理中,政府、旅游经营者、旅游组织、旅游目的地公众为主体,旅游者和社会公众为客体,媒体为第三方,各社会角色应基于旅游目的地危机管理行为主体的角色定位、角色冲突为旅游目的地危机管理机制的确定提供依据。

三、旅游目的地危机应对措施

(一)"7R"模型

危机的发生有着一定的阶段性,危机管理需要分阶段、分步骤地进行(李峰,2010)。借鉴不同学者的危机管理模式,结合旅游目的地危机管理自身特征,提出建立了"7R"模型,即侦测(Reconnoitre)、缩减(Reduction)、预备(Readiness)、反应(Response)、恢复(Recovery)、重振(Rejuvenation)、提升(Raise),见图9-2。相对于传统的旅游目的地危机管理模式来说,"7R"模型将危机管理融入日常的旅游管理中,强调在旅游目的地危机中寻找发展和提升的机会,体现了旅游目的地危机管理的连续性和循环性。

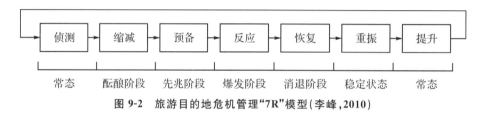

图 9-2　旅游目的地危机管理"7R"模型(李峰,2010)

(1)侦测:收集、分析和传播信息是危机管理的首要任务和直接任务。旅游目的地危机管理是从危机信息的侦测开始的,信息管理贯穿整个危机管理的全过程。

(2)缩减:管理的重点和目的是增强危机意识、化解危机根源,尽量避免危机因素的生成和危机的形成。

(3)预备:当危机已经形成时,应做好应对准备,成立危机管理小组,选取危机应急预案,加强信息沟通,强调纪律,明确责任和权利,保障危机应对工作的效率。

(4)反应:做好危机救援和危机沟通管理工作,依据管理过程中的信息反馈,灵活执行危机应急预案。

(5)恢复:阻止危机的蔓延和遏制危机的发展,评估旅游目的地危机的影响和发展趋势,采取合理措施恢复旅游业,实现旅游目的地的旅游业务正常化。

(6)重振:旅游目的地旅游形象和旅游服务设施会受危机的影响,因此应着重开展旅游形象的修复工作,振兴旅游目的地的旅游业。

(7)提升:做好日常管理和危机管理的反思与总结工作,从危机中寻求机遇,促进旅游业发展水平的提升。

以"7R"模型为基础,处理危机的应对措施要根据不同阶段的特点采取不同的策略,具体应对措施应集中在七个方面:一是迅速反应,把握危机的最佳应对时机;二是查找危机根源,果断做出危机决策;三是实施危机隔离与救助;四是积极面对公众,争取外界援助;五是发挥政府职能,寻求权威支持;六是加强信息沟通,统一信息口径;七是收集舆论动态,及时调整应对策略(李雪松,2017)。

（二）危机营销

旅游目的地危机若处理得当也能成为旅游目的地发展的机遇，通过有效的动态营销及管理，旅游目的地可以将危机转化为发展的催化剂，重新取得危机前的地位，甚至可以获得进一步提升。旅游目的地危机营销是指旅游营销主体，如政府、旅游企业等，面对可能发生或已经发生的危机，采取特殊的营销措施，最大限度地减少危机带来的损失和负面影响。

从旅游目的地政府视角出发，旅游目的地政府在危机营销中的策略有以下五点。

（1）在不同发展阶段，旅游目的地危机的影响范围、危害程度和公众反应在都有所不同，因此在旅游目的地危机生命周期的不同阶段，旅游目的地政府应制定和实施有针对性的旅游目的地危机营销策略，并根据各策略的重要程度合理分配营销资源。

（2）市场调研和分析预测、公共关系营销、整合营销和绿色营销是旅游目的地政府在危机各阶段都应重视的策略。市场调研和分析预测是制定其他营销策略的前提；公共关系营销是为了获取有利的公众舆论，建立良好的公众形象；整合营销是指通过对各种营销手段和因素的系统化结合，提高旅游目的地政府危机营销的效果；绿色营销是以保护环境为主要思想，力求满足绿色消费需求的营销观念。

（3）在旅游目的地危机潜伏期，旅游目的地政府的危机营销策略应包括以法律形式规范旅游目的地政府的危机营销、危机营销战略资源库的准备、危机预警、营销信息化等。

（4）在旅游目的地危机爆发期，旅游目的地政府的危机营销策略还应包括特殊情况下考虑适当程度的反营销，采用概念营销引导旅游者行为，针对危机爆发期实施新的营销组合。反营销是指利用某种营销技术劝导人们不要购买某种产品或做某件特殊的事情；概念营销能降低危机过渡期的损失，提高旅游者消费信心，力推安全、健康的旅游新概念，确立旅游目的地优势。针对危机爆发期旅游市场和营销环境的变化，实施新的旅游营销组合措施，如加强产品设计、定向折价促销、培养营销渠道等。

（5）在旅游目的地恢复期，旅游目的地政府的危机营销策略应包括：创造良好的营销外部环境；重塑旅游目的地形象，坚持旅游品牌营销；邀请媒体、旅行商、相关权威机构等对旅游目的地进行考察；针对恢复期实施新营销组合。

（三）媒体管理

媒体主要指大众传媒，如广播、电视、报刊等。媒体是旅游目的地与旅游者之间的传递媒介，直接影响旅游者对旅游目的地的印象，潜在旅游者的出行决策也受媒体的影响而发生变化。因此在旅游目的地危机的应对措施中，媒体管理对恢复旅游目的地的旅游形象十分重要。

1.注重自媒体社交,形成口碑效应

自媒体时代信息传播的速度十分迅速,通过自媒体实现的人际传播也十分便捷。社交形成的信息传播范围有限,但可信度高、宣传费用低、针对性强,对潜在旅游者的想法具有重要影响,在很大程度上决定了潜在旅游者的旅游行为。旅游目的地发生危机后,潜在旅游者会受到负面信息的影响,旅游目的地甚至整个旅游业也会受到影响。这时,政府旅游管理部门和旅游企业需要真诚地处理危机,安抚旅游者,完善服务设施,通过自媒体形成口碑效应。

2.用品牌重塑形象,借传播打造形象

树立旅游目的地形象,重塑品牌。旅游目的地在遭受危机事件后,其自身形象必然受损,而具有突出特色和针对性的品牌可以增强旅游者的消费信心,恢复旅游目的地旅游形象。对旅游目的地旅游产品及旅游文化进行挖掘和包装,可以恢复甚至创新旅游目的地形象。

3.多种媒体资源综合运用,全方位传播

旅游业可以采取多种信息传递方式,运用多种媒体资源,全方位塑造旅游目的地形象,如影视旅游传播、名人效应传播、互联网传播等。影视旅游传播是通过影视形象将地区旅游符号融入影视作品中,达到营销旅游产品的目的;名人效应传播就是旅游目的地利用大众对名人的崇拜、模仿心理,聘请知名度高的名人代言旅游产品,以提高知名度;互联网传播是利用其高速、高效的特点,加强与大众媒体的沟通合作,及时公布危机处理情况,有效防止负面危机信息的网络传播,将旅游目的地危机给旅游业造成的损失降到最低。

案例分析二

青岛天价虾舆情危机

2015年10月,肖先生一家在山东省青岛市乐陵路的一家名为"善德活海鲜烧烤家常菜"的饭店就餐。因为听过宰客类似的传闻,所以肖先生特意在点菜时询问了海捕大虾多少钱一份,得到了店家回复38元一份后,肖先生点了一盘虾,还点其他家常菜。随后,来自南京的朱先生也来到饭店就餐,点了海捕大虾、蛤蜊等菜品。

价格看起来的确比较实惠,但游客买单时却不是如此!

肖先生一家本以为这顿饭最多几百块钱,但当他们看到账单后大吃一惊。肖先生事先询问了大虾的价格,他马上向老板提出了质疑,指出之前已经确认了虾是38元一份,但老板却按照每只38元的价格计算,导致一盘虾要价1 520元。朱先生听到后也加入了争论,因为他的菜品也是按个卖的。在争论过程中,老板又说出了其他菜品的价格,蛤蜊在这里也是按个卖的,扇贝也是按个卖的。

肖先生和朱先生拒绝结账后,饭店老板持棍子威胁,最终他们报了警。警察介入后

未能解决纠纷,老板仍坚持要求支付高额餐费。最终,在调解下,饭店老板让步,肖先生支付 800 元,朱先生支付 2 000 元。事后,他们投诉并在网上公布经历,引发舆论关注,尤其是关于 38 元一只虾的事件。

得知此事后,青岛市物价局和旅游部门对事件展开调查,这家店的老板受到了处罚。2015 年 10 月 6 日,该饭店因误导消费被处以 9 万元罚款,尽管菜品价格明码标价,但并不规范。青岛市物价局也向肖先生和朱先生的家人道歉,并勒令饭店老板退还多收的钱。虽然事情已圆满解决,但对青岛的旅游行业影响很大,肖先生和朱先生所消费的饭店无人光顾,周边饭店生意也受到了影响。

(参考案例来源:本案例在凤凰网发布的《青岛"天价大虾"事件追踪,大排档责令停业被罚款 9 万》和人民网发布的《人民网评:"好客山东"输给青岛一只虾的警示》等内容的基础上进行整合。)

(1)结合案例分析青岛作为旅游目的地危机发生期间声誉受损的原因。

(2)谈谈在旅游业中,商家应如何避免误导消费者,以及提供诚信服务。

本章小结

本章首先介绍了旅游目的地安全管理概述,对旅游安全、旅游安全事故的概念、旅游目的地安全特点、旅游目的地安全预防和安全事故应对进行了阐述。其次介绍了旅游目的地危机的特点、分类、生命周期等内容进行了介绍。最后重点介绍了旅游目的地危机管理的基本特征、目的,让我们更深刻地认识到旅游目的地危机管理应遵循旅游目的地危机的生命周期,采用"7R"模型、危机营销、媒体管理等措施来应对危机。

复习思考题

(1)旅游目的地安全的表现形式有哪些? 有哪些影响因素?

(2)如何进行旅游目的地的安全预防与安全应对?

(3)什么是旅游目的地危机? 旅游目的地危机有哪些特点?

(4)举例说明旅游目的地危机的类型与影响。

(5)针对各种类型的旅游目的地危机各搜集一个案例,分析其演变发展规律。

习 题

获取更多更新资源,请到中国大学 MOOC 网站搜索"走进旅游目的地:理论与实务"课程进行学习。

参考文献

[1] 白以娟.旅游者角色的社会学阐释[J].商场现代化,2008(30):386-387.

[2] 丁水木,张绪山.社会角色论[M].上海:上海社会科学院出版社,1992.

[3] 谷慧敏.旅游危机管理研究[M].天津:南开大学出版社,2007.

[4] 李峰.目的地旅游危机管理:机制、评估与控制[M].北京:中国经济出版社,2010.

[5] 李雪松.旅游目的地管理[M].北京:中国旅游出版社,2017.

[6] 刘逸,李源,纪捷韩.地理学视角下旅游安全事故成因研究:以我国居民赴泰旅游为例[J].世界地理研究,2022,31(2):236-248.

[7] 罗佳明.旅游管理导论[M].上海:复旦大学出版社,2010.

[8] 罗景峰.旅游安全事故致因模型研究[J].防灾科技学院学报,2014,16(2):58-62.

[9] 徐虹,路科.旅游目的地管理[M].天津:南开大学出版社,2015.

[10] 杨宏伟,党春艳,王瑾.旅游学概论[M].北京:中国传媒大学出版社,2015.

[11] 赵志磊.旅游危机管理研究:基于传播学理论[D].成都:四川师范大学,2012.

[12] 郑向敏.旅游安全学[M].北京:中国旅游出版社,2003.

[13] 邹统钎,王欣,等.旅游目的地管理[M].北京:北京师范大学出版社,2012.

[14] 邹统钎.旅游危机管理[M].北京:北京大学出版社,2005.

第十章　旅游目的地的数字化管理

学习目标

理解旅游目的地数字生态系统的意义和构成;重点掌握旅游目的地数字化服务、数字化营销、数字化管理的内容;了解数字化营销的内容生产及渠道选择;熟悉旅游目的地数字化消费场景和虚拟体验。党的二十大报告指出,要加快建设网络强国、数字中国。通过对旅游目的地数字化管理的学习,培养同学们拥抱数字时代的创新精神,激发学生在时代洪流中勇毅前行的精神力量。

第一节　旅游目的地数字生态系统

旅游目的地数字生态系统是指旅游者与数字应用间的互动形成开放的生态系统,开启了旅游目的地新的社会结构。Cimbaljević(2019)提出了目的地智慧生态系统概念,是指可以在情感、认知、身体和社会层面吸引多方利益主体互动、共享及主动参与,实现吸引物、交通、舒适物、附加服务、活动等旅游要素的有效配置。它涵盖了旅游目的地内外的各种参与者、资源和技术,形成一个相互依存、协同发展的系统。

一、旅游目的地数字生态系统的意义

(一)对旅游者的意义

对旅游者来说,数字生态系统的建设可以改善旅游目的地的基础设施,包括无线网络、智能设备等,旅游者可以更方便地使用移动应用程序获取导航、预订等服务,提高旅行便利性;支持数据分析和人工智能技术,使旅游业者更好地理解旅游者的需求和偏好,让旅游服务能够更个性化,为旅游者提供定制化的建议、推荐和体验,提升旅游者的满意

度。此外，数字技术还可以促进旅游者与旅游目的地之间的互动，例如通过社交媒体分享经验、参与虚拟现实或增强现实体验等。

(二)对旅游目的地的意义

通过数字系统建设，旅游目的地可以提供更便捷、个性化和高质量的旅游服务，提升竞争力，吸引更多旅游者并延长旅游者的停留时间，增加旅游收入，为旅游目的地提供数字化营销和推广的渠道与工具。通过互联网和社交媒体平台，可以更广泛地传播旅游目的地的信息和吸引旅游者，提升旅游目的地的知名度和曝光度。通过数据分析和智能决策支持，可以帮助旅游目的地优化资源配置，改进市场营销策略，提高效益和可持续性，实现更好的经济效益、环境效益和社会效益。数字生态系统可以在紧急情况下提供即时信息和沟通渠道，有助于危机管理和紧急情况处理，确保旅游者的安全。

(三)对旅游业的意义

对于旅游业的发展来说，数字系统简化了旅游业务的流程和操作，例如移动支付和电子票务系统可以减少排队和人工操作，提高工作效率和服务质量；促进了旅游业务模式创新，例如共享经济在旅游领域的应用、虚拟旅游体验、在线预订平台等。大数据分析和智能决策支持可以帮助管理者做出更明智的决策，推动旅游业的创新和发展；可以帮助旅游业者更好地监测游客流量，减轻生态系统的负担，并提高资源使用，促进旅游业的可持续发展，例如智能能源管理系统可以优化能源使用等。

二、旅游目的地数字生态系统的潜在风险

(一)对旅游者的风险

虽然数字技术和互联网为旅游者提供了丰富的旅游资源和体验，但过度依赖这些技术也带来了一系列挑战，信息过载便是其中之一。这意味着旅游者可能面对来自各种渠道和平台的大量信息和广告，从而导致旅游者出现搜索疲劳、决策困难、旅游体验不佳等问题。此外，也可能造成体验不平等，比如数字素养较低的人，可能无法及时享受网站上的福利，这可能导致他们错失折扣、特价等，从而承担更多的旅游费用。最后，由于涉及大量的数据收集、存储和处理，隐私和数据安全成为重要的问题。如果旅游目的地的数字基建缺乏恰当的数据保护措施，就可能出现个人信息泄露、数据安全漏洞和网络攻击等问题，损害旅游者和旅游目的地的利益。

(二)对旅游目的地的风险

对旅游目的地而言，数字系统的引入可能使旅游目的地过度依赖数字技术和网络连接。如果发生网络故障、电力中断或系统崩溃等问题，就可能导致旅游服务中断、信息丢失或无法使用，对旅游目的地的运营和旅游者体验造成负面影响。数字系统的推动也可能引发社会和文化冲击。例如，数字化技术可能导致传统的人际交流和互动减少，旅游

者与当地社区之间的交流变少。过度数字化也可能导致旅游目的地的过度商业化和标准化,损害其独特的文化和环境特色。数字系统建设的不均衡也可能导致旅游目的地数字化进程不平衡,数字生态建设需要大量的数字化技术和设备,成本较高,对于一些旅游目的地来说可能难以承受,会加剧旅游目的地之间的发展差异。

(三)对旅游业的风险

对旅游业而言,数字化管理可能要求企业进行组织结构和人力资源的调整。引入新的技术和工具可能需要培训员工或招聘具备相关技能的人才,这会对企业的人力资源和预算造成一定的压力。此外也存在数据质量的问题,如果数据失真或数据质量不高,就会导致企业决策者的决策失误。

三、旅游目的地数字生态系统的构成

旅游目的地数字生态系统的构成包括旅游目的地数字基建、旅游目的地生态逻辑和旅游目的地契合平台架构。

(一)旅游目的地数字基建

旅游目的地数字基建指的是在旅游目的地建设和发展过程中,应用信息技术和数字化工具创新旅游业务和提升旅游者体验的一系列基础设施和系统。通过建设和发展这些数字基础设施,旅游目的地可以提供更便捷、个性化和智能化的旅游服务,吸引更多的旅游者,并提升旅游业的竞争力。

旅游目的地数字基建涵盖了多个方面,包括但不限于以下内容。

1.宽带和网络连接

旅游目的地需要提供高速宽带互联网连接,以满足旅游者和当地居民对网络服务的需求。良好的网络连接可以支持旅游者在旅行中使用在线应用程序、分享照片和视频,同时也能为旅游目的地的数字服务提供稳定的基础。

2.数据中心和云计算

旅游目的地可以建立自己的数据中心或利用云计算存储和处理大数据、运行在线应用程序和支持数字化服务。这些设施有较强的数据存储和处理能力,为旅游目的地的数字生态系统提供了技术支持。

3.智能设备和感知技术

旅游目的地可以使用各种智能设备(如智能摄像头、传感器和物联网设备)和感知技术收集与分析环境数据。这些设备和技术可以用于监测旅游者流量、环境质量、安全状况等,从而提供更好的旅游管理和服务。

4.数字化旅游设施和服务

旅游目的地可以将其旅游设施和服务数字化,提供在线预订、电子门票、移动支付等功能。例如,景点门票可以通过在线平台预订和付款,旅游者可以使用电子票证进入景点。

5.安全和隐私保护

数字基础设施的建设还需要考虑安全和隐私保护的问题。旅游目的地应采取适当的安全措施,保护旅游者和用户的个人信息,防止网络攻击和数据泄露。

(二)旅游目的地数字生态逻辑

旅游目的地数字生态逻辑是指在旅游目的地的发展过程中,运用数字技术对旅游资源、旅游产品、旅游服务、旅游管理等方面进行数字化赋能,以实现旅游目的地的数字化转型和升级。这个过程包括对旅游目的地各类数据的采集、整合、处理和分析,提供更加精准的旅游服务和产品,提升旅游者的旅游体验和满意度,同时提高旅游目的地的管理效率和运营效率。这一概念强调了数字技术和数字化解决方案在旅游目的地管理和推广中的关键作用。

旅游目的地数字生态逻辑具有如下要点。

1.数据为核心

数据在旅游目的地数字生态逻辑中扮演着核心角色。数据的采集、处理、分析和共享是旅游目的地数字生态逻辑的关键部分,它们为信息的生成提供了基础。

2.多要素互动

旅游目的地数字生态逻辑将不同的要素(如技术、数据、旅游者、旅游目的地组织、旅游目的地企业、旅游目的地社区)视为一个相互关联和相互作用的生态系统。这些要素之间的互动可以是合作、竞争、协同或依赖关系,共同推动旅游目的地数字化管理的发展。

3.用户驱动

用户在数字生态逻辑中起着至关重要的作用。用户需求和反馈可以影响数字生态的发展方向。对旅游目的地数字生态系统而言,用户包括旅游者、旅游企业、旅游从业人员、旅游主管部门和当地居民,需要以不同用户的满意度为导向,持续优化数字生态系统。

4.连接与合作

在旅游目的地数字生态系统的构建过程中,要注重加强不同组织和利益相关者之间的伙伴关系建立,即跨行业合作、跨部门数据共享、开放式平台构建等多样化的协作。通过不断创新和整合新的技术、服务与应用,旅游目的地数字生态可以产生更多的价值,促进整个生态系统的发展。

(三)旅游目的地契合平台架构

旅游数字化服务平台拥有数字化、人性化以及透明化的优点,帮助游客快速掌握旅游信息,国内已经出现了很多类似的旅游数字化服务平台(祁蔚茹,毕鹏,2023)。旅游目的地契合平台架构是一个基于数字技术和数据的框架,用于促进旅游业务、当地社区和旅游者之间的协作。该架构的目标是创建不同的平台,通过连接各个参与者,使他们能够共享信息、资源和价值,从而提供更好的旅游体验,实现业务增长。通过对平台各阶段可行性分析,明确平台需求范围,将采集的数据添加到平台中,构建如图 10-1 所示的旅游数字化平台架构。

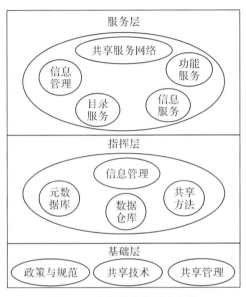

图 10-1　旅游数字化平台架构

由图 10-1 可知,旅游数字化平台架构具有多层次特征,主要分为基础层、指挥层与服务层。对于此平台的应用,首先必须严格把控基础层中的信息,有针对性地对信息进行共享与管理,为指挥层奠定基础;其次充分了解平台的外在环境,将区域规划、经济发展与环境状况等信息当作调查内容;最后将服务层作为平台重点,通过信息整合为游客提供个性化服务。

对于平台逻辑结构同样利用分层思想(徐岸峰,王宏起,赵天一,2020),主要包括表示层、业务外观层、业务规则层和数据访问层。平台逻辑结构如图 10-2 所示。

①表示层:能够为旅游者提供应用访问,也就是与用户交互的界面,主要表示为WEB 方式(郝树青,武彤,2019)。

②业务外观层:可以处理相关数据与信息,属于一个隔离层次,能将用户界面和不同服务功能相互隔离,同时还能为服务器提供程序帮助。

③业务规则层:包含各项服务的逻辑和规则,可实现旅游者数据缓存、获取相关旅游产业的信息等。

④数据访问层:能够为规则层提供数据支持,比如基础的地理数据、用户数据、业务数据等。

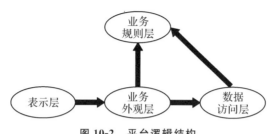

图 10-2　平台逻辑结构

一部手机游云南

云南省政府与腾讯公司携手打造的智慧旅游项目"一部手机游云南"于 2018 年 10 月 1 日正式上线,该项目利用物联网、云计算、大数据、人工智能等前沿技术,围绕云南旅游转型升级"国际化、高端化、特色化、智慧化"的要求,为云南打造智慧、便捷、健康的省级全域旅游综合生态,旨在重整旅游资源和产品,重构诚信和投诉体系,重建市场规则和秩序,重塑旅游品牌和形象,全力推动旅游产业全面转型升级。

"一部手机游云南"平台共设有 1 个"游云南"App、5 个小程序、2 个管理平台、3 个支撑体系,全面覆盖游客在云南的游前、游中、游后的各项需求,满足游客"吃住行游娱购、商养学情闲趣"全方位的需求和体验。其中,5 个微信小程序分别是"游云南找厕所""游云南看直播""游云南识你所见""游云南买门票""游云南景区导览"。通过这个平台,游客可以提前了解旅游目的地,获取语音讲解、路线规划、查找厕所、线上购买纪念品、在线订机票和酒店等信息,能够尽情享受沉浸式智慧旅游体验。腾讯公司整合微信公众号平台、小程序、App 等应用资源,接入腾讯云、腾讯地图、微信支付、人脸识别、AI、智慧零售等多项核心技术,从而全面满足游客在游前、游中、游后的各项需求。截至 2021 年,"游云南"客户端累计下载量达 2 300 万次,用户超过 760 万人,游云南体系为公众提供服务突破 2 亿次。

可以说,"一部手机游云南"项目通过"一中心两平台"融合互联网及信息领域的先进技术,实现了互联网旅游以及旅游公共服务的融合,重构了政府管理模式,为全面实现"数字云南"提供了技术保障;通过构建诚信消费体系与快捷投诉的管理体系,实现了"游客旅游体验自由自在,政府管理服务无处不在"。该项目开创了"高位推动、多部门协同联动、全省所有州市联动、政府企业游客三端联动"的全域智慧旅游的云南模式。

(案例参考:本案例在中国旅游报发布的《"一部手机游云南"全域智慧文旅平台》和云南网发布的《智慧文旅平台助力云南景洪旅游服务新体验》等内容的基础上进行整合。)

(1)阅读上述案例,试解释何为旅游目的地的数字生态系统,该如何构建?

(2)试分析旅游目的地建立数字化平台会给旅游目的地带来哪些影响。

第二节 旅游目的地数字化服务

近年来,随着新一代数字技术被广泛应用于旅游产业,智慧旅游、数字娱乐等新模式、新业态在我国发展迅速,不仅改变了传统产品的供给方式,创造了新的商业价值,还重塑了管理和服务模式。根据不同旅游消费场所的特点,一些学者提炼了各种类型的物理和社会服务场景(陈景明,赵鑫,舒明贵,2023)。在物理服务场景方面,Alif 等(2018)指出主题公园物理服务场景主要有光照、温度、清洁度、建筑设计等因素;窦璐(2021)根据生态旅游公园的特点,进一步细化了物理服务场景,包括自然景观设施、人文景观设施等因素。在社会服务场景方面,有研究认为社会服务场景是指服务人员和旅游者的仪表、礼貌、文明行为(窦璐,2021);还有研究认为,购买情境、社会密度、旅游者行为等因素也很重要(汪妍,2022)。相比传统的服务场景,城市生态公园的数字化服务场景具有显著差异特征:一是服务普及度和质量提升,使用大数据分析和人工智能来改变服务过程,从而让旅游者获得智能性、移动性、定制性体验(Tombs et al.,2003)。二是内容创新,以虚拟现实、增强现实和混合现实等为支撑,打造文旅融合的沉浸式场景。

一、旅游目的地数字地图及基于位置的旅游服务

(一)旅游目的地数字地图

旅游目的地数字地图是指基于数字技术和地理信息系统(Geographic Information System,GIS)构建的旅游目的地的虚拟地图。它提供了一个交互式的平台,旅游者可以在地图上浏览、探索和获取有关旅游目的地的信息。数字地图可以有以下功能。

1.地理定位

旅游目的地数字地图可以确定旅游者的当前位置,并显示其周围的景点、设施和服务。这有助于旅游者更好地了解自己所处的位置,便于找到感兴趣的地点。

2.景点和地标介绍

数字地图可以标注并提供旅游目的地的景点、地标和其他有趣地点的介绍。通过点击图标或地点,旅游者可以获取更详细的信息,如描述、照片、评价等。

3.路线规划和导航

旅游目的地数字地图可以提供路线规划和导航功能,帮助旅游者找到最佳的行进路线和交通方式。路线规划和导航可以显示公共交通线路、驾车导航、步行路径等,以及预估的时间和距离。

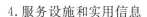

4.服务设施和实用信息

数字地图可以标记旅游目的地的服务设施和实用信息，如餐馆、酒店、厕所、医疗设施等。旅游者可以轻松找到附近的服务设施，并获取开放时间、联系方式等信息。

5.用户互动和评论

一些数字地图还允许旅游者进行互动，如发表评论、分享照片、添加评级等。这样的功能使旅游者能够与其他用户交流经验，获得更多的参考和建议。

(二)基于位置的旅游服务

基于位置的旅游服务(Location-Based Tourism Service)是指借助互联网或无线网络，在固定用户或移动用户之间实现定位和服务两大功能，并借助 GIS 的支持，获取移动终端用户的位置信息，提供与旅游者当前位置相关的信息和服务，从而改善旅游体验。除了地理定位、景点和地标介绍、路线规划和导航等，基于位置的旅游服务还包括以下几点。

①基于当前位置的个性化推荐，应用程序可以向旅游者推荐附近的景点、餐馆、购物区和文化活动。这些推荐可以根据个人兴趣和偏好进行定制。

②基于当前位置的优惠和促销活动，商家可以使用基于位置的旅游服务向附近的旅游者提供优惠和促销信息。当旅游者靠近商店或餐厅时，他们可以收到推送通知，以促使他们前来兑换优惠券。

③基于当前位置的实时交通信息，包括道路拥堵、公共交通时刻表和交通事故等。

④基于位置的天气应用程序，可以获取当前位置的实时天气预报，帮助旅游者更好地准备活动和行程。

⑤带地理位置标签的社交媒体分享，旅游者可以在社交媒体上标记自己的地理位置，与朋友分享旅行经验，并查看其他人在同一地点的照片和评论。

⑥基于位置的安全提醒和紧急服务，为旅游者提供附近的医疗机构、大使馆、领事馆和警察局的位置信息，以及紧急联系方式。

二、旅游目的地数字虚拟体验

(一)旅游目的地数字虚拟体验的含义

未来在 5G(甚至 6G)的网络环境基础上，借助人工智能和云计算的强大算法、算力以及区块链提供的认证，现实的物理世界将与虚拟数字世界之间形成"数字孪生"式的实时映射，强化二者之间互联、互通和交互操作。通过数字技术和 VR、AR、互联网等工具，数字虚拟体验正在以数字化的方式帮助旅游者探索各种旅游目的地，体验文化活动，无须实际前往这些地方。数字虚拟体验一定程度上既允许用户在虚拟世界中感受到旅行的乐趣，又避免了旅行所涉及的物理出行、时间和金钱成本，对实体旅行产生了深刻的影响。

(二)旅游目的地数字虚拟体验的应用

1. 数字孪生的虚拟体验

数字孪生景区是指通过数字技术将现实景区的全部或部分场景、信息、活动等进行虚拟建模,以重构景区全貌,提供全方位的旅游服务。这种方式可以实现景区的虚拟再现,旅游者可以身临其境,通过 VR 穿戴设备或者裸眼 3D 技术,参观旅游目的地的著名景点、博物馆和历史遗迹,在虚拟环境中自由漫游,获取丰富的信息和感受。如敦煌研究院与国内知名博物馆合作,开启了"在家云游博物馆"在线服务项目,推出了"云游敦煌"微信小程序,以及"数字敦煌精品线路游""敦煌文化数字创意"等一系列线上云展览活动。"数字藏经洞"在"云游敦煌"小程序上线,用户可一键"穿越"至晚唐、北宋、清末等时期,体验洞窟开凿、封藏万卷、重现于世等过程。

数字孪生景区建设的关键在于数字化技术的应用。通过三维建模技术,可以将景区的地理地貌、建筑风貌等精确还原,使旅游者在虚拟环境中感受到真实的景区风光;可以为旅游者提供个性化的旅游推荐,根据旅游者的兴趣和偏好进行智能匹配。数字孪生景区建设也给景区管理者提供了更强大的管理工具。借助数字孪生技术,景区管理者可以实时监控景区的运营情况,了解旅游者的实时需求,及时做出调整和优化。同时,数字孪生景区还能够为景区的可持续发展提供有力支持。通过数字化建模和模拟仿真,景区管理者可以提前预测景区的运营状况,制定科学合理的发展策略,最大限度地发挥景区的潜力。

2. AR 的虚拟体验

虚拟服务是数字化服务发展的关键内容,也是塑造影响力和拓宽销售渠道的主要途径。线上虚拟游览不仅可以对景区进行深层次解读,还能创造新的文化价值,对未来的产业结构升级发挥促进作用。虚拟展示服务将景区已有资源作为基础(韩毕蒙,吉晓民,2020),利用 AR 等新技术赋予资源生命特征。AR 技术在旅游应用中的集成主要是通过 GPS、加速度计或数字罗盘数据,基于位置实现增强现实,这种方式适用于游线、导航类的应用。基于标记的 AR 应用程序响应特定的预定义触发器,标记可以是代码、打印的图像或实物。例如博物馆基于标记的 AR 技术对文物进行动画制作、文物再现等。SLAM 即时定位与地图构建技术使用复杂的算法来识别物体的颜色、图案或其他特征,从而完成增强现实。

AR 技术可以在景区、博物馆等参观游览场所使用。只需将应用程序指向建筑或者地标,就可以呈现那里的景象,从而为游客提供新奇的体验。以商汤科技在西湖上线的 AR 游览路线为例,通过手机 App 扫一扫实景,就可以开启 AR 导航导览模式,AR 指示牌会自动标出路线中几乎所有的景点,轻触画面即可倾听语音讲解,无须再去阅读枯燥的文字介绍。旅游者也可以跟着 AR 导航箭头快速找到主要景点位置。美国自然历史博物馆通过 AR 应用改变了化石展览的形式。通过应用程序,访问者可以将手机覆盖在

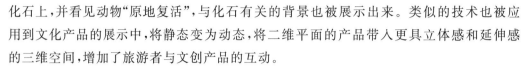

化石上，并看见动物"原地复活"，与化石有关的背景也被展示出来。类似的技术也被应用到文化产品的展示中，将静态变为动态，将二维平面的产品带入更具立体感和延伸感的三维空间，增加了旅游者与文创产品的互动。

AR技术也可以被用于旅游服务体验中。比如，酒店通过360°的视觉导览和3D视图展示，让旅游者可以身临其境地挑选客房及服务，尽可能让旅游者了解客房和真实状况，以此来增加预订需求，减少由信息误差造成的差评、退房等情况发生。酒店还可以为住客提供AR导航、点菜、即时翻译等服务，提升旅游者满意度。

3.沉浸式空间的虚拟体验

旅游沉浸式体验空间是指依托旅游景区、度假区、休闲街区、工业遗产、博物馆等场所或相关空间，运用AR、VR、人工智能等数字科技，融合文化创意等元素，通过文旅融合、虚实结合等方式，让旅游者深度介入与互动体验形成的一种旅游新产品、消费新场景。这种空间通常由大型的沉浸式屏幕、高清投影仪、多声道音响等设备构成，通过高清分辨率的图像和视频等形式，以及精心设计的灯光、音效等多媒体元素，为旅游者营造出一种身临其境的沉浸式体验。

沉浸式空间具有三个方面的产业价值：一是丰富旅游消费场景体验业态，颠覆传统走马观花式的旅游；二是沉浸式娱乐体验产品自带IP，为文旅体验产品实现引流；三是沉浸式体验产品和项目营收比传统业态产品多，能够促进文旅产品业态提质增效。目前在旅游领域，沉浸式空间项目繁多，比如沉浸式博物馆、沉浸式演艺、沉浸式展览、沉浸式主题公园、沉浸式体验馆/密室、沉浸式灯光秀、沉浸式特色小镇等，完美放大了"旅游＋科技""文化＋科技"的体验效果。

1）沉浸式旅游演艺

沉浸式演艺借助VR、AR等先进技术，通过场景感营造、故事线构建、互动活动设计等，极大地拉近旅游者与演员的距离，将旅游者带入故事情节中。与传统旅游演艺方式相比，沉浸式旅游演艺在细节安排、仪式感设计、故事线设计、场景感营造等方面优势突出，能真正使旅游者进入剧情，在产品落地方面偏向自带IP且具备较大流量的旅游目的地、文旅商综合体等。比如《归来三峡》《秀·江南》等越来越多的旅游演艺项目开始融入数字技术。

2）沉浸式目的地场景

沉浸式目的地场景主要指景区、主题公园等通过场景塑造、科技融入、主题串联、特色活动等为旅游者打造沉浸式空间。目前在主题公园领域，沉浸式概念相对深入和普及，如上海迪士尼乐园的"飞跃地平线"、北京环球影城的"哈利·波特禁忌之旅""变形金刚火种源争夺战"等项目。

3）沉浸式餐饮和住宿

在打造沉浸式情景餐厅方面，主要借助3D投影、VR/AR等技术，通过环形拼接和地板投影等方式，在餐厅四周进行投影，营造沉浸式的用餐环境。比如日本东京的一家名叫"第一航线"(First Airlines)的餐厅以"地上的空中之旅"作为卖点,使得整个用餐过程就像一场真实的飞机旅行。沉浸式酒店一般以 IP 和文化为核心,通过场景塑造、文化氛围植入、特色活动等让旅游者进入虚拟世界或酒店所表达的主题环境。

4.数字化纪念品/藏品的虚拟体验

利用虚拟技术,旅游者可以创建数字化的纪念品,如照片、视频等,记录旅行中的美好瞬间。如山东省崂山风景区首发数字藏品《巨峰神鳌》,其中高端崂山海底玉款上线 3 分钟就售罄了。《巨峰神鳌》以巨峰游览区的雕像神鳌为设计元素,采用 3D 扫描、建模、数字孪生等技术将神鳌栩栩如生地展现出来。此外,旅游目的地的特有历史、建筑或文化具有独特的价值,非同质化通证(Non-Fungible Token,NFT)或者数字藏品能够重新挖掘和激发这类价值。比如《大唐·开元》项目通过挖掘自身内容价值,以 NFT 或者数字藏品的形式挖掘商业价值的路径就获得了成功。

三、旅游目的地数字化消费场景

(一)旅游目的地数字化消费场景的含义

数字化消费场景是指利用数字化技术创造出来的新型消费场景,其目的是通过数字化和智能化的技术手段,推动消费方式变得更有效率,增强消费者的效用,满足更加多样化和个性化的消费需求。旅游目的地数字化消费场景是通过 5G、大数据、云计算、物联网、人工智能、虚拟现实、增强现实等现代信息技术的赋能,在旅游服务、旅游管理、旅游营销、旅游产品等领域的综合集成应用成果。

(二)数字化消费典型场景

1.智慧信息发布

运用 5G、大数据、云计算、生物识别、图像采集、热力成像、数字媒体等技术,获取与旅游环境和旅游者体验相关的流量、气象、交通等信息,通过门户网站、公众号、小程序、微博、短视频、云直播等渠道即时发布。该场景可向旅游者提供实时旅游资讯服务,帮助旅游者了解旅游目的地综合信息,制订科学的出行或游览计划。

2.智慧预约预订

运用 5G、大数据、云计算、人工智能等技术,在公众号、小程序、移动 App、门户网站等多种渠道建设票务分时预约预订模块,通过后台票务数据管理平台集中管理预订信息,实现多票种分时段预约和销售功能,动态调配游客流量。该场景可以实现线上票务预约预订服务,精准控制游客规模,统筹分时分区游览,科学分配服务资源,避免旅游者游览时间集中和空间集聚。

3.智慧导览讲解

运用 5G、大数据、人工智能、虚拟现实、蓝牙、基于位置服务等技术,通过自动定位、景观识别、近距离感知、人机交互、多媒体展示等功能,采取语音、文字、图片、视频等形

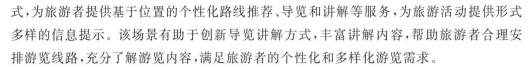

式,为旅游者提供基于位置的个性化路线推荐、导览和讲解等服务,为旅游活动提供形式多样的信息提示。该场景有助于创新导览讲解方式,丰富讲解内容,帮助旅游者合理安排游览线路,充分了解游览内容,满足旅游者的个性化和多样化游览需求。

4.智慧支付系统

通过运用移动支付、数字钱包、实时数据分析和人工智能等技术,智慧支付系统将用户、商家和支付服务提供者连接起来,获得了便捷、安全和高效的支付体验,同时也提供了数据分析和服务优化的机会。

第三节　旅游目的地数字化营销

数字化营销是使用数字传播渠道推广产品和服务的实践活动,从而以一种及时、相关、定制化和节省成本的方式与消费者进行沟通(陈思进,2016)。数字化营销具备多媒体、跨时空、交互式、拟人化、超前性、高效性、经济性等特点。由于利用了数字产品的各种属性,数字化营销在改造传统营销手段的基础上,增加了许多新的特质。对于旅游目的地而言,数字化营销能够为其提供多重优势,比如扩大营销对象的覆盖面,实施更精准的营销方案,从而提高转化率,依托数据沉淀更好地分析营销策略。

旅游目的地市场战略从大众营销迈向数据驱动营销,这意味着旅游目的地营销由线下走向线上,用户数据成为重要的营销资产。旅游目的地数字化营销包括旅游者数据的洞察、数字化营销的内容生产、数字化营销的渠道选择以及数字化营销效果评价。

一、旅游者数据的洞察

旅游者数据的洞察是指从各种数据源中提取、分析和解读旅游者的行为、偏好和趋势,获得有关旅游市场和旅游者群体的深入理解。这些数据可以包括旅游者在旅途中的行为、社交媒体上的互动、预订和支付信息等。通过分析互联网沉淀的大规模数据,理解和描述旅游者的行为、兴趣、需求和特征,有助于旅游目的地更好地理解其目标受众,从而制定更有效的市场营销策略,提供个性化的产品和服务,改善旅游者体验。

1.数据收集与存储

旅游目的地需要收集旅游者在各种渠道(如电商平台、社交媒体、旅游目的地现场调查等)的行为数据,这些数据包括购买行为、浏览行为、搜索行为、社交媒体互动、游览行为、互动分享行为等。同时,建立强大的数据存储基础设施,以便存储和管理大量数据。大数据存储通常包括数据仓库、数据湖和云存储解决方案。

2. 数据清洗和整合

收集的原始数据可能存在错误、重复、缺失等情况,因此需要进行数据清洗,消除异常值、错误值和重复值等,并将不同源头的数据整合到一个统一的数据集中,便于分析。

3. 数据分析

对基于互联网的大数据,主要采取数据挖掘、机器学习、自然语言处理等分析方法。其中数据挖掘是指使用数据挖掘技术发现隐藏在数据中的模式、趋势和关联。机器学习包括聚类分析、关联规则挖掘、异常检测等,应用机器学习算法来预测旅游者行为和兴趣。例如,使用分类和回归模型预测购买行为或进行个人化推荐。自然语言处理(Natural Language Processing,NLP)是指对文本数据进行 NLP 分析,理解旅游者的言论、评论和反馈,从中提取有用的信息。

4. 建立旅游者画像

根据分析的结果,总结用于描述旅游者的特征,这些特征可以包括年龄、性别、地理位置、购买历史、喜好、行为模式等。在此基础上,使用聚类分析或分类算法将旅游者分成不同的群组,每个群组具有相似的特征和行为。同时,制作可视化图表和报告,呈现旅游者画像中的关键发现。随着时间的推移,数据分析和画像可能需要不断改进。

5. 数据的营销应用

将旅游者画像应用于市场营销的决策、产品开发、客户服务等领域,以提高旅游者的满意度和营销绩效。

二、数字化营销的内容生产

1. 内容创意

在数字时代,受众对于信息的需求形态和消费形态已经发生巨大变化,如何在营销传播相关法规和伦理的框架内,既能够科学合理地规避创意雷区,又能形成良好的创意表现,是当前内容营销需要面对的重要课题。旅游目的地应该把符合旅游者审美取向视为内容创意的基本要求,以内容的情感共鸣促进其与旅游者精神层面的沟通,以内容的价值性实现其与旅游者价值感知的匹配(奚路阳,程明,2023)。

2. 内容创作

内容创作团队要以信息化工具为基础,结合企业的营销需求打造具有吸引力的新媒体内容,相关内容要能够广泛吸引用户关注。企业应当立足新媒体环境打造品牌体系,除了常规的品牌标识之外,应当对新媒体内容配色、配图、字体、口号、宣传语等进一步标准化,使内容创作能够围绕品牌价值延伸,从而构建立体化的品牌形象,助力企业的市场营销。除此之外,企业还可以设计拟人化新媒体形象,通过吉祥物、虚拟主播、虚拟形象大使等进行更为生动的品牌化塑造,为用户打造更多元的品牌感知体验,进一步提升企业营销效益。在网络热点不断更新,国家政策、行业趋势不断变化的背景下,新媒体营销

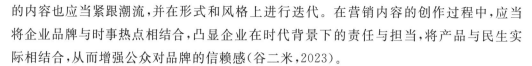

的内容也应当紧跟潮流,并在形式和风格上进行迭代。在营销内容的创作过程中,应当将企业品牌与时事热点相结合,凸显企业在时代背景下的责任与担当,将产品与民生实际相结合,从而增强公众对品牌的信赖感(谷二米,2023)。

3.内容分发

在数字化营销传播上,应当积极探索更为灵活、更具创新性的营销传播方式,通过跨界合作、AR/VR 体验等方式,升级信息营销方式。如将传统文化艺术与新媒体传播相结合,在产品设计、产品宣传、产品营销中融入“非遗”元素,并将古籍、古字画等非数字化的内容以数字化形式呈现,从而打造凸显文化底蕴和品牌内涵价值的新媒体作品。此外,还应选择合适的内容分发平台和渠道,如社交媒体、搜索引擎、新闻媒体等,将数字营销内容推给更广泛的目标受众。

4.内容优化和更新

根据数据分析结果,对数字营销内容进行优化和调整,提高内容的吸引力和转化率。定期更新数字营销内容,以保持其吸引力和活力,同时满足目标受众不断变化的需求。如通过人工智能、模糊识别算法等工具,建立能够与用户开展自主对话的系统,将其与服务问答数据库、新媒体平台信息、人工客服等相结合,为用户提供全天候、自助式、智能化服务,从而进一步延伸新媒体功能,实现营销、咨询、服务等过程一体化集成,以形成多位一体的数字化营销服务体系(谷二米,2023)。

5.虚拟数字人

虚拟数字人是科技创新的产物,在技术迭代中,从 2D 的数字形象迈向 3D 超写实数字人。虚拟数字人同样是文化发展的产物,可以根据不同的应用场景搭配不同的身份、装扮、语言,形象气质极具区域特质。随着软硬件技术的日臻成熟,虚拟数字人迎来了重大发展契机,以更加完善的沉浸式体验,极大地提升了虚拟数字人的商业价值。

旅游目的地一般根据其人文、历史、地域等特点,通过动画设计虚拟 2D 或 3D 的人物形象,并采用视频特效制作和剪辑技术,实现虚拟人物在旅游目的地真实场景下的动态表演。目前,越来越多的旅游目的地看到虚拟人物在 IP 打造上的趣味性、粉丝经济和视频流量等方面的优势,分别开始打造属于自己的虚拟人物。例如,杭州旅游虚拟 IP 形象“白素素”以古代传说人物白素贞为原型,结合城市地方特色,并赋予其新时代下新的人物定义,欲将其打造成为城市旅游代言人。

三、数字化营销的渠道选择

(一)搜索引擎优化

搜索引擎优化(Search Engine Optimization)是优化网站内容、技术设置和加大覆盖范围的过程,以便让页面关键词出现在搜索引擎结果的顶部。当访问者表现出他们正在搜索相关产品的行为时,使用搜索引擎优化可以将访问者吸引到企业网站。强大的搜索引擎优化策略在数字化营销活动中具有巨大的影响力,因为可见性是建立持久客户关系的第一步。有多种方法可以使用搜索引擎优化来让网站产生合格的流量。比如:首先,确定与旅游目的地相关的关键词和短语。这些关键词应该是游客在搜索引擎上可能输入的词汇,例如"绿色旅游"或"国庆度假",可以使用工具帮助找到相关的关键词。其次,在网站上创建高质量的内容,包括与旅游目的地相关的文章、图片和视频,确保关键词在内容中自然出现,但不要过分堆砌,内容应该有价值,吸引游客并回答他们的问题。同时,建立高质量的外部链接,这有助于提高网站的权威性和排名,例如与相关旅游博客、社交媒体渠道和旅游合作伙伴建立链接。最后,要保证提供良好的用户体验。

(二)社交媒体营销

有效的社交媒体营销(Social Media Marketing)的关键不仅是拥有活跃的社交媒体账户,还必须将社交元素融入营销工作的各个方面,创造尽可能多的点对点分享机会。受众越受启发与旅游目的地网站内容互动,就越有可能分享给别人,从而有可能激励他们的同龄人也成为客户。社交媒体营销中使用的渠道包括微博、抖音、小红书等。

(三)网红营销

网红营销是社交媒体营销的一种形式,涉及通过网红、个人和组织的认可和产品植入来实现推广,这些人或组织在其领域具备专业水平或社会影响力。旅游目的地需要网红营销,因为网红拥有庞大的粉丝基础和强大的社交媒体影响力,能够通过真实、吸引人的内容快速传播旅游目的地的魅力与特色。与传统广告相比,网红营销更具真实性和亲和力,可以直接影响旅游者的旅行决策,吸引更多的潜在旅游者,提高旅游目的地的知名度和旅游者数量,最终促进当地的经济发展。

(四)赞助内容

通过赞助内容,旅游目的地作为品牌向旅游相关的公司、媒体或社交平台等实体付费,以创建和推广以某种方式展示品牌或服务的内容。一种流行的赞助内容类型是网红营销,通过这种类型的赞助内容,赞助品牌行业中的网红在社交媒体上发布与公司相关的帖子或视频。另一种类型的赞助内容可以是为了突出某个主题、服务或品牌而撰写的博客文章或文章,也称为软文广告。比如餐饮店邀请美食达人到餐厅用餐并在点评软件上撰写长篇评论,就可以看作一种软文广告。

(五)在线公关

在线公关(Online Public Relations)是通过数字出版物、博客和其他基于内容的网站确保获得在线报道的做法,这很像传统的公关,但在线上空间。可用来最大化公关工作的渠道包括通过社交媒体与记者的联系、旅游目的地的在线评论。当有人在线评论旅游目的地时,良好的评论回复可帮助旅游目的地传递强信息来保护声誉,当有差评时,真诚有效的官方回复也能提升客户的好感和信任度。成功的在线公关要综合利用多种在线

渠道,营造积极的目的地形象,吸引游客,并与他们建立紧密的联系;要不断更新和改进策略,适应不断变化的在线环境。

四、数字化营销效果评价

在旅游目的地的数字化营销中,评估营销效果是至关重要的步骤,有助于深入了解营销策略的有效性,并相应调整未来的推广计划。崔世杰(2020)提出可以从信息提供、价值传递、信息获取、购买服务、推荐分享等五个方面评价数字化营销的效果。

1.信息提供

旅游目的地通过各种数字化渠道(如官方网站、微信公众号、微博和 OTA 等)向旅游者推送旅游信息,信息提供的效果对于营销活动的开展至关重要。在这个层面上,重点关注的是信息是否全面、能否让旅游者及时便捷地获取信息。具体指标有:多平台传播,主要考察信息触点,即是否通过多渠道多平台传播信息;功能丰度,考察网站、App 等营销功能的完善性;信息推送,考察旅游目的地信息的详细程度和内容的丰富性;更新频率,考察信息发布的及时性和数量。

2.价值传递

价值传递主要考察的是传播效应。可以使用的评价指标有:有趣度,即内容的有趣程度,对旅游者产生的吸引力;形式多样性,即所使用的新媒体形式,如图文、视频、微电影等;互动性,即社会化媒体的互动效果;意见领袖,即拥有高粉丝量群体对旅游目的地相关营销内容的关注、点赞、评论、转发等。

3.信息获取

旅游者对旅游目的地营销内容的获取分为被动推介和主动搜寻。数字化营销的一大特点在于旅游者可以主动搜寻旅游目的地的相关信息。此时,搜索引擎识别就显得尤为重要,这个指标主要考察的是旅游者对于搜索引擎营销的感知程度。此外,随着人工智能的兴起,不仅能够通过智能问答的方式为旅游者提供信息,还能够为旅游者定制化设计旅游服务。因此,旅游目的地 AI 助手的准确性、易用性、有用性等都将成为评估营销效果的重要指标。

4.购买服务

当旅游者获取足够的信息,并对旅游目的地有好感度时,就会产生前往旅游目的地的欲望,然后付诸行动,也就是购买服务的过程。在线交易是数字化营销的重要部分,这个指标考察的是在线交易的预定量和成交额。

5.推荐分享

游览结束之后,数字化营销的评价主要有用户原创内容,即旅游者在自媒体生成的与旅游目的地相关原创内容的数量质量;以及在各类 OTA 平台上的打分评价和推荐度。

第四节　旅游目的地数字化管理

数字化管理既是一种管理行为又是一种管理方法,可以将获取的各种资源数字化,进而在解决问题时采用量化的方法,最终实现管理工作的数字化和可计算性。它是在管理活动中借助计算机技术、人工智能技术、通信技术等实现组织、协调、服务等活动的行为,在管理的过程中可借助先进的信息技术采集、加工及输出信息,对管理对象进行量化管理(郭剑,2019)。我们可将数字化景区定义为以管理学、信息论、系统论等理论为理论基础,借助计算机技术、网络技术、虚拟现实技术等先进的信息技术手段,整合开发景区的各类信息资源,为景区日常管理、景区资源检测、景区资源保护、景区游客服务等工作提供辅助决策功能的管理信息系统(魏来,2008)。

一、旅游目的地数字化流量管理

旅游目的地数字化流量管理是指利用数字技术和互联网应用,对旅游目的地的旅游者流量进行有效管理和控制,提高旅游者体验,优化资源利用,推动旅游目的地的可持续发展。常见的旅游目的地数字化流量管理包括以下内容。

(一)智慧游客分流

运用5G、大数据、物联网、地理信息系统、生物识别等技术,通过视频监控、传感设备等获取特定区域即时人流密度和流向流速等数据,依托旅游者流量大数据平台,自动比对区域旅游者最大承载量,动态预测拥堵区域和时段,实时发布旅游者流量预警信息,及时告知旅游者调整游览线路,科学疏导分流。该场景可实时监控旅游者流量,有效疏导拥堵,提高游览舒适度和安全性。

(二)智慧交通调度

运用物联网、5G、大数据、云计算、地理信息系统、卫星定位等技术,在旅游道路沿线安装感知、互联和控制等信息设备,实时监测和分析道路及交通工具的通行状况、分布位置等信息,科学合理地调动分配旅游区域内的道路交通资源,实现旅游交通的智慧调度。该场景可优化旅游区域内的交通运输环境,提升通行效率,提升游览舒适度和安全性。

(三)智慧旅游停车

运用图像识别、卫星定位、地理信息系统、红外热成像、传感等技术,在停车场出入口、车道、车位等位置安装监控、引导、检测、收费等设备,实时监测,采集车位预约、使用等信息,通过后台数据分析和服务端信息推送,便利旅游者使用查询、预订、导航、交费等

功能,实现停车场优化利用。该场景可为旅游者停车提供精准化便捷化服务,提升停车场管理能力和使用效率。

二、旅游目的地数字化安全监管

旅游目的地数字化安全监管是指利用数字技术和信息系统监控、管理和维护旅游目的地内的安全状况,以保障旅游者和员工的安全。这种方法通过实时数据收集、分析和反馈,可以更加迅速、准确地识别风险,采取预防和应急措施,确保旅游活动的安全性。常见的旅游目的地数字化安全监管包括以下几点。

(一)电子安检系统

通过安装视频监控系统,实时监测旅游目的地的各个区域和场所;应用人脸识别技术对旅游者和工作人员进行识别和核验,确保只有授权人员进入敏感区域;通过安装智能报警系统,监测和识别异常事件,如火灾、盗窃、紧急求助等,一旦出现异常情况,系统可以自动发出警报,并通知相关工作人员,以便迅速采取措施。

(二)应急预案和信息发布

建立完善的应急预案,并通过数字化方式将预案内容和应急信息发布给旅游者和工作人员。这样可以提高应急响应速度和准确度,减少安全事故的发生;建立数字化的通信平台,确保工作人员之间能够实时沟通和协同工作;使安全管理团队有效配合,提高应急处理的效率。

(三)风险评估和管理

利用数字化工具对旅游目的地内的潜在安全风险进行识别和评估。根据评估结果,采取相应的措施进行风险管理,最大限度地保障旅游者和工作人员的安全。

(四)培训和教育

利用数字化教育平台对工作人员进行安全培训和教育,提高他们的安全意识和应急处理能力。定期举行模拟演习和培训,提升工作人员的应急反应和处理能力。

三、旅游目的地数字化公共治理

囿于传统以政府为中心的管理模式已难以有效应对互联网时代日渐繁杂的公共问题,政府、社会组织、网络平台通过分享治权和自我赋权,共同参与公共秩序建构与服务供给,形成一种他治与自治良性互动的公共治理格局(陈可翔,2022)。旅游目的地数字化公共治理是指利用数字技术和信息化手段,实现旅游目的地内公共事务的高效管理和决策,以提升旅游目的地的管理质量、服务水平。常见的旅游目的地数字化治理包括以下几点。

（一）智慧政务

利用数字化技术和信息化手段，通过整合数据、优化流程和增强互动，使政府能够更好地与公众和企业进行沟通和合作，实现更好的公共治理。比如建立电子政务平台，提供在线申请、预约、投诉等服务，使游客、居民和企业可以通过网络平台便捷地办理政务事项。

（二）行业监管系统

建立旅游目的地的管理平台和系统，集成各项管理功能，包括资源管理、人员管理、营销推广、安全管理等。通过统一的数字化平台，实现信息的共享和协同工作，提高管理效率和减少重复工作。

（三）资源保护和利用

利用数字化技术对旅游资源进行调查和监测，包括资源的类型、数量、分布、特征等；利用数字化技术对旅游资源进行修复和保护，包括古建筑、古遗址、文化景观等；利用数字化技术将旅游资源传承和发展相结合，包括数字化展示、数字化存储、数字化传承等。

案例分析二

杭州市智慧文旅服务平台打造文旅生活服务圈

为全面推进文化和旅游高质量发展、促进城乡精神共振，杭州市文化和旅游发展中心（杭州市旅游经济实验室）打造了杭州智慧文旅服务平台，构建起"一个阵地"——文旅公共服务阵地，实现"两个融合"——线上线下融合、文化和旅游融合，聚焦"三个维度"目标——文旅公共服务"最后一米"的温度、城乡均等化共同富裕的高度、家门口精神家园的厚度；打造了"四个空间"——智慧旅游公共服务空间、智慧文化公共服务空间、智慧便民服务空间、智慧文旅宣传空间；形成了"五个体系"——管理、队伍、活动、数字文旅场景、标准化服务体系，深入挖掘、整合本地文化和旅游资源，满足老百姓的个性化文化体验及旅游服务需求。

（1）智慧旅游公共服务空间。通过"i"杭州文旅（咨询）服务中心试点建设，建立文旅空间管理、人才培训、培训专家、文旅服务志愿者等体系和机制，让智慧文旅服务场景触达市民游客。

（2）智慧文化公共服务空间。聚焦文旅融合、主客共享，对传统旅游咨询点进行空间重塑，增加智能化服务设施设备，建设博物馆预约、文化活动预约报名、图书一键借阅、在线悦读、社区文旅服务等线上服务功能体系，推出"家门口的博物馆""家门口的电影院""家门口的图书馆"等服务矩阵。

（3）智慧便民服务空间。基于文旅大数据分析优化咨询点网络布局，不断完善惠民便民功能。加快推进残疾人通道等无障碍设施建设，提供医药箱、针线包、放大镜、轮椅、拐杖、雨伞等的免费租借服务。开展"一杯水"公益活动，向环卫工人等户外工作者提供休息场所和免费饮用水。

（4）智慧文旅宣传空间。利用旅游咨询点触摸屏、电视、户外大屏等设施，进行文化和旅游资源宣传。

（案例参考：本案例在中国旅游新闻网发布的《杭州市智慧文旅服务平台打造文旅生活服务圈》和 AF 智慧城市网发布的《来杭州玩 除了美景 智慧文旅给你惊喜》等内容的基础上进行整合。）

（1）请分析旅游目的地智慧系统主要由哪几部分组成。

（2）根据以上材料，请谈谈旅游目的地发展智慧旅游有哪些途径、措施。

本章小结

本章主要从旅游目的地数字化管理入手，介绍了旅游目的地数字化生态系统、数字化服务、数字化营销以及旅游数字化管理的相关概念，解析了旅游目的地数字生态系统的构成及意义；提出了旅游目的地数字化服务的应用；展示了旅游目的地数字化营销的渠道和旅游目的地数字化管理的方法。通过对每一小节的详细分解，构建了一个完整的旅游目的地数字化管理系统，为旅游目的地的数字化发展提供了新思路。

复习思考题

（1）概念解释：数字生态系统、数字化管理。

（2）试分析如何搭建旅游目的地数字生态系统。

（3）试分析旅游者互动管理的基本程序。

（4）试述并分析旅游目的地数字化服务包括哪些。

（5）阐述旅游目的地数字地图有哪些功能。

（6）阐述旅游目的地数字化管理的基本特征。

习 题

获取更多更新资源，请到中国大学 MOOC 网站搜索"走进旅游目的地：理论与实务"课程进行学习。

参考文献

[1] 陈景明,赵鑫,舒明贵.城市生态公园的数字化服务场景对游客行为意向的影响[J].浙江工业大学学报(社会科学版),2023,22(3):323-330.

[2] 陈可翔.互联网公共治理方式转型的行政行为法回应[J].法学,2022,488(7):56-71.

[3] 陈思进."数字营销"是否走到了尽头[J].中国经济周刊,2016(29):80.

[4] 窦璐.城市生态公园服务场景研究:量表开发与作用机理[J].城市问题,2021(2):25-35.

[5] 窦璐.生态旅游景区服务场景的量表开发研究:量表开发与作用机理[J].城市问题,2022,37(5):110-123.

[6] 谷二米.新媒体赋能企业市场营销创新:优势、挑战与策略[J].湖南工业职业技术学院学报,2023,23(1):33-37.

[7] 郭剑.公园景区数字化管理系统的研究与应用:以德州市长河公园为例[D].济南:齐鲁工业大学,2019.

[8] 韩毕蒙,吉晓民.智能生产线方案虚拟展示的方法[J].制造业自动化,2020,42(1):136-138,156.

[9] 郝树青,武彤.ABP框架及其在WEB项目开发中的应用[J].计算机技术与发展,2019,29(4):19-23.

[10] 姜殿荣,徐延锋,刘锋,等.基于MVC架构新媒体公众气象服务技术研究[J].气象与环境科学,2019,42(2):129-134.

[11] 李宏.旅游目的地新媒体营销:策略、方法与案例Ⅱ[M].北京:旅游教育出版社,2021.

[12] 祁蔚茹,毕鹏.基于AR技术的旅游数字化服务平台构建[J].微电脑应用,2023,39(3):193-196.

[13] 钱烁娜,邓宁.智慧旅游:理论与实践[M].上海:华东师范大学出版社,2017.

[14] 汪妍.基于场景理论的数字文化旅游融合发展研究[J].北京航空航天大学学报(社会科学版),2022,35(4):83-89.

[15] 魏来.旅游景区数字化建设研究:以云南石林为例[D].昆明:昆明理工大学,2008.

[16] 奚路阳,程明.审美、情感与价值性:数字时代内容营销创意转向的内在逻辑与路径[J].教育传媒研究,2023(2):55-58.

[17] 徐岸峰,王宏起,赵天一.共享平台视角下全域旅游演进机理和服务模式研究[J].中国地质大学学报(社会科学版),2020,20(4):141-155.

[18] ALI F, KIM W G, LI J, et al. Make it delightful:customers' experience,satisfaction and loyalty in malaysian theme parks[J]. Journal of destination marketing & management,2018(7):1-11.

[19] CIMBALJEVI M, STANKOV U, PAVLUKOVI V. Going beyond the traditional destination competitiveness-reflections on a smart destination in the current research[J]. Current issues in tourism,2019, 22 (20): 2472-2477.

[20] TOMBS A, MCCOL L-KENNEDY J R. Social-servicescape conceptual model[J]. Marketing theory,2003,3(4):447-475.

第十一章　旅游目的地的社会效益

学习目标 🖊

理解社区参与的概念、相关基础理论和旅游目的地社会责任的评价,熟悉影响旅游目的地社区参与程度的影响因素和社区参与的路径,以及游客与旅游目的地居民的互动类型;重点掌握旅游业的发展对旅游目的地居民的经济、生产和生活、社会文化、环境等方面的影响、主客共享的作用,以及旅游目的地主动承担社会责任的意义。旨在树立学生"以人民为中心"的价值观,培养学生的社会责任感、可持续发展意识,实现全体人民共同富裕的社会主义宏伟目标。

第一节　旅游业的发展对目的地居民的影响

一、经济方面的影响

旅游业作为现代服务业的重要内容,旅游业的发展对旅游目的地经济发展的影响效应愈发突出,如增加旅游目的地的经济收入、创造和增加就业机会、带动关联产业的发展、调整旅游目的地经济结构、改善国际收支平衡、增加税收等。

旅游发展对
居民的影响

(一)旅游业的发展能够增加旅游目的地的经济收入

一个地区旅游业的高速发展必然会为当地人民带来更高的收入,当地旅游者的增加可以扩大市场需求,刺激当地的经济发展。旅游活动的开展过程也是财富从旅游客源地转移到旅游目的地的过程,旅游目的地的居民作为旅游业发展的利益相关者,可以从中获得经济收益。因此,发展旅游业除增加旅游目的地总的经济收入外,还可以增加旅游目的地居民的收入。这也是世界各地争相发展旅游业的主要原因。旅游业扶贫就是利用了旅游业发展带来的经济效益。

(二)旅游业的发展能够为旅游目的地的居民创造和增加就业机会

旅游业的发展能够为旅游目的地的居民提供就业机会是经济方面一个很重要的影响。旅游业是一个劳动密集型产业,在旅游接待工作中需要大量的劳动力,并且很多旅游服务岗位的工作不涉及高难度的技术,能直接或间接地创造大量的就业岗位来缓解我国的就业压力,因此旅游业的发展对旅游目的地的劳动者具有很强的吸纳性。尤其是在乡村旅游产业的发展过程中,旅游目的地的发展乡村旅游可以为那些不具备技能的村民提供就业岗位,如临安的洪村村发动赋闲在家的妇女积极就业,让"闲人"变厨娘、摊主,为其提供就业岗位,带动家门口就业。

(三)旅游业的发展能够带动关联产业的发展,调整旅游目的地经济结构

旅游业的发展可以带动关联产业的发展,进而调整旅游目的地的经济结构。旅游业通常与许多产业密切相关,如餐饮、住宿、交通、购物、文化艺术等,这些产业都可以受益于旅游业的发展。随着游客的增多,当地的吃、住、游、购、娱等需求也会相应增加,因此需要提高当地的服务质量和水平。游客往往对当地特色的文化、艺术感兴趣,会推动当地的文化艺术和手工艺品产业的发展,促进当地的文化传承和发展。比如,淄博烧烤爆火之后,将原来的老工业城市变成了旅游城市,带动了各个产业的发展,改变了当地的经济结构。

因此,旅游业的发展可以带动关联产业的发展,进而调整当地的经济结构。这种经济结构的调整可以使当地的产业结构更加多元化和稳健,降低当地的经济风险,促进当地经济的可持续发展。

(四)旅游业的发展能够改善国际收支平衡

旅游业的发展还可以改善一个国家或地区的国际收支平衡。在旅游业繁荣的情况下,更多的游客来到旅游目的地,他们通常需要支付酒店、餐饮、交通、景区门票等费用,这些费用都是当地的旅游收入。这些旅游收入可以用于购买进口商品和服务,从而改善国际收支平衡。此外,当外国游客在当地消费时,也可以促进本地区和其他国家之间的贸易往来,进一步改善国际收支平衡。

(五)旅游业的发展能够增加税收

旅游业的发展可以带来更多的旅游消费,从而为当地政府带来更多的税收收入。例如,当游客在当地的酒店、餐厅、景区等处消费时,政府可以从中获得相应的税收,这些税收可以用于公共设施建设、环境保护等方面。此外,当旅游业的发展带动了其他相关产业的发展时,这些产业也会为政府带来更多的税收收入。这些税收收入可以用于促进当地经济和社会的发展,提高当地居民的生活质量。

当然,在关注旅游业的发展推动旅游目的地经济繁荣、增加就业等积极影响外,也要

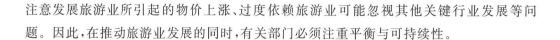

注意发展旅游业所引起的物价上涨、过度依赖旅游业可能忽视其他关键行业发展等问题。因此，在推动旅游业发展的同时，有关部门必须注重平衡与可持续性。

二、社会文化方面的影响

发展旅游业会给旅游目的地的社会文化带来各类影响，具体表现在价值观、个人行为、家庭关系、生活方式、道德观念等方面的变化。主要由于旅游目的地的居民会在与游客直接或间接接触中受到的影响，从而会造成社会文化改变。

（一）旅游业的发展改变着当地社会的结构

旅游目的地的发展改变了当地妇女对自我原有角色的认识，为其提供就业岗位，改变她们原有的经济地位和社会地位，这种转化又引起家庭、婚姻状况及人际关系的变化。

（二）旅游业的发展有助于居民素质的提升

对于当地居民来说，外来旅游者通常有一定的教育背景，往往携带不同的生活方式、价值观念和行为习惯等，这些可能会对当地居民产生示范效应。当地居民在与旅游者的交流中，可能会受到启发，模仿，并学习其积极的生活方式和态度，进而提升个人素质。旅游业的繁荣促进了不同文化之间的交流与融合，这有助于打破地域限制和偏见，使当地居民更加开放和包容。他们可能接受并尊重不同的文化和观念，形成更加多元和开放的社会氛围。因此，旅游业的发展有助于提升国民素质，它不仅促进了旅游者和当地居民之间的文化交流和相互学习，还推动了社会整体文化素质的提高。

（三）旅游业的发展有助于传承和保护当地的文化

旅游业的发展促使旅游目的地许多原本被遗忘或边缘化的传统习俗和文化活动重新焕发生机。为了吸引旅游者，这些文化活动被重新挖掘、整理并展示给世人，从而得以传承和延续。在这一过程中，当地居民看到当地的文化资源成为吸引旅游者的亮点时，往往会油然而生一种文化自豪感，这种自豪感能够激发他们更加积极地保护和弘扬当地的文化，形成良性循环。除此之外，旅游业的繁荣为文化的保护提供了资金支持。为了保持旅游吸引力，当地政府和社会各界会更加重视文化遗产的保护和修复工作，投入更多资源用于文化设施的建设和维护，为文化的持续保护和发展提供了强有力的保障。

在通过旅游业促进文化传承、交流和保护的同时，也需要关注其可能带来的挑战，比如文化商业化与同质化、文化过度包装导致的原真性丧失、文化冲突等问题，需要采取相应的措施应对和解决。

三、环境方面的影响

良好的环境是旅游目的地建立和发展的基础。旅游环境既包括自然环境，又包括社会人文环境。旅游目的地的开发取决于当地是否拥有旅游者所需要的优美的自然环境和适宜的人文环境。反之,旅游业的发展也会对旅游目的地的环境产生影响。

(一)旅游业的发展促进基础设施与卫生条件的改善

旅游业的繁荣促使旅游目的地加大对基础设施的投资与改善,包括道路交通、休闲娱乐设施及公共服务的优化。这些举措不仅提升了旅游体验的便捷性,还促进了环境的美化、绿化与净化。同时,为了给旅游者营造轻松舒适的旅游环境,旅游目的地也会更重视当地的卫生条件,为旅游者和居民提供更加健康、舒适的生活环境。

(二)旅游业的发展促进生态和环境的保护

旅游业是一种资源节约型、环境友好型产业,对生态和环境的负面影响较小。旅游业的发展依赖于自然景观和生态资源的吸引力,推动了对这些资源的重视和保护,使得当地的生态和环境保护工作得以开展。旅游业不仅能够为环境保护项目提供资金支持,还能提高公众的环保意识。此外,旅游业的发展促使地方政府和社区重视环境法规的制定和执行,推动环境管理改善,从而有助于生态系统的长期健康和稳定。

(三)旅游业的发展促进古迹遗址的维护

旅游目的地的历史建筑、古迹遗址等文化遗产,以及周边的环境是吸引旅游者的重要因素。为了发展旅游业,当地政府和相关部门会加强对这些文化遗产和周边环境的保护与管理,通过维护、恢复和修整等措施,确保其能够完好地保留与可持续发展。这种保护行为不仅为旅游业的长足发展提供了坚实基础,还为文化遗产的保护提供了一种经济保障,促进了文化的传承与发展。

(四)旅游业的发展促进可持续发展

旅游业的发展能够促进可持续发展,因为它不仅直接带动了经济增长,增加了就业机会和收入,还推动了基础设施的改善。同时,旅游业可以促进文化交流和保护,提升当地居民的环境意识和保护自然资源的积极性。此外,通过合理规的划和管理,旅游业能引导资源的有效利用,减少对环境的负面影响,推动生态、社会和经济的全面协调发展,从而实现多方面的可持续性。

因此,旅游业的发展对旅游目的地的环境产生了多方面的影响,这些影响在促进环境改善与保护的同时,也带来了经济效益与社会效益的提升。然而,也应注意到旅游业的发展可能带来的环境压力与挑战,比如过度开发造成的自然资源和生态环境破坏,旅游目的地要正确处理好保护和开发的辩证关系,采取科学合理的规划与管理措施,确保旅游业的可持续发展。

案例分析一

安吉县:从"工业经济"到"乡村旅游经济"的绿色发展之路

安吉县,位于浙江省湖州市,曾经是一个以工业为主导产业的地区,但随着工业发展带来的环境污染问题日益严重，安吉县政府决定进行产业转型，将发展重心转向乡村旅游。

2001 年，安吉县提出了"生态立县"的发展战略，并决定关停污染严重的企业，将发展重心转向休闲旅游。这一决策在当时引起了不小的争议，但安吉县政府坚定地执行了"铁腕治污"的举措，为乡村旅游的发展奠定了坚实的基础。

生态修复与建设

为了打造"中国美丽乡村"，安吉县投入了大量资金进行环境改善和基础设施建设。用十年的时间将村当作景点设计来规划，着力打造安吉县的一村一业、一村一品、一村一景，采取河道整治、绿化美化、垃圾分类等措施，使全县的生态环境得到了极大的恢复和提升。同时，安吉县还注重乡村文化的挖掘和传承，通过修缮古建筑、保护非物质文化遗产等方式，让乡村文化焕发新的活力。

产业融合创新

安吉县在乡村旅游发展中，注重与现代农业、文化创意等产业的融合创新，实现从农家乐到观光游再到乡村度假游的转型。例如，在鲁家村，游客不仅可以欣赏美丽的田园风光，还可以参与到农事活动中，体验农耕文化；同时，当地还引入了文化创意元素，打造了一系列具有地方特色的旅游产品和纪念品。注重挖掘和展示乡村特色亮点。例如，在余村，游客可以欣赏石灰岩地貌的奇特景观；在刘家塘村，游客可以漫步在白缸线两侧绿荫浓郁、花草簇拥的最美乡道；在"云下湖畔"，游客可以享受面朝青山碧湖、喝咖啡、玩桨板的惬意时光。

人文素质提升

在推动乡村旅游发展的过程中，安吉县不仅注重自然环境的改善，还着力提升村民的人文素质。通过培训和引导，村民逐渐树立开放包容的心态，热情好客地接待每一位游客。他们主动为游客提供贴心服务，如导游讲解、民宿接待等，让游客在享受自然美景的同时，也能感受到当地人的热情和友善。

共享发展红利

安吉县坚持乡村旅游与农民共享发展红利的原则。通过土地流转、就业创业等方式，让村民从旅游发展中获得实实在在的收益。以鲁家村为例，该村依托家庭农场和"公司＋村集体＋家庭农场"的模式，打造了集现代农业、休闲旅游和田园社区为一体的"田园鲁家综合体"。在村集体和企业的共同努力下，鲁家村的乡村旅游业风生水起，成为产业融合的示范区。村民通过土地流转、就业创业等方式获得了租金收入、就业收入、创业收入和分红收入等多元化的经济收益。

安吉县的乡村旅游转型与崛起充分践行了绿水青山就是金山银山理念。安吉县在乡村旅游发展中，注重可持续发展模式的构建，通过生态修复、环境保护、文化传承等措施的推进，实现了乡村旅游与生态环境的和谐共生。同时，通过村民参与、利益共享等机制的建立，确保了乡村旅游的可持续发展，成为全国乃至全球乡村旅游的典范之一。

（案例参考：本案例在彭湃网发布的《浙江省安吉县"两片"叶子助推绿色发展》、人民网发布的《浙江安吉的乡村振兴实践：变化翻天覆地，生态优美如画》、浙江省自然资源厅发布的《安吉：从"采石经济"到"生态经济"的绿色之路》等内容的基础上进行整合。）

（1）结合案例分析发展旅游业会对旅游目的地的经济、社会文化和环境产生什么影响。

（2）请简单分析旅游目的地发展应如何与当地居民的利益挂钩实现村企共赢。

第二节　旅游目的地的社区参与

旅游目的地的
社区参与

1997 年 6 月，世界旅游组织、世界旅游理事会与地球理事会联合制定颁发《关于旅游业的 21 世纪议程》，明确提出旅游业可持续发展应将居民作为关怀对象，把社区参与作为旅游发展过程中的一项重要内容和不可缺少的环节。社区参与旅游发展，一方面，社区是旅游发展的依托，社区要保持合理管理，才能使旅游业可持续发展；另一方面，习近平总书记在党的二十大报告中指出："中国式现代化是全体人民共同富裕的现代化。"旅游是社区发展的路径，旅游发展能够给社区带来诸多收益与改变，包括提供更好的就业机会，提高居民收入，提高总体生活质量，甚至显著提高社区积极参与自然和文化遗产的保护意识。但如果社区与旅游发展之间不协调、不一致，也会导致社区居民产生消极态度。因此，处理好社区参与与旅游发展之间的关系，是发展旅游的关键，对旅游可持续发展研究具有积极作用。

一、社区参与旅游发展概念

"社区参与"一词来源于西方，内蕴着公民参与这一政治理念，指的是宏观的民主政治或决策过程中公民个体的参与。Murphy（1985）正式提出"社区参与"概念，探讨了如何从社区角度开发和规划旅游，自此"社区参与"概念被引入旅游发展领域。社区参与旅游发展是指在旅游的决策、开发、规划、管理、监督过程中，充分考虑社区的意见和需要，并将其作为开发主体和参与主体，以保证旅游可持续发展和社区发展（保继刚，孙九霞，2006）。

二、社区参与的基础理论

社区参与的主要基础理论有公民参与的阶梯理论、增权理论、社会交换理论和社会资本理论。

（一）公民参与的阶梯理论

1969年，阿恩斯坦提出了公民参与阶梯，将公众参与分为三个主要阶段，分别是"非参与""象征性程度"和"公民权利"。按照参与程度，公众参与从低到高依次为操纵、引导、告知、咨询、劝解、合作、授权、公众控制。其中操纵和引导属于非参与阶段，其目的是更好地控制民众。告知、咨询和劝解是象征性参与，在这些情况下，民众可以去了解、去表达、去建议，但他们并不能决定公共政策。最后三个则进入真正行使公民权利的阶段，公民能够影响、决定公共政策。参与阶梯理论不仅有助于确定社区目前的参与水平，还有助于确定促进更多社区参与所需要的步骤。

1. 操纵

操纵是指政府在进行决策时，公众的参与仅仅被限制在签名、集合在一起凑人数等。在这个过程中，政府没有向公众传达有用的信息，也没有交流和讨论，参与仅仅是一种橡皮图章似的装饰，只具有形式上的参与性。

2. 引导

在引导层次，公众会被安排参加大量的活动，但是参与的目的不是完善决策，而是当权者以公众参与的形式达到让公众支持自己的目的。

3. 告知

在告知层次，公众会获得关于决策的一些详细信息，以及他们所拥有的权利和义务。这同样是一个单向交流的过程，而且公众常常是在决策的最后阶段才被告知相关信息，因此无法对决策施加影响。但是，这种告知已经构成参与最重要的第一步，为公民的后续参与提供了基础。

4. 咨询

咨询和告知一样，听取公民意见，也是公众参与的必要内容。咨询最常用的方式就是态度调查、居民会议和公共听证。这时，公众的声音可以被倾听，从而为政府决策提供依据。

5. 劝解

当公众的力量强大到一定程度，政府在做出决策时，就会对公众的反应做出回应，一些公众被吸收进决策程序之中，从而起到安抚作用。

6. 合作

在合作层次上，政府和公众以平等的合作者的姿态出现，公民能够真正发挥力量的参与就开始出现。当公众可以有效地组织起来并拥有资源去聘请技术人员、律师时，公众和政府的合作关系就会更有效率。

7. 授权

公众会在决策中占据主导地位，使规划项目能够对他们而非对政府负责。还有一种情况是，公众和政府分别构成两个平行的团体，当公众不同意政府决策时，他们可以行使否决权。

8.公众控制

公众可以完全控制政策制定和项目管理,并且有能力排除外部干扰进行独立协商。

(二)增权理论

增权理论自 1970 年开始在社会学领域中被应用,并成为其领域的重要理论。增权是"权"增加的过程,包括权利、权力或权能的增加。Solomon 强调增权是一个"减少无权感"的过程。顾名思义,增权是指通过外部的干预和帮助而提高个人的能力和加深对权利的认识,以减少或消除无权感的过程,其最终目的指向获取权利的社会行动及其导致的社会改变的结果(Zimmerman,1990)。根据国内外文献来看,大多数学者都承认社区增权是多维度结构,但由于划分的角度不同,其对应的结构维度也有所差异(见表 11-1)。其中最具代表性的是 Scheyvens(1999)基于增权内容提出的四维度结构,即经济增权、心理增权、社会增权和政治增权(见表 11-2)。

表 11-1　社区增权结构维度

文献	划分角度	增权维度
Scheyvens(1999)	增权内容	经济增权、心理增权、社会增权、政治增权
Boley,McGehee(2014)	增权内容	心理增权、社会增权、政治增权
张海燕,李试林(2011)	增权内容	组织增权、文化增权
廖军华(2012)	增权内容	环境增权、文化增权
Rappaport(1984)	增权层次	个人增权、组织增权、社区增权
Wallace(1996)	增权路径	信息增权、教育增权、个人增权、制度增权

表 11-2　社区增权的四维度结构(左冰,2008)

维度	内容
经济增权	经济增权是指旅游业的发展为当地社区带来持续的经济收益。发展旅游业所获得的经济收入被社区中许多家庭共同分享,拓宽社区居民的收入渠道的同时提高其生活水平。但也可能存在社区主体的旅游经济发展机会、收益不均衡带来的经济去权问题
心理增权	心理增权是指旅游业的发展提高了许多社区居民的自豪感。因为他们的文化、自然资源和传统知识的独特性和价值得到外部肯定。当地居民日益增强的信心促使他们进一步接受教育和培训机会。同时,也要注意社会去权问题,如在旅游业的发展过程中也不可避免地存在少数村民从中获得的旅游红利未达心理预期而产生失望情绪
社会增权	社会增权是指旅游业发展为社区提供了多元化的就业渠道,使得妇女、老人都有就业增收的机会,促进了社区结构的稳定。当社区共同为了推动当地旅游业而努力时也增强了社区凝聚力。此外,部分旅游经济收益用于推动社区发展,如提高社区公共服务、改善道路交通、修建学校或社区图书馆等。同时,也要警惕社会去权问题,如个人、家庭或社会经济群体为获得经济利益相互竞争而不利于社区凝聚力的加强

维度	内容
政治增权	政治增权是指社区居民能够通过各种渠道及各项机制表达个人利益诉求,并赋予社区居民参与平等决策权利的一种过程状态。例如,为发展旅游业而建立起来的机构处理和解决不同社区群体的各种问题,并为这些群体提供被选举为代表参与协商或决策当地旅游业发展事宜、旅游治理的机会。但也可能存在旅游目的地的社区参与机制不够完善,居民在旅游规划、管理和监督等方面未拥有足够的发言权和决策权而产生政治去权问题

(三)社会交换理论

社会交换理论(Social Exchange Theory)兴起于 20 世纪 50 年代后期,它是用经济学、社会学和心理学的理论从微观角度研究人类行为(Homans,1958)。社会交换指的是利益互惠行为,一方向另一方提供帮助、支持等,使得对方有了回报的义务,但不知道对方是否会回报和什么时候回报,因此这种交换关系具有不确定性和风险(Blau,1956)。交换的隐含条件是双方通过交换各自特有的资源,从而达到互利的目的,其核心是自我利益和互相依赖(Lawler&Thye,1999)。

旅游业的发展离不开社区居民的参与,他们是旅游目的地重要的利益相关者,居民对旅游发展的感知决定了其对旅游业的支持程度(王咏,陆琳,2014)。因此,社会交换理论被应用到旅游领域来解释旅游活动中居民参与交换的动因(卢松,张捷,李东和等,2008)。居民对旅游业的支持基于他们对旅游产生的利益和成本的评估(Andereck,2005),如果居民认为旅游收益高于成本,那么愿意参与交换;如果旅游正面影响感知高于负面,社区就可能支持旅游发展。

(四)社会资本理论

社会资本在旅游研究领域是一个相对较新的概念。社会资本通常被理解为人们在社会结构中所处的位置给他们带来的资源。法国社会学家皮埃尔·布尔迪厄首次对社会资本进行系统分析后,社会资本成为社会研究的热门课题。社会资本是与物质资本、人力资本相对应的一个概念(钟涨宝,黄甲寅,万江红,2001),国内外学者对其做了不同程度的研究。科尔曼(1992)认为,社会资源是一种个人通过所拥有的社会结构和人际关系来为结构内部的个人提供便利的集合体。Na-hapiet 和 Ghoshal(1998)认为,社会资本是可嵌入在个体以及社会团体的网络关系中的现实和潜在的资源总和,因此社会资本由网络和可通过网络流动的资产组成。国内学者边燕杰和丘海雄(2000)将社会资本界定为获取稀缺资源的能力,这种能力通过纵向联系、横向联系和社会联系体现。

学者研究发现,社会资本在获得资源、识别机会等方面对乡村创业行为有显著的积极影响(杨学儒等,2017)。但不同类型的村民对社会资本的利用程度不同,同时农牧民社会资本可利用度受民俗文化、中心城镇可达性和居住集聚性等因素的影响(李文龙等,2019)。乡村精英是社会资本在乡村旅游发展中的一个重要研究群体,他们往往拥有比普通村民更多的社会资源、人力资源、经济资源,比普通村民拥有更多的机会与话语权,也更加愿意参与到乡村旅游中,但有时社会资本过度集中所导致的"精英俘获"会使普通村民的福利下降,合作社利益分配不均(李祖佩等,2012;温涛等,2016),甚至形成对国家发展资源的过度依赖(孙九霞等,2019)。

三、社区参与旅游发展的类型

(一)自主型参与—动员型参与

依据参与意识的强弱将社区参与旅游发展划分为主动型和被动型,也可以称为自主型参与和动员型参与。自主型参与并不需要精心组织或者通过游说、劝说等方式说服组织成员参与集体行动,表现为主体的参与意识强,并且行动积极。动员型参与中的居民主体参与意识弱且参与程度低,多为政府引导。在不少旅游刚起步的乡村或者发展相对滞后的乡村,村民除参与公益性岗位、从事小商小贩之外,其他的参与途径较少,融合度并不高。

(二)深层型参与—边缘型参与

深层型参与—边缘型参与以社区的参与层次为主要判断依据。也就是说,边缘型参与的参与层次和内容主要以提高基本服务为主,参与层次低、获利渠道单一,并且参与的内容较为简单。比如,有的乡村是由外来企业投资建设民宿,通过雇用当地村民来为游客提供住宿、餐饮等服务,此时村民就属于边缘型参与。反之,参与内容和层次以规划、管理、经营等有关决策内容为主,参与内容比较复杂且层次高的则为深层型参与。当村民利用村内自有房屋开办农家乐,通过自主经营提高家庭收入,并积极参与本村旅游业的整体发展,这就属于较为典型的深层型参与。

总之,深层型参与者通常是乡村的体制精英或非体制精英,他们掌握了较为充足的经济资源、社会资源,拥有更强的获取信息的能力,对乡村有较高的认同感与归属感,并能够主动加入乡村旅游的发展中,推动乡村旅游的发展,通过规划、管理、经营等途径维护自己的利益。

(三)经营型参与—管理型参与—服务型参与

经营型参与—管理型参与—服务型参与的划分依据与参与主体参与层次的差异和担任的角色成分相关。社区居民以经营者身份经营与旅游相关的小微企业,如参与吃、住、行、游、购、娱等旅游项目,即为经营型参与;以管理者身份运用组织资源,管理旅游企业的经营活动和参与旅游事宜的决策,最终实现经营目标的为管理型参与;以旅游企业员工或服务员身份参与旅游企业的经营业务,即在住宿、餐饮、购物等方面提供专门服务的为服务型参与。

在这三种类型中,经营型参与处在较高的参与层次,该类型的参与者通常对旅游市场和政府政策的变化有较强的敏感性,了解最新、最受欢迎的旅游产品,具有极强的信息获取、机会把握与创新能力。该类型的参与者在资金获取与人脉关系上有一定的优势,是乡村旅游发展的先行者与带动者。

管理型参与较少考虑旅游市场的变化,而是将精力投入旅游企业内部,在经营者的大方向下对旅游目的地人员安排、旅游产品生产、资金运转等进行管理。管理型参与者多受雇于乡村旅游企业或供职于政府单位,其个人素质与能力是促使有效参与的重要因素。

在服务型参与中,社区居民通过为旅游者提供各类服务参与旅游发展,从而获得经济报酬。以长江三峡的神农溪景区为例,被雇用的当地船工和纤夫按小时或次数得到酬劳,或是在沿路兜售地方特产和旅游纪念品,为餐饮和住宿企业提供服务等。该类型参与对知识和个人能力要求较低,村民只能从中获取基本的薪酬,且由于较强的依赖性,其工作时间在一定程度上受客流量和季节的限制。

(四)经济型参与—文化型参与—生态型参与—社会型参与

经济型参与—文化型参与—生态型参与—社会型参与这种路径的划分依据是社区居民参与本地旅游发展的参与内容的类型。

经济型参与是以经济获利、经济发展为主,例如雨崩村村民参与旅游发展的方式,主要为通过向旅游者提供向导、食宿接待、马匹租用等旅游服务来获得经济收益,最终体现在增加当地居民的家庭年收入上。

文化型参与与保护本地文化和当地人文相关。比如以巴拿马库那族人的生活地为例,当地人参与旅游业发展要在尊重本地文化基础上进行,其中参与的方式包括保护传统、珍贵的手工艺品等。在追求旅游经济效益时,不会为了迎合大众旅游者口味抛弃传统风俗。尊重文化内核和精神,保护当地的传统生活和文化,并考虑对旅游业立法。最终实现的成果为将传统文化融入大众旅游(保继刚,孙九霞,2006)。

生态型参与侧重于当地生态环境保护和生态资源开发。比如在洱源县,当地居民通过主动参与对洱源生态湿地的保护,保证"洱源净,洱源清"。并在此基础上,当地居民积极参与恢复建设碧湖、草海、海西海、西湖、东湖等,充当天保员、护林员、保洁员、河道管理员等角色,合理开发当地生态资源和保护当地生态环境,从而参与旅游发展。

社会型参与以当地就业发展或者社会公共服务为主。在芙蓉古村的旅游发展前期,首先由村老人协会组织、推动、经营芙蓉村的旅游发展。为推动旅游发展,村老人协会通过号召村民集资改修村中主路,改善公共基础设施,为当地的旅游发展奠定基础(翁时秀,彭华,2010)。

(五)生存型参与—机会型参与—生活方式型参与

生存型参与—机会型参与—生活方式型参与考虑了社区在参与旅游业发展中的参与动机和目标。

生存型参与是指社区居民以获得收益、维持家庭日常生活为目的而参与当地旅游发展,居民将参与旅游视为一种谋生方式。在不少地方,乡村旅游的发展改变了村民的生计方式,大量传统生计农户向新型生计(旅游经营和务工结合)农户转化(贺爱琳,杨新军,陈佳等,2014)。

机会型参与多见于创业者,他们拥有较丰富的资源、了解当前政策,能够预见本地旅游较好的发展前景,或发掘本地旅游中的新亮点,期望通过参与把握本地旅游发展新方向,寻求自我实现的机会。比如,携程以旗下的度假农庄为支点,发布"新农人成长计划",创造机会和条件,呼吁和吸引大学生返乡实习和工作,大力推动和吸引青年人才返乡。

生活方式型参与是指帮助居民实现工作与家庭间的平衡,使居民实现本地就业,这种参与是维护旅游目的地良好环境、发展原真性旅游的最好方式。例如,那些住在旅游景区周边的居民利用自己的闲置房开办农家乐实现就地就业。

(六)持续型参与—升级型参与—转换型参与—退出型参与

旅游目的地的旅游业发展是一个动态的过程。持续型参与常见于当地旅游发展的成熟期,是一种民主村治、生计多元、生态友好、文化自信的参与方式。以广东丹霞山断石村为例,乡村旅游发展以自下而上形成的民主村治、土地征租、利益分配制度为基础,村民在参与乡村旅游时有较强的参与、维权、环保意识,对村庄有归属感与认同感,并能持续地从旅游发展中获益(王华,龙慧,郑艳芳,2015)。持续性参与实现了村民在政治、经济、心理、社会等多方面增权,对乡村旅游的可持续发展具有重要意义。

升级型参与和转换型参与多发生于旅游目的地的转换阶段,当现有的参与模式已不能适应旅游的发展,居民往往采用升级型或转换型参与模式参与旅游发展。以陕西省袁家村为例,从打造民俗文化体验基地到乡村度假再到打造农副产品品牌,对村庄教育的重视与村民视野的不断开阔促使越来越多的村民参与到乡村旅游的产业革新中,形成了客栈街,创办了第一家文创工作室和书屋,以及创立品牌体验店等(张凌云,2017)。当现有的参与模式已不能适应乡村旅游的发展,或与乡村旅游发展相悖时,村民往往采用转换型参与模式参与乡村旅游。比如,社区居民从向旅游者售卖农副土特产的参与转变为将土地承包给运营商打造生态农场,获取租金收益的参与。这两种参与路径表明社区参与是一个动态的过程,村民的想法在乡村旅游的发展中会不断地变化,产生新的想法。

此外,当现有的外部环境不支持本地旅游的发展时,或社区现有能力不足以支撑其参与旅游发展,如资金不足、人力资源缺乏等,社区居民会选择退出型参与。

四、社区参与旅游发展的影响因素

社区参与旅游发展成功与否受多方因素的影响,表现在政治、经济、社会、制度和文

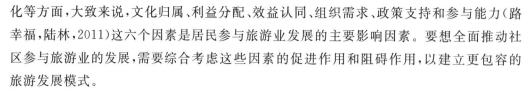
化等方面，大致来说，文化归属、利益分配、效益认同、组织需求、政策支持和参与能力（路幸福，陆林，2011）这六个因素是居民参与旅游业发展的主要影响因素。要想全面推动社区参与旅游业的发展，需要综合考虑这些因素的促进作用和阻碍作用，以建立更包容的旅游发展模式。

1. 文化归属

文化归属因素涉及文化价值、主观意识、文化责任等，包括东道主意识、保护和传播本土文化意识、体现自我价值等。当社区居民对自己的文化和传统有认同感时，他们更愿意保护和展示这些文化遗产，积极参与旅游活动，向旅游者提供文化体验，鼓励旅游者了解、体验并尊重当地传统。相反，若社区居民感觉自己的文化受到侵蚀或忽视，可能会减少对旅游业的积极参与，会对旅游活动持抵触态度。如果旅游活动未能妥善处理文化冲突，就可能导致社区居民对旅游业产生不满和反感。

2. 利益分配

利益分配因素包括政府补贴、旅游公司和集体的分红、收入分配的合理性等，与各利益主体的利益分配有关。旅游业的发展使大量旅游者"侵入"居民日常社区生活空间，对居民日常生活产生影响，因此需要得到合理的补偿。合理的利益分配政策能够使社区居民分享旅游收入，提高他们参与旅游活动的积极性。相反，不公平的利益分配可能使社区居民感到不满，降低他们参与旅游业的意愿。

3. 效益认同

效益认同因素是社区居民对旅游业发展能产生经济社会效益的认同感。居民能够看到旅游业给社区带来的实际利益，如经济增长、就业机会等，这将鼓励他们积极参与旅游活动。当居民认可旅游业对社区的积极影响，他们会更愿意支持和参与相关的旅游活动。如果居民无法看到旅游业的直接效益，或者感觉旅游业对社区带来的负面影响大于正面影响，就可能会减少参与。

4. 组织需求

良好的组织机制能够提供参与旅游的平台和支持，如社区组织、旅游合作社等。当社区拥有组织能力，能够协调各方利益并推动旅游活动的发展，居民更容易参与其中。相反，缺乏有效的组织机制可能导致居民参与旅游活动的难度增加。如果社区内部缺乏合作能力和组织能力，就可能导致旅游业的发展受限，居民参与度降低。

5. 政策支持

政策支持因素指政策和组织对社区参与的支持程度。政府对旅游业的政策支持和优惠政策能够为社区居民提供参与旅游活动的积极动力。合理的政策可以激励和引导居民参与旅游业的发展。如果缺乏政府的支持和政策保障，就可能会降低社区居民的参与意愿。如果政府对旅游业缺乏支持或政策不明确，就可能会导致居民对旅游活动持怀疑态度。

6.参与能力

旅游发展模式是一个长期变化的动态过程。不同的地区,因为地理位置、经济发展水平、村落分布、基础设施建设、当地居民文化水平等因素,在模式的选择上会有所区别。社区居民自身的兴趣、教育水平、经济状况、态度、社交关系、时间、能力和环保意识,直接影响着社区居民参与旅游的意愿和程度。一般而言,当社区居民有一定的财富积累并且善于把握市场、积极发展旅游业的意识较强的,这样的社区居民自主参与程度较高;相反,对于经济资源、知识水平、组织资源等方面处于劣势的居民来说,其自主参与意愿可能不强。

社区与旅游发展的这些因素之间相互交织,同时受外部环境和内部条件的影响。要促进社区参与旅游发展,需要建立良好的政策环境,加强文化保护和传承,提供参与的机会和支持,同时解决利益分配不均和参与能力不足等问题。

五、社区参与旅游发展的作用

社区参与旅游是社区可持续发展的必要途径。合理的乡村旅游社区参与能够解决旅游目的地内部的社区利益纠纷,化解矛盾,实现乡村旅游可持续发展。同时,社区参与还有利于增强社区民众对政府的信任度,构建和谐社会。因此,重视和鼓励社区参与是旅游目的地管理的一项重要工作内容。

1.提升旅游目的地形象,塑造人文环境

社区参与是提升旅游目的地整体形象和塑造良好的人文环境不可或缺的重要因素。实例表明,旅游目的地的有序性、安全性会直接影响旅游环境。旅游业作为地方长期规划的项目,更好地发挥社区的亲和力,提升旅游目的地的整体形象,将吸引更多的旅游者。

2.提高旅游目的地旅游业的质量

社区参与可以提高旅游业的质量。当地社区可以提供有关当地文化、历史、传统和生态系统的深入了解渠道,为旅游业提供创新的旅游产品和服务。这些产品和服务可以更好地满足旅游者的需求,提高旅游业的质量。

3.促进旅游目的地旅游业的可持续发展

社区参与可以确保旅游业的规划和发展与当地社区的需求和利益相符,同时避免对当地环境和文化造成负面影响。社区参与还可以促进旅游业的多元化发展和可持续发展,以确保旅游业长期发展和当地社区的经济与社会稳定。

4.促进当地社区的经济发展

社区参与可以促进当地社区的经济发展。旅游业的发展可以带来更多的就业机会和商业机会,刺激当地经济的增长。当地居民可以通过旅游业获得更多的收入和机会,提高其生活水平和社会地位。

5.增强社区参与能力和社会凝聚力

社区参与可以增强当地社区的参与能力和社会凝聚力。当地社区可以通过参与旅游业的规划和发展,更加深入地了解旅游业的机会和挑战,更加积极地参与到旅游业的发展中来,从而提高社区的凝聚力和社会稳定性。

总之,社区参与旅游发展可以提升旅游目的地形象,促进旅游业的可持续发展,提高旅游业的质量,促进当地社区的经济发展,增强社区参与能力和社会凝聚力。因此,旅游业的发展应该与当地社区紧密结合,充分发挥社区参与的作用,以实现旅游业的可持续性和长期发展。

第三节　旅游目的地的主客共享

旅游目的地的主
客互动和主客
共享

一、主客互动的空间场所

旅游是跨地区、跨文化的社会交往活动,它促使游客与东道主两个群体在旅游目的地相遇,这种相遇具有“自我”和“他者”相遇的韵味,是一种主客互动关系。

(一)主客互动的定义

主客互动也称主客交往,最早由学者瓦伦·L·史密斯在《东道主与游客:旅游人类学研究》一书中提出。主客互动作为旅游场域的重要组成部分,对促进旅游目的地的可持续发展,以及形成积极的人地关系具有重要意义。自20世纪70年代以来,关于主客互动的研究成为广大学者关注的焦点。主客互动的概念最早源于“互动仪式”,被界定为一种表达意义性的程序化互动。

主客互动具有两层含义:从广义上讲,主客互动是指客源地社会和旅游目的地社会不同文化之间的碰撞。从狭义上讲,主客互动是指一种“客—我”关系的总和(“客”特指作为外来者的游客,“我”特指作为主人的当地居民)。简单来说,主客互动是指游客和当地居民之间的人际交往互动(周春发,2013)。Bimonte & Punzo(2016)基于社会交换理论建立主客关系的概念框架,提出主客互动的实质是东道主提供的“资源空间”与游客“货币”之间的交换,在这个交换过程中,东道主扮演着“服务提供商”的角色,游客扮演着“顾客”的角色。

(二)主客互动的场所

通常来说,人类的活动空间可以划分为公共空间、半公共空间和私人空间。公共空间主要包括广场、街道、博物馆等;半公共空间主要包括餐馆、商店、宾馆、表演舞台等;私人空间主要是指居民的家。

主客互动的场所一般是以场所的权属与受限制程度为依据,将主客互动场所分为公共空间的主客互动、半公共空间的主客互动和私人空间的主客互动(张机,2012)。比如,当旅游者来到某一个旅游目的地的时候,就会出现和当地居民共享公共空间、半公共空间的现象。如果居民在自己家中展开旅游接待服务,那么就可能出现私人空间中的主客共享。

(三)主客互动的内容与方式

主客互动的内容主要包括商品与服务、文化与风俗以及情感交流。

主客互动的方式主要可以分为言语互动和非言语互动。言语互动包括口头语言和书面语言,以口头语言为主。非言语互动包括手势、姿势、表情和空间距离等。

二、主客互动关系类型

随着旅游业的发展和对旅游业影响研究的不断深入与完善,不能把所有的旅游业影响简单地归因于旅游业开发,而应同时考虑接触旅游活动时主客双方的情况。因为旅游者在旅游目的地开展活动时会与社区居民互动交流,就会产生一种主客二元关系。"客"自然就是指旅游者,"主"是相较于"客"来界定的,一般指的是旅游目的地的社区居民,广义上来讲,"主"应该包括旅游目的地的当地居民、受聘于旅游行业的而为游客提供服务的人等(谌文,2006)。

在旅游者和居民的主客互动过程中,会出现三种不同类型的交往模式,分别是自我主体性类型、他者主体性类型、伦理他者类型(陈莹盈,林德荣,2015)。

(一)自我主体性类型

自我主体性是指以自我为中心,忽视了他者的现实的具体存在。在这种主客互动关系中,一方面旅游者在有限的时间里无法深入理解当地居民,旅游者将自己当成世界的中心,将旅游目的地的人、事、物当作是为自己服务,将旅游目的地居民视为服务员。另一方面,由于旅游活动的暂时性,东道主与旅游者的接触机会也不多,有时甚至是一次性的,这一特性会使当地居民忽略旅游者的感受,从而选择从自身利益出发,忽视旅游者的利益诉求。这样的主客互动会使人与人之间关系的冲突越来越严重,极大地阻碍了旅游的可持续发展。

(二)他者主体性类型

他者主体性是指以他者为中心,自我依附于他者。在这种主客互动关系中,一方面旅游者对当地居民展示或提供的东西全盘接收,甚至是迷恋,对自我所处的社会文化环境堆积起来的不满,更容易导致旅游者出现这种倾向,从而容易得出"月亮是外国的圆"的结论。另一方面,对于东道主来说,旅游发展带来丰厚的经济收益,使不少旅游目的地

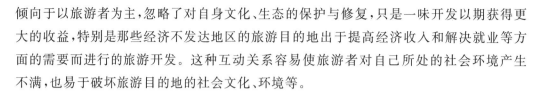

倾向于以旅游者为主,忽略了对自身文化、生态的保护与修复,只是一味开发以期获得更大的收益,特别是那些经济不发达地区的旅游目的地出于提高经济收入和解决就业等方面的需要而进行的旅游开发。这种互动关系容易使旅游者对自己所处的社会环境产生不满,也易于破坏旅游目的地的社会文化、环境等。

(三)伦理他者类型

伦理他者观念强调自我与他者互为中心,二者是平等的关系。伦理他者类型的主客互动关系所倡导的是互相尊重、互相包容,这种主客互动关系有助于推动旅游可持续发展。

对旅游活动中的主客互动关系处理,持有不同的观念自然会带来不同的行为方式与结果。三种自我与他者关系类型的主客互动会带来不一样的行为表现与影响。显然,自我主体性类型与他者主体性类型的观念容易使旅游行为失之偏颇,不利于主客形成融洽的互动关系,也不利于当地旅游的永续发展。对自我主体性类型的旅游者与他者主体性类型的东道主而言,他们形成合力,以产生负面影响的方式共同作用于主客双方,阻碍了旅游的可持续发展。类似地,他者主体性类型的游客与自我主体性类型的东道主在妨碍旅游发展的步伐上是一致的。

因此,践行伦理他者观念是推动旅游可持续发展的重要助力,伦理他者类型的主客互动关系是最健康的一种关系,它所倡导的互相尊重、互相包容,有益于游客与东道主的和谐互动,也有益于妥善处理旅游活动中人与自然、人与人之间的关系。换言之,伦理他者类型的主客关系提倡的是一种主客共享的观念。

三、东道主与旅游者的关系

旅游目的地中的东道主与旅游者互动是旅游研究中的一个重要议题。旅游者在旅游目的地不可避免地产生互动关系。由于旅游具有异地性特征,旅游者在旅游目的地往往会面临文化上的差异,这就可能引发文化冲突和误解。在旅游互动中,旅游者与东道主需尊重彼此的文化差异,建立积极的互动关系。重视主客关系对于旅游可持续发展至关重要,有利于提升旅游者体验、保护环境和促进经济发展。

(一)不同类型的东道主与旅游者的关系

众所周知,旅游业被认为是一个能够为旅游目的地带来经济利益和社会效益的绿色产业,许多发展中国家和地区将旅游业视为支柱产业,为当地创造就业机会、提高生活质量以及促进经济增长。在旅游发展中,东道主通常担任多种角色,并与旅游者建立不同类型的关系。

在旅游业中,部分东道主扮演着边缘人或文化中介人的角色。他们经过专业的培训,懂得如何吸引旅游者和了解旅游者的需求,并提供满意的服务,还可以向旅游者介绍旅游目的地的文化与特色,为旅游者提供专业的旅游服务。这部分东道主与旅游者尊重彼此的文化差异,双方产生良好的合作关系的同时为旅游者带来满意的旅游体验,减少了主客冲突。

另一部分东道主既是社区居民又是旅游的服务者,扮演着双重角色,这类东道主与旅游者的关系较为复杂。他们和旅游者的关系与旅游目的地的开发模式密不可分。以乡村旅游开发来说,主要包括内生性开发模式和外生性开发模式。

在内生性开发模式中,开发者代表的是东道主的利益,因此东道主能团结一致,与旅游企业关系融洽,他们也能得到更多的实惠。但由于旅游服务人员都是周边的居民,旅游服务能力较弱。旅游目的地旅游的开发水平较低,一般仅仅提供较低层次的旅游产品,旅游者的体验可能不是很好,而且旅游者与东道主的接触会容易对当地文化产生冲击,使东道主对自我文化认同感下降。外生性开发模式较为典型的是竹泉村,引入外部资本,统一规划运作,托管经营发展旅游,实现经营权与所有权的分离,为旅游者提供更优质的服务。

(二)不同类型的旅游者与东道主的关系

尽管旅游者出游有相同的目的,即获得愉悦的休闲体验,但旅游者本身却有着不同的特征,不同类型的旅游者和东道主之间的关系也会有所不同。

美国心理学家 Plog 在研究中根据人的个性差异把人分为自我中心型与多中心型。Plog 又转而将这一分类应用于旅游研究中,自我中心型的旅游者喜欢到熟悉的目的地旅游,活动项目较少,喜欢沉浸于熟悉的氛围中,喜欢团体旅游。与此相反,多中心型的旅游者喜欢独立旅游。这两种类型的旅游者和东道主的关系很不同。

多中心型的旅游者表现为自信,追求新奇体验,不喜欢跟团旅行,喜欢尚未开发和开发初期的旅游目的地,更具有冒险精神和探索精神。他们往往选择和他们的惯常环境、文化习俗差异较大的旅游目的地,并对旅游目的地的文化产生浓厚的兴趣,会更加主动地探索和了解旅游目的地的各方面,与东道主积极主动地交流,了解与惯常地不同的风土人情,有的甚至喜欢与东道主同吃同住,沉浸式体验地方文化,满足自己旅游需求的同时给东道主带来经济效益。

与多中心型游客相比,自我中心型的旅游者则表现为保守、自律、缺乏冒险意识,倾向于团体行动,喜欢熟悉的旅游目的地和妥当的日程安排。他们往往选择距离惯常地较近的热门打卡地或者著名的旅游目的地,因为这类旅游者喜欢熟悉的环境和氛围。由于他们的这种特质,他们往往与旅游目的地东道主保持距离,不像多中心型旅游者那样热情好奇,他们与东道主的关系更多的是以冷漠为主。

此外,还可以根据旅游者的出行目的,将其划分为商务型旅游者、观光型旅游者、消遣娱乐型旅游者、探险型旅游者以及探亲访友型旅游者。由于不同旅游者的出游目的不同,对旅游目的地的文化的适应能力也存在差异性,他们与东道主的互动关系自然也会表现出差异性。

商务型旅游者一般人数较少,强调舒适和方便,消费能力强,对东道主的旅游服务的品质要求较高,希望服务人员受过良好的培训,能够满足他们的需求,他们一般不直接与东道主打交道,他们接触的只是受过专业训练的服务人员。虽然这类旅游者对旅游目的地的经济影响较大,但他们与东道主之间的冲突较少,既保持自己的生活习惯又能体验地方特色美食。东道主与其互动关系较为冷漠。

观光型旅游者通常不会主动与东道主交流,但当他们在购物场所、旅游景区等场所遇到东道主时也会愿意进行日常交流。一般观光型旅游者对旅游目的地的小品景观、景点比较感兴趣,如果看旅游到目的地与自己惯常地差异较大的景观,还是会与东道主交流、询问,了解地方文化,也可能适度参与当地的文化活动,通过体验当地风俗加深对旅游目的地的理解。这种互动不仅丰富了旅游体验,还促进了文化交流。

消遣娱乐型旅游者的主要目的是寻求身心的放松与愉悦,远离日常工作的压力与束缚,享受旅游过程中的轻松氛围和娱乐活动。他们更倾向于选择那些能够提供丰富的娱乐设施、休闲项目和优美自然环境的旅游目的地。在旅行中,他们往往乐于结识新朋友,享受与当地人的互动与交流。这种社交需求促使他们与东道主交流、分享娱乐体验和美食体验,也会积极参与当地的节日庆典或文化体验项目,从而丰富旅游经历,加深对旅游目的地的了解。

探险型旅游者则与以上三种旅游者有所不同,他们往往比较好奇旅游目的地的文化,对旅游目的地的原始文化十分感兴趣,他们类似于人类学家,积极参与和观察东道主的生活,更愿意适应东道主的生活,有的探险型旅游者喜欢与东道主同吃同住,因此和东道主的关系比较融洽。

探亲访友型旅游者往往是因事出游,与东道主之间存在某种关系或者联系,他们会与东道主同吃同住,也比较适应东道主的文化与生活,给东道主带来的经济利益不大。

虽然东道主和不同类型的旅游者之间存在社会距离和习惯的差异,但旅游活动的开展还是将不同文化背景的东道主和旅游者连接在一起。那他们之间的关系到底是怎样的呢?本质上来讲是一种利益交换关系。旅游目的地的东道主想通过发展旅游获得经济利益,促进地区经济的发展;旅游者则想要获得与惯常地不一样的旅游体验,满足自我的旅游需求。

东道主与旅游者之间积极的互动关系有利于双方需求的达成,既满足旅游者的旅游需求又满足地方经济的增长。当东道主与旅游者发生冲突时,主客的互动不能满足个人期待,则可能出现旅游投诉增加、旅游者满意度降低、旅游非理性经营等问题(王进,周坤,2021),不仅影响旅游者的旅游体验,还会损害旅游目的地形象,直接影响旅游目的地的经济发展。因此,处理好主客关系,实现共享,是旅游可持续发展的关键。

四、主客共享

旅游目的地主客共享强调旅游体验的共同体性质,并探讨旅游目的地与当地民众之间的动态关系。在现今世界中,旅游业已成为许多国家和地区的经济支柱,而旅游目的地主客共享则被视为可持续旅游发展的一种新途径。所谓主客共享,是指外地游客和本地东道主都拥有对旅游产业相关联的所有资源、基础设施和娱乐项目等的使用权。在旅游发展过程中,旅游目的地既不能为了满足旅游者的需求而损害当地居民的利益,又不能为了保障当地居民的利益而忽略旅游者的感受。

打造主客共享的旅游目的地,让居民和旅游者共享美好生活,正是旅游发展的最终目标。未来想要更好地打造主客共享的旅游目的地可以思考的点有以下几个。

1. 主客信念共享

旅游目的地居民与旅游者虽然存在文化差异,但对旅游目的地的历史、景观、文化、环境、旅游影响仍然存在共同的信念,这有助于引导居民和旅游者相互尊重,重视当地的自然和文化遗产,对旅游发展持支持的态度,和谐共处,维持旅游目的地正常的社会秩序。

2. 主客行为共享

居民与旅游者在旅游目的地依托相同的生产和生活环境,共同的行为可以包括参与节事活动、宗教祭祀活动、户外娱乐活动、餐饮和购物活动、休闲游览活动等,共享休闲和游览的空间(王雅君,林翠生,蔡晨沁,2016)。共同的行为使二者紧密融合在旅游目的地的生活中,在共享的活动空间进行共同的行为,促使居民和旅游者的边界逐渐模糊,陌生感、另类感和排他感逐渐消失,接触的机会增多,情感一致性增强(王雅君,林翠生,蔡晨沁,2016)。

3. 主客互动共享

信念指导着行为的实施,行为上的互动使居民和旅游者交流思想、消除刻板印象。居民与旅游者通过经济交易、聊天、旅游解说等活动增加互动,加深了对彼此的理解和好感,培养了彼此的亲切感和友好意识。随着交往频率的增加,居民和旅游者在情感上形成了一致性。

案例分析二

"进淄赶烤"火热开场,淄博如何解决"主客矛盾"?

淄博烧烤在"五一"期间爆火,城市客流量再度迎来高峰。从进淄"赶烤",到进淄"复烤",网红淄博的热度非但没有退去,反而让当地更多的元素不断出圈,同时淄博多管齐下的服务措施也受到称赞。

让利于客,让路于客,让景于客

就在"五一"假期到来之前,淄博却因几个差评再次冲顶热搜,各种评论接踵而来。

关于当地经营者与游客的矛盾,淄博当地政府部门发布了《致全市人民的一封信》。这封在朋友圈里广为传播的公开信,用亲切的口吻感谢了淄博市民为游客所做的服务,

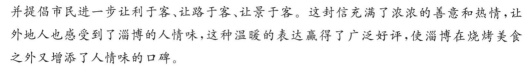

并提倡市民进一步让利于客、让路于客、让景于客。这封信充满了浓浓的善意和热情，让外地人也感受到了淄博的人情味，这种温暖的表达赢得了广泛好评，使淄博在烧烤美食之外又增添了人情味的口碑。

暴增的游客量，提高警惕

淄博初尝了大量游客涌入所带来的好处，毕竟旅游业拉动了各个产业链的消费动能，包括吃住行游购娱等。但突然暴增的游客会影响东道主的正常生活，引发一系列的矛盾问题，比如，游客不尊重当地习俗、对东道主产生凝视行为、引起物价升高、过度商业化等。同样，淄博也不例外，淄博本地人与游客的矛盾也已凸显，除了烧烤店的压力大外，拥堵的八大局菜市场也影响了本地居民的出行。因此，旅游目的地管理者需要警惕过度旅游带来的潜在影响，保持旅游业的可持续发展。

相比老牌旅游目的地，新兴旅游目的地面对过度旅游的挑战更为严峻。这些地方通常还未完全建立起健全的旅游基础设施，如住宿、交通、景区等方面的承载能力有限，旅游服务质量也可能跟不上，容易导致游客与当地居民之间产生主客矛盾。

短期的"让"倒不如主客共享

未完全建立起健全的旅游基础设施和接待能力有限或许是"让"的底层逻辑所在。暂时的"让"是一种谦和形象的做法，也是解决接待能力不足的缓兵之计。特别是在假期来临之际，要提前敦促市民做好"让"的准备，规避多种主客矛盾。例如，像公开信中所建议的那样，合理错峰出游，将景区让给游客。

一个地方的旅游业发展会使很多人受益，但也会使一部分人放弃自己的合理权益。旅游目的地的发展最终应最大限度地造福当地居民。与其简单地倡导"让"，不如想出更多办法充分挖掘资源、提升基础配套设施水平、提高服务品质，最终实现"主客共享"，让当地居民和游客都能享受各自的权益，实现最大程度的和谐共处。

（案例参考：本案例在新旅界、新华网、杂谈等发布的《淄博"五一"火热开场，如何解决"主客矛盾"？》、澎湃新闻发布的《"淄博烧烤"靠什么火爆出圈》和中国新闻网发布《五一游客"挤爆"全国，旅游业如何打造下一个淄博？》等内容的基础上进行整合。）

（1）阅读上述案例，试分析旅游目的地主客冲突的表现在哪些方面。

（2）试详细说明旅游目的地应如何实现主客共享。

第四节　旅游目的地社会责任

旅游目的地
社会责任

一、旅游目的地社会责任的概念

旅游目的地社会责任是指在旅游目的地的经营管理过程中,充分考虑发展旅游业对所在社区和环境的影响,对所有利益相关者负责,平衡和满足利益相关者对获利的诉求,其中旅游目的地的利益相关者包括政府、企业、居民、游客、非营利组织等(粟路军,黄福才,2012)。

由于旅游目的地具有公益性及营利性特征,因此旅游目的地社会责任包括环境责任、社区责任、经济责任和利益相关者责任等方面。

1.环境责任

环境责任是旅游目的地社会责任的核心之一。它要求旅游业在发展过程中采取可持续的方式,减少对环境的负面影响,如减少污染、保护生物多样性、节约资源和能源、实施垃圾分类与回收等。旅游目的地应制定并严格执行环境保护政策,确保旅游活动不会破坏当地的自然生态系统和文化遗产。此外,通过推广生态旅游和绿色旅游,可以引导游客尊重并保护自然环境,实现旅游与环境的和谐共生。

2.社区责任

社区责任强调旅游目的地应尊重并促进当地社区的发展,包括确保旅游收益能够公平地惠及社区成员,提高当地居民的生活水平;保护当地的文化传统和风俗习惯,避免文化同质化;鼓励社区居民参与旅游业的决策和管理过程,增强他们的归属感和责任感;通过教育和培训项目,提升社区居民的技能和就业能力,使他们能够从旅游业中获得更多的机会和利益。

3.经济责任

经济责任要求旅游目的地在追求经济效益的同时,也要考虑其对社会和环境的贡献。这包括通过提供高质量的旅游产品与服务和部分旅游收入所得用于维护或保护当地的文化遗产,吸引更多的旅游者前来消费,从而带动当地经济的发展。同时,要确保旅游目的地旅游经济的公平性,既要带动社区居民参与其中共同致富,又要与当地的特色产业相结合,以"+旅游"的方式融合发展,实现经济的多元化和均衡化发展。此外,旅游业还应积极承担税收义务,为当地政府提供财政收入支持公共服务和基础设施的改善。

4.利益相关者的责任

利益相关者责任是指旅游业在运营过程中要充分考虑并满足所有相关利益方的需

求和期望。这些利益相关者包括政府、企业、居民、旅游者、非营利组织等。

对于政府和非政府组织来说，应积极响应政策导向和社会需求，履行社会责任和公益义务。对于企业来说，遵守商业道德，提供真实、透明的旅游产品和服务信息，不虚假宣传；实施绿色旅游策略，减少对环境的影响，如节能减排、垃圾分类、生态旅游产品开发等，同时也要关注社区发展，尊重当地文化，支持当地经济发展，通过旅游活动带动社区就业和收入增长。对于居民说，作为旅游目的地的主体，居民有责任保护和传承当地的文化遗产和风俗习惯，避免过度商业化导致文化失真；积极参与旅游业的发展，通过提供旅游服务、出售手工艺品等方式获取旅游红利；支持并参与环境保护活动，共同维护旅游目的地的生态环境。对于旅游者来说，遵守旅游目的地的法律法规和风俗习惯，尊重当地文化，不破坏环境，不参与违法活动；理性选择旅游产品和服务，避免盲目跟风和奢侈浪费，支持可持续旅游。此外，要积极反馈与监督，对旅游过程中的问题和不足提出合理建议，参与旅游监督，促进旅游业的不断改进和提升。

总之，旅游目的地社会责任是一个综合性的概念，需要旅游业在环境、社区、经济和利益相关者等多个方面做出努力和贡献。只有这样，才能实现旅游业的可持续发展和社会的和谐进步。

二、旅游的社会责任评价

如何判断旅游目的地社会责任感的强弱呢？可以构建旅游目的地社会责任评价指标体系，使旅游目的地在获取利润和履行社会责任之间寻找一个准确的方向，用于指导旅游目的地积极承担社会责任。旅游目的地社会责任评价包括环境保护、社区经济、社区慈善，以及旅游者关注这四个维度的评价。

1. 环境保护维度

环境保护维度包括旅游目的地旅游资源开发的环保性、旅游设施的环保性、控制旅游产品的环保性、使用清洁能源、严格管理废弃物、控制处理污染物等指标，主要考虑旅游目的地在保护环境、治理污染方面做出的努力。

2. 社区经济维度

社区经济维度主要包括旅游业是否与当地社区保持良好的沟通、是否能提高当地居民的收入，以及能否为社区居民提供就业机会等指标，这个维度是考量旅游目的地发展旅游业对当地社区经济发展的作用。

3. 社会慈善维度

社会慈善维度包括旅游目的地对社区捐赠和慈善的支持、对教育事业的支持、对文化和艺术的支持等指标，是指评价旅游地对社区发展与进步的关注度。

4. 旅游者关注维度

旅游者关注维度包括旅游产品的安全可靠性、公平对待旅游者、服务产品的特色性和旅游设施便捷方便性等指标,这个维度考虑对旅游者权益的保护。

在评价旅游目的地社会责任时,旅游者会更看重环境保护和社区经济两个维度,这两个维度是旅游者对旅游目的地社会责任较为敏感的感知点。旅游目的地在履行社会责任时应着重增加这两个维度的工作内容,通过科学合理的管理,赢得旅游者的认同和支持,为旅游目的地提升品牌知名度、提高经济效益提供基础和支持。

三、旅游目的地承担社会责任的作用

1.承担社会责任能提升旅游目的地声誉和旅游目的地认同感

承担相应的社会责任是旅游目的地建立良好声誉的一种行之有效的方法,并且旅游目的地通过获得良好的声誉,可以促使旅游者对其产生认同感。同时,旅游者对旅游目的地的忠诚度会提升,这会使旅游者选择多次重游,从而有利于旅游目的地与旅游者之间建立良好、持久的关系。

2.承担社会责任对旅游地品牌资产具有正面影响

当旅游目的地积极践行社会责任时,其知名度会显著提升。同时,旅游者对当地提供的旅游产品和服务的质量感知也会增强,进而加深他们对品牌的忠诚度。这种品牌忠诚度的提升将有效提高品牌的市场竞争力,最终促成品牌溢价的实现,全方位丰富和提升旅游目的地的品牌资产价值。

四、旅游目的地社会责任的承担

旅游目的地社会责任通过旅游目的地的核心利益相关者来实践和承担,包括政府部门、旅游企业、旅游者和旅游目的地居民等,他们需要承担旅游业发展中的社会责任,避免环境问题、过度商业化,以及利益纠纷等社会问题的发生。

(一)政府部门

政府部门首先制定各类相关政策法规,提供有效的保障机制和制度环境。政府还应重视国际旅游的营销,无论是宏观引导还是资金费用,政府应给予支持。作为旅游发展的主导者,政府不仅要加大公共基础设施的建设力度,还要采取有效措施阻止对旅游资源的过度开发和生态环境的破坏,努力从全局出发,协调各方利益。

(二)旅游企业

旅游企业要在旅游活动开展中推进文明旅游和旅游文明,对旅游目的地的特色文化要进行合理开发和保护。此外,还要诚信经营,为旅游者提供优质、环保的旅游产品,要将环保理念自觉运用于日常产品设计和服务中。

(三)旅游者

旅游者作为旅游活动开展的主体,也要承担相应的社会责任。旅游者应该做一个理

性、文明的旅游者,保持理性的消费观念,拒绝不良旅游行为。同时,旅游者应在旅游过程中传播健康的生活方式,规范自己的言行举止。

(四)旅游目的地居民

旅游目的地居民作为东道主,有义务主动承担保护旅游目的地的社会责任。旅游目的地居民要积极参与旅游业的发展,加大对当地传统文化和环境的保护力度,要采取合理有效的方式来维护当地旅游业的可持续发展。

总而言之,旅游目的地在享受旅游发展带来的经济效益的同时,也不能忽略对社会责任的承担,经济和社会同步发展才是发展旅游业的最终目的。

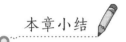

本章主要详细介绍了旅游业的发展对旅游目的地的经济发展、社区居民生产和生活、社会文化以及环境所产生的影响,要求理解社区参与旅游发展的相关理论,掌握社区参与旅游发展的影响因素、发展路径,能够从主客共享的角度去学习主客关系的类型、主客的互动方式;介绍了旅游目的地的社会责任,具体包括旅游目的地社会责任概念、评价标准,以及旅游地利益相关者应如何承担旅游的社会责任。

(1)详细论述旅游业的发展对旅游目的地居民的影响。

(2)阐述旅游目的地社区参与的路径有哪些。

(3)阐述旅游目的地游客和居民之间的互动有哪些类型。

(4)试简单分析影响旅游目的地社区参与程度的因素。

(5)试分析旅游目的地主客共享有哪些积极作用。

(6)熟悉并理解旅游目的地社会责任的概念和旅游目的地社会责任评价。

(7)试分析旅游目的地主动承担社会责任的意义。

(8)试举例说明旅游目的地如何积极主动地承担社会责任。

获取更多更新资源,请到中国大学 MOOC 网站搜索"走进旅游目的地:理论与实务"课程进行学习。

参考文献

[1] 保继刚,孙九霞.社区参与旅游发展的中西差异[J].地理学报,2006,61(4):401-413.

[2] 陈莹盈,林德荣.旅游活动中的主客互动研究:自我与他者关系类型及其行为方式[J].旅游科学, 2015,29(2):38-45,95.

[3] 谌文.乡村旅游发展中的主客关系研究[D].长沙:湖南师范大学,2006.

[4] 贺爱琳,杨新军,陈佳,等.乡村旅游发展对农户生计的影响:以秦岭北麓乡村旅游地为例[J].经济 地理,2014,34(12):174-181.

[5] 连漪,岳雯.基于旅游者视角的旅游地社会责任研究[J].上海商学院学报,2011,12(3):9-13

[6] 卢璐.古村落旅游区主客交往与互容性研究:以皖南宏村为例[D].西安:陕西师范大学,2011.

[7] 卢松,张捷,李东和,等.旅游地居民对旅游影响感知和态度的比较:以西递景区与九寨沟景区为例 [J].地理学报,2008,63(6):646-656.

[8] 路幸福,陆林.乡村旅游发展的居民社区参与影响因素研究[J].资源开发与市场,2011,27(11): 1054-1056.

[9] 粟路军,黄福才.旅游地社会责任、声誉、认同与旅游者忠诚关系[J].旅游学刊,2012,27(10):53-64.

[10] 孙九霞,保继刚.从缺失到凸显:社区参与旅游发展研究脉络[J].旅游学刊,2006(7):63-68.

[11] 王华,龙慧,郑艳芬.断石村社区旅游:契约主导型社区参与及其增权意义[J].人文地理,2015,30 (5):106-110.

[12] 王雅君,林翠生,蔡晨沁.基于迪尔凯姆情感团结理论的居民对旅游者的态度研究:以福建永定洪 坑土楼群为例[J].海南师范大学学报(自然科学版),2016,29(1):83-88.

[13] 王咏,陆林.基于社会交换理论的社区旅游支持度模型及应用:以黄山风景区门户社区为例[J].地 理学报,2014,69(10):1557-1574.

[14] 翁时秀,彭华.权力关系对社区参与旅游发展的影响:以浙江省楠溪江芙蓉村为例[J].旅游学刊, 2010,25(9):51-57.

[15] 熊礼明.旅游目的地主客和谐关系构建研究[M].成都:四川大学出版社,2014.

[16] 熊礼明.游客对农业文化遗产地旅游主客冲突感知研究[J].中国农学通报,2014,30(23):316-320.

[17] 张帆."负责任旅游"概念的起源与发展[J].旅游科学,2006(6):9-14.

[18] 张广瑞.关于旅游业的 21 世纪议程(一):实现与环境相适应的可持续发展[J].旅游学刊,1998 (2):49-53.

[19] 钟洁,冯蓉.论社会冲突理论视角的旅游社会冲突正负双重功能:基于对西部民族地区旅游业发展 的考察[J].民族学刊,2018,9(2):59-64,117-118.

[20] 钟涨宝,黄甲寅,万江红.社会资本理论述评[J].社会,2001(10):29-31.

[21] 左冰,保继刚.从"社区参与"走向"社区增权":西方"旅游增权"理论研究述评[J].旅游学刊,2008 (4):58-63.

[22] ANDERECH K L, VALENTINE K M, KNOPF R C, et al. Residents & amp; apos; perceptions of community tourism impacts. Annals of tourism research, 2005, 32 (4): 1056-1076.

[23] BIMONTE S, PUNZO L F. Tourist development and host-guest interaction: an economic

exchange theory [J]. Annals of tourism research，2016，58：128-139.

[24] BLAU P M. Social mobility and interpersonal relations [J]. American sociological review，1956：21(3)：290.

[25] BOLEY B B，MC GEHEE N G. Measuring empowerment：developing and validating the resident empowerment through tourism scale(RETS)[J]. Tourism management，2014(45)：85-94.

[26] HOMANS G C. Social behavior as exchange. American journal of sociology，1958，63：597-606.

[27] LAWLER E J，THYE S R. Bringing emotions into social exchange theory. Annual review of sociology，1999，25：217-244. ?

[28] MURPHY P E. Tourism：a community approach[M]. New York：Methuen,1985.

[29] NAHAPIET J，GHOSHAL S. Social capital，intellectual capital，and the organizational advantage [J]. The academy of management review，1998，23(2)：242-266.

[30] RAPPAPORT J. Studies in empowerment：lntroduction to the issue. ln Studies in empowerment：steps toward understanding and action[D]. Edited by J，Rappaport C，Swift and Ress. New York：Haworth Press，1984.

[31] SCHEYVENS R. Ecotourism and the empowerment of local communities [J]. Tourism management，1999，20：245-249.

[32] SHERRY R. Arnstein：a ladder of citizen participation[J]. Journal of the American institute of planners，1969，35：216-224.

[33] WALLACE G N，Pierce susan M. an evaluation of ecotourism inamazonas，brazil[J]. Annals of tourism research，1996. 23，(4)：843-873.

[34] ZIMMERMAN M A. Taking aim on empowerment research：on the distinction between individual and psychological conception [J]. American journal of community psychology，1990，18(1)：169-77.

第十二章　旅游目的地发展新趋势

学习目标

　　理解旅游目的地可持续发展、高质量发展、负责任旅游的概念；了解全域旅游的含义、特征和发展目标；掌握文旅融合背景下旅游目的地发展的特征、目标、基本原则以及发展策略。通过展示旅游目的地的新发展凸显制度优势，树立道路自信，培养学生的创新意识，从而推动旅游目的地不断发展。

第一节　可持续旅游目的地发展

一、可持续发展理论

旅游目的地可持
续发展理论

（一）可持续发展的由来

　　20 世纪 60 年代是人们开始普遍关注可持续性问题的重要时期。1972 年，联合国在斯德哥尔摩召开了第一次人类与环境会议，会议的主要成果是形成了一个环境行动纲领并启动了"地球保护战略"。这是人类环境保护行动计划的实施手段，其重点是阐明如何将发展与保护之间的关系协调起来，使两者并存并相互促进。任何形式的生产和消费都包含了可持续性，因此可持续发展的讨论应包括人类的一切活动。旅游之所以成为可持续发展的重要领域之一，其原因有二：一是旅游的生产和消费往往发生在环境脆弱的自然和人造景区内，如风景区、海滩、建筑遗址等；二是环境和文化是旅游产品的重要组成部分，而这些资源的消耗通常没有合理的价格机制来调节（郭胜，2014）。

（二）可持续发展的基本观点

　　可持续发展的基本观点包括可持续性观点、公平性观点和共同性观点（邹统纤，

2019)。

1. 可持续性观点

可持续性是可持续发展最重要的内涵,它强调经济活动同社会、资源与环境的长期协调发展,在满足人类社会发展需要的同时,降低经济活动的负面影响,不损害经济发展所依赖的自然和环境,并通过经济活动来促进资源的高效、可持续利用。可持续发展的实质是在发展过程中精心维护人类生存与发展的可持续性,它体现了人类与客观物质世界的相互关系。可持续发展不否定经济增长,但强调经济增长和发展必须以自然资源为基础,与环境承载力相协调。在目前的科学技术水平下,人类发展的社会、经济、资源与环境三大要素中,主要限制因素是发展的资源与环境,故人类的经济和社会发展必须维持在资源与环境的可承受能力范围内,以保证发展的可持续性。

2. 公平性观点

可持续发展还强调代际发展机会的公平性,也就是实现当代人之间、当代人和后代人之间对有限资源的公平分配。为满足人类需求,资源利用必须实现代内公平和代际公平。代内公平是指同代人之间的横向公平。发展是人类共同享有的权利,不论是发达国家还是发展中国家都享有平等的、不容剥夺的发展权利。特别是对发展中国家来说,发展权尤为重要。因为一个国家只有发展经济,才能为解决贫富分化问题和生态环境恶化问题提供必要的资金和技术。公平性要求不能因满足一部分人的需要而危及另一部分人的基本需要,不能因为一部分人的利益而损害另一部分人的利益。代际公平是指当代人与后代人之间的纵向公平。后代人与当代人具有同等享受地球上的资源与环境、谋求发展的权利。当代人不能只顾自己的利益,过度地使用和浪费资源、破坏环境,剥夺后代公平享有资源与环境的权利。因此,可持续发展必须在满足社会经济发展需求的同时,不破坏当地的资源与环境,在满足当代人高品质旅游需求的同时,不损害后代平等利用资源的权利。

3. 共同性观点

由于各国历史、文化、社会、经济发展水平,以及资源拥有程度和其使用情况不尽相同,可持续发展的具体目标、政策和实施步骤不可能整齐划一。但是,可持续发展作为全球发展的总目标,所体现的公平性、可持续性是共同的。围绕这一目标的实现,全球必须共同采取行动。因此,联合国机构、各国政府、非政府组织、实业界、普通人都有责任促进经济社会的可持续发展。联合国在其制定的《关于旅游业的 21 世纪议程》中,尤其强调可持续发展的实现需要世界各地坚定的承诺和协同一致的行动,有关目标和政策的承诺是由社会各个阶层和各个方面共同做出的。从根本上讲,这意味着可持续发展还需要协调和平衡经济发展过程中不同利益主体的关系,促使不同地区、各国政府和社会各个方面达成有效合作。

二、旅游目的地可持续发展

（一）可持续旅游的概念

旅游目的地是一个为消费者提供完整体验的旅游产品综合体。Leiper（1995）把旅游目的地解释为一个可以让旅行者待上一段时间，并体验富有当地特色吸引物的地方。作为可持续发展思想在旅游领域的具体运用，可持续旅游目的地目前尚无统一的权威定义。国外有代表性的旅游可持续发展定义：一是认为旅游可持续发展在保持和加强未来发展空间的同时，可以满足目前游客和旅游地居民的需要；二是世界旅游组织给出的定义是在维持文化和生态完整性的同时，满足人们对经济、社会和审美的需要，它既能为今天的东道主和游客提供生计，又能保护和增进后代人的利益并为其提供同样的机会。在世界旅游组织所给定义的基础上，可以对可持续旅游目的地进行如此描述：可持续旅游目的地在维持文化完整、保持生态环境的同时，满足人们对经济、社会和审美的要求，既能为今天的主人和客人提供生计，又能保护和增进后代人的利益并为其提供同样的机会（邹统纤，2019）。

（二）可持续旅游发展的原则

1995 年，联合国教科文组织、联合国环境规划署、世界旅游组织和岛屿发展国际科学理事会在西班牙召开可持续旅游发展世界大会，通过《可持续旅游发展宪章》，提出并通过了可持续旅游发展的原则。可持续旅游发展的原则主要有以下几点（郭胜，2014）。

（1）旅游发展必须建立在生态环境的承受能力之上，符合当地经济社会的发展情况和社会道德规范。

（2）考虑到旅游对自然资源、生物多样性的影响，以及消除这些影响的能力，旅游发展应当循序渐进。

（3）必须考虑旅游对当地文化遗产、传统习惯和社会活动的影响。

（4）为了使旅游对可持续发展做出积极贡献，从事这项事业的人们必须团结一致、互相尊重和积极参与。

（5）保护自然和文化资源并评定其价值，为我们提供一个特殊的合作领域。

（三）可持续旅游发展的目标

2015 年，联合国可持续发展峰会通过《变革我们的世界：2030 年可持续发展议程》，提出涵盖经济、社会、环境三大领域的 17 项可持续发展目标（Sustainable Development Goals，SDGs）和 169 个具体目标。此议程旨在通过构建伙伴关系，于 2030 年前消除极端贫困、缓解不平等和不公正，并积极应对气候变化，为人类、地球、繁荣、和平制订了行动计划和切实可行的解决方案。

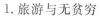

1.旅游与无贫穷

消除贫困是全球面临的普遍挑战，也是2030年可持续发展目标中的首要任务。旅游业在发展中国家一直被视为一种有力工具，有望帮助缓解贫困问题。

2.旅游与良好健康和福祉

健康与安全是旅游者选择目的地的关键因素，旅游业在促进旅游者和当地社区的健康生活与福祉方面确实具有巨大潜力。通过旅游活动，旅游者可以放松身心、增进健康福祉，同时也为当地社区带来了经济、文化和社会的发展机遇。然而，旅游业也面临一些风险和挑战，需要采取措施加以防范，以确保旅游活动对旅游者和当地社区的积极影响最大化。

3.旅游与性别平等

推动性别平等和增强妇女权能是性别平等目标的核心。性别平等意味着每个人都应该有平等的权利和机会参与各个领域的活动。旅游业在全球性别平等推动方面发挥着重要作用，全球的旅游从业人员女性居多。旅游业通过提供就业机会、促进女性创业等方式，为促进性别平等做出了积极的贡献。

4.旅游与清洁饮水和卫生设施

水是社会经济发展的重要生产要素。旅游业作为高耗水行业，主要用水包括游客生活、游憩设施、园林灌溉、消防，以及食品、能源生产和农业用水。通过确保用水安全、提高效率、优化废水管理和控制污染，旅游业可以为清洁饮水和卫生设施的提供和保障做出重要贡献。这些举措不仅有助于保障旅游者的健康安全，还有利于保护环境和促进可持续发展，对实现清洁饮水和卫生设施目标至关重要。

5.旅游与经济适用的清洁能源

社会经济的进步离不开能源消费的支持，但这也加剧了碳排放和全球变暖问题。根据世界旅游组织的数据，旅游业在全球能源消耗中扮演着重要角色，尤其是在交通运输领域，例如跨洲航空。尽管旅游业对能源的需求量较大，但也为推动能源减量化、清洁化和可再生化提供了广阔的应用前景。

6.旅游与体面工作和经济增长

旅游业与体面工作和经济增长目标及其具体目标密切相关。世界旅游及旅行理事会称，旅游业提供了全球约1/11的就业机会，成为全球经济增长的主要推动力之一。旅游业作为典型的劳动密集型产业，旅游业的发展不仅为社会提供了大量的就业机会，还促进了多个行业的经济增长。

7.旅游与减少不平等

不平等是限制全球可持续发展的主要障碍，减少国家内外的不平等已成为2030年可持续发展目标的核心。世界旅游组织指出，通过提供就业机会和创造收入，旅游业有助于减少贫困，改善人民的生活水平，促进社会经济的包容性增长，是减少不平等现象的有效工具。

8.旅游与负责任消费和生产

旅游业与负责任的消费和生产密切相关,旅游者的消费行为对旅游目的地社区和环境有着直接与间接影响。同时,负责任消费和生产目标与清洁饮水和卫生设施、经济适用的清洁能源、气候行动密切相关,共同构建了2030年可持续发展议程的实施框架。

9.旅游与气候行动

气候变化是当今全球最严峻的环境挑战之一。尽管传统上将旅游业视为无烟产业,但随着其在社会经济发展中的推动作用日益凸显,人们开始关注其碳排放问题。根据联合国政府间气候变化专门委员会的特别报告,旅游活动是全球气候变化的重要推动力之一。世界经济论坛的数据也显示,旅游业的发展主要依赖于化石燃料,排放了大量温室气体,对全球温室气体排放负有5%的责任。

10.旅游与和平正义

根据Galtung提出的积极和平与消极和平概念框架,消极和平指的是没有战争和暴力冲突,而积极和平(即社会正义)则更注重和谐、正义、公平等理想的精神和社会状态。Haessly则从跨学科的视角重新定义和平,将其视为保障人权、促进平等与公正、关注共同利益、全球安全和生态可持续性等方面的综合体现。世界旅游组织声称,旅游业在促进国际理解、推动和平与社会正义方面扮演着重要角色。

(四)旅游目的地可持续发展的实现路径

旅游目的地可持续发展的实现路径主要包括以下几点。

1.进行合理的旅游开发规划

做好旅游开发规划,要坚持可持续发展原则,贯彻资源和环境保护的思想,这不仅是使开发取得成功的保障,还是预防资源和环境遭到破坏的重要措施。旅游开发规划首先要在旅游项目上进行系统的环境影响评估,从生态角度严格衡量利弊关系,提倡以自然景观为主,就地取材,依景就势,体现自然之美。选准项目开发的主题、形式和风格,定准客源市场,突出地方性特色,提高旅游者的满意度,创造持久的市场竞争力。

2.采用科学的旅游管理方法

旅游管理是否科学合理决定了一个旅游产业能否长久地存在于市场上。我国旅游开发内容和表现形式的多样性给管理带来了一定的难度,但是从总体上来看,随着社会经济的不断进步,我国旅游的发展无论是在硬件上还是在软件上都取得了很大的进步。国家还针对不同的内容制定了专门的指导方针,对旅游资源提出了"严格保护、统一管理、合理开发、永续利用"的方针。另外,在人力资源上,可以进行科学管理方面的培训,使管理人员具有全面的知识,减少管理难度,提高工作效率。科学技术的进步大大促进了旅游业的可持续发展,我们在对旅游业进行科学管理的同时,先进的科学技术为我们提供了强有力的后盾和支持,因此我们应该更好地利用科学技术来进行旅游管理。

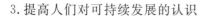

3.提高人们对可持续发展的认识

开展全民旅游可持续发展的宣传与教育，强化公众保护旅游资源的意识，提高开发者、管理者和旅游者对旅游目的地可持续发展的认识。对旅游业的开发商、管理人员和从业人员进行培训，提高爱护、保护资源的自觉性，使开发利用旅游资源的单位和个人必须履行保护旅游资源的义务和责任，促进旅游开发与环境建设同步规划、同步实施、同步发展，逐步形成文明旅游、科学旅游、健康旅游的绿色目标，提升旅游资源的保值、增值能力。

4.推广生态旅游、文化旅游等特色旅游项目

生态旅游起源于人们对旅游资源可持续利用的思考。发展生态旅游不仅可以发挥旅游目的地自然旅游资源丰富的优势，获取可观的经济效益，还可以促进基础设施建设，增加就业机会，带动区域经济发展，更重要的是通过生态旅游可以对旅游者进行科普教育与可持续发展教育，增强旅游者的环境保护意识。文化是旅游的灵魂，旅游本身就是一项广义的文化活动，是一种高雅的文化享受。作为旅游客体的自然景观和人文景观，集中了大自然的精华，凝聚着人类历史的结晶。现在，随着人们对文化需求的提高，以观赏大自然美景，游览珍贵历史文化瑰宝，获得生动的自然知识和人文知识为主的文化旅游成为一种时尚。增添文化含量将成为旅游目的地新的增长点和新的价值取向。因此，对旅游资源的文化内涵与特色的开发与保护是旅游业可持续发展的重要契机。

5.实施科教兴旅战略

现代科技是科学保护和开发旅游资源，加大旅游产品的科技文化含量，提高旅游经营管理水平和提升旅游目的地社会环境质量的重要手段。现代科技是旅游可持续发展的科学基础。在我国，高科技介入旅游业的程度较低，旅游经营中对资源、能源、物力、财力和人力的消耗量较高，这既影响当前的经济效益，又不利于旅游的长远发展。提高全行业对"科教兴旅"的认识，加大旅游开发经营中的科技投入力度是保证旅游业可持续发展的关键。

6.培养旅游者的可持续旅游消费观

以上几项可持续发展的实现路径多从政府和旅游经营者的角度加以阐述，然而控制可持续旅游消费才是可持续旅游的动力之源和最终目的。只有在可持续旅游消费的保证下，可持续旅游发展才能全面实现。所谓可持续旅游消费，是既能满足当代消费者的消费需要，又不会对后代消费者权利形成损害的新型旅游消费模式，这种模式建立在消费者对传统掠夺式、占有式旅游消费观反思的基础上，是积极响应绿色、环保、生态型旅游的消费方式。培养旅游者的可持续旅游消费观是实现旅游业可持续发展的内在驱动力，需要大力提倡和发展。

（五）旅游目的地可持续发展的评价指标

实现经济、社会和环境的可持续发展是旅游业可持续发展的根本和前提，学者们以

经济、社会、环境的可持续发展为总体目标,针对不同类型的旅游目的地建立了不同的可持续旅游评价体系,如城市旅游目的地、乡村旅游目的地、区域旅游目的地、生态旅游目的地(李星群,廖荣华,2004)、文化旅游目的地等(王庆生,张亚州,2017)。总体而言,目前国际上最广受认可的可持续旅游评价标准有全球可持续旅游协会(Global Sustainable Tourism Council,GSTC)和 Earth Check(简称"EC")发布的《GSTC Destination Criteria》《EarthCheck Destination Standard》标准(田光晶,徐鹤桐,朱玉等,2021)。其中,GSTC 的评价指标包括可持续管理、社会经济可持续发展、文化可持续发展、环境可持续发展等方面,而 EC 的评价指标包括目的地权力方、政策、基准测评、合规、规划持续改进,以及咨询、沟通和报告等方面。GSTC 可持续旅游评价指标框架见表 12-1。EC 可持续旅游评价指标框架见表 12-2。

表 12-1　GSTC 可持续旅游评价指标框架

一级指标	二级指标	三级指标
可持续管理	管理架构	目的地管理职责;目的地管理策略和行动计划;监测和报告
	利益相关方参与	企业参与和可持续标准;本地居民参与和反馈;游客参与和反馈;推广和信息
	压力和变革管理	游客数量和活动管理;规划条例和开发控制;适应气候变化;风险和危机管理
社会经济可持续发展	为当地带来经济效益	评估旅游业的经济贡献;体面的工作和就业机会;支持本地企业和公平贸易
	社会福利和影响	本地社区支持;防治剥削和歧视;产权和使用权;安全和保障;无障碍
文化可持续发展	保护文化遗产	文化资产保护;文物;非物质遗产;传统实用;知识产权
	参观文化景区	文化景区游客管理;景区解读
环境可持续发展	自然遗产保护	敏感环境保护;自然景区游客管理;野生动物互动;物种侵害与动物福利
	资源管理	节能;水资源管理;水质
	废水、废物、废气排放管理	废水;固体废物;温室气体排放和减缓气候变化;低碳交通;声光污染

表 12-2　EC 可持续旅游评价指标框架

一级指标	二级指标	指标释义
目的地权力方	结构	具有适当的结构
	经目的地授权	经当地社区正式授权,允许其取得定义的目的地区域的 EC 目的地身份
	范围要求	负责满足定义的目的地区域的 EC 目的地标准的要求

续表

一级指标	二级指标	指标释义
目的地权力方	目的地责任	对社区负责，报告 EC 目的地标准的要求
	目的地协调员	任命一名 EC 目的地协调员，此人需接受过 EC 计划培训并具有明确授权；确保目的地协调员有权做出决策以实施 EC 目的地流程
	绿色团队	建立一支由目的地的成员所组成的绿色团队，为 EC 目的地协调员提供支持
	组织结构图	参考 ECSE（Environmental，Cultural，and Social Sustainablity，Evaluation）成果，在目的地权力方内部建立组织结构图，以定义责任、监督和实施能力（包括为满足目的地标准筹集资金）
	数据收集战略	制定数据收集战略，说明目的地如何计划获取基准评测数据，以及哪些指标将通过与目的地相关的 EC 基准评测绩效准则和补充准则进行定量
	汇总的基准评测	根据可持续性目标，维护目的地可持续绩效的年度汇总基准评测绩效报告
	记录维护	维护目的地权力方运营的适当记录，包括所有利益相关方约定的记录，其中包含目的地权力方会议、政策声明、行动和风险计划、运营计划、年度绩效审核、预算以及可持续绩效监控信息的记录
政策	制定政策	协议和政策；综合方法；绩效目标；绩效责任；旅游业领导作用；咨询机制；政策采用；违反政策的情况；公开政策；政策年度审核
	环境成果	年度目标
	文化成果	文化遗产认定；文化遗产保护；重要文化遗产
	社会成果	社区参与；道德政策制定；企业教育；社区教育
	经济成果	当地就业；从目的地获取的产品与服务；季节性；以合乎道德的方式开展业务；创新；可持续性计划
基准测评	环境	能源效率、保护和管理；温室气体排放；空气质量保护、噪声控制和光污染；淡水资源管理；废水管理、排水和源流；生态系统保护和管理；土地利用规划和开发；交通；固体废物管理；环境有害物质管理
	文化	文化遗产；重要遗址的完整性
	社会	对旅游的社会影响的管理；基本服务供给；扶贫；性别平等；人权问题；生活质量；安全
	经济	旅游在当地的社会经济效益；鼓励企业和社区的创新

续表

一级指标	二级指标	指标释义
基准测评	衡量、改进、监控、培训和记录	定期衡量;高于基线;改进目标;实施改进;基准监测;当地指标;基准评测培训;记录系统
合规	合法运营	证明目的地作为 EC 目的地合法广泛运营;目的地符合当地现行法律的要求和意图
	遵守法规	证明了解环境、质量、公共与职业卫生、安全、保健以及就业方面的法律,还包括保证目的地居民及游客安全所需的其他要求。这包括但不限于针对文化、遗产和考古意义区域(如果适用)、地产收购及其他土地开发问题的法律
	国际标准	如果没有目的地权力方有义务遵守的针对环境、公共与职业卫生、安全、保健的相关法律及就业法律和其他要求(其他要求包括但不限于文化、遗产、考古意义、地产收购、土地开发问题和知识产权),目的地权力方应采用国际标准或公认的最佳实践
规划持续改进	目的地行动计划	定义的 ECSE 问题;关键绩效领域;利益相关方参与;行动计划培训;SBI 改进;行动计划领导
	公开的行动计划	目的地应将目的地行动计划公开
	行动计划监控	目的地应根据政策、基准评测绩效、改进目标和相关法律来监控并衡量目的地绩效
	不一致情况处理程序	目的地应记录用于处理不一致情况的程序,采取纠正措施来实现一致并实施持续改进。程序应包括避免不一致情况再次发生的步骤
	行动计划审核	对目的地行动计划进行年度审核和更新
	风险评估	可能性和严重性;影响减轻措施;气候变化;风险培训;风险评估审核;风险评估公开
咨询、沟通和报告	社区咨询	反馈管理;咨询机制;旅游咨询;社区参与;当地习俗
	沟通	绩效沟通;环境意识;说明信息;客户满意度
	报告	有效性审核;可持续性报告;经济贡献;咨询和沟通记录;记录保留

　　除了基于层次分析法的评价模型,也有不少学者提出了一些其他的评价思路,比如多篇论文使用生态足迹的方法,定量研究了旅游目的地的可持续发展(吴毅,2019;王平,石惠春,李勇峰,2013)。吴更敏和王力峰(2008)基于共生理论,通过测量旅游目的地主要利益相关方的满意度,并结合对环境的客观测评来评价旅游目的地可持续发展状况。刘韫(2009)使用德尔菲法确定相应的评价指标,并通过对当地居民与旅游管理部门的访谈和旅游者问卷调查来分析利益相关者间的关系,根据访谈和调查结果对可持续评价模

型的评价结果进行验证。马月琴和甘畅（2020）引入了 DPSIR^① 模型，基于旅游地生态系统的复合性、旅游业综合性强和关联性高的特点，在驱动力、压力、状态、影响和响应五大主系统框架下构建了湖南旅游可持续发展评价指标体系。吴光宇等（2018）根据旅游可持续发展评价中存在的不确定性，构建了基于模糊群决策的旅游可持续发展评价体系。易平（2014）则以嵩山世界地质公园为例，依据脱钩理论探讨了 2004—2012 年嵩山世界地质公园旅游经济增长与生态环境压力的脱钩关系和程度，进而探讨了当地的可持续发展程度。

三、负责任旅游

负责任旅游是实现可持续旅游的重要途径。从长远来看，它是关于人们为了使旅游业更具有可持续性而采取的决策和行动（Goodwin，2011）。

（一）负责任旅游的由来

20 世纪 60 年代以来，社会经济的繁荣、科学技术的进步为大众旅游时代的到来创造了前提条件。旅游业的快速发展在给旅游者带来享受、给旅游目的地带来经济收益的同时，也引发了不少环境和社会文化问题。随着人们对大众旅游给旅游目的地造成负面影响认识的逐渐深入，负责任旅游成为热点研究课题。负责任旅游是 Kripendov 意识到瑞士旅游业对阿尔卑斯山区环境和社区造成破坏性影响后，极力推行的一种通盘考虑的旅游方式。2002 年在南非召开的世界可持续发展首脑会议上，各国代表签署的《在旅游目的地进行负责任旅游的开普敦宣言》标志着负责任旅游被提上议事日程（杨秀翠，2013）。

（二）负责任旅游的概念

国外学者从三个层次定义负责任旅游。首先，旅游发展应该提高旅游目的地社区居民的生活质量；其次，创造更好的商机；最后，提高旅游者的体验。负责任旅游是根据社会和经济公正的原则，在充分尊重环境和当地文化的情况下进行的。

关于负责任旅游概念的界定主要有"五说"。"规模说"强调"小"，是和大众旅游相对的一种旅游形式；"方法说"强调"融"，指在制定旅游政策时融入责任观，在旅游开发中采取负责任的方式；"伦理说"强调"德"，认为负责任旅游是指旅游者要规范行为准则，要培养旅游伦理感；"开发说"强调"用"，认为负责任旅游应用于旅游的开发和规划，形成负责任旅游的开发框架。"行为说"强调"行"，指旅游者行为，旅游者在旅游目的地要注意文明旅游。

（三）负责任旅游的主体

负责任旅游涉及多个主体，共同承担旅游目的地可持续发展的责任。以下是负责任

---

① 驱动力（Driving）；压力（Pressure）；状态（State）；影响（Impact）；响应（Response）。

旅游的主要主体。

1.政府和政策制定者

政府在制定和执行旅游发展政策和法规方面发挥着重要作用。他们应该制定并实施旅游规划和管理措施,推动可持续旅游发展的目标和原则,并确保旅游业与其他发展部门的协调和整合。

2.旅游业者和旅游企业

旅游业者和旅游企业是负责任旅游的重要主体。他们应该采取措施,确保旅游业活动对环境和社会的影响最小化,并积极推动可持续旅游实践。这包括制订环保措施、推广文化尊重、提供可持续旅游产品和服务等。

3.社区和当地居民

社区和当地居民是旅游目的地的重要利益相关者。他们应该参与到旅游发展过程中,共同决策和管理旅游活动,确保他们的权益得到充分尊重和保护。社区和居民还可以通过提供旅游产品和服务,参与旅游业价值链,从中受益。

4.非政府组织和社会企业

非政府组织和社会企业在推动负责任旅游方面发挥着重要作用。他们可以提供培训和教育,支持社区参与,推广可持续旅游实践,并监督和评估旅游目的地的可持续性。

(四)负责任旅游的实现

从旅游者的角度来说,需要加强教育和宣传,包括提供关于旅游目的地的文化、环境和社会背景的信息,以便旅游者了解当地的情况和问题;制定宣传活动,强调负责任旅游的重要性,以唤起旅游者的意识。与此同时,可以制定一系列的旅游者守则,明确旅游者的行为规则,包括对环境、文化和社区的尊重,提倡绿色消费,禁止损害自然资源和文化遗产等。必要时,也可以通过征收额外费用,用于约束旅游者的行为,并将收入资助可持续发展和环境保护项目。

从旅游目的地的角度来说,可以采取一系列措施来推行负责任旅游,包括制定明确的旅游政策,将可持续性作为首要目标,明确保护环境和文化遗产的承诺;设立保护区,限制游客进入敏感生态系统;管理旅游者流量,控制高峰期旅游者流量,以减少对自然景点和文化遗产的压力,设立访问配额或需要提前预订的措施,以确保旅游者数量可控制;提供可持续交通选择,支持公共交通发展,鼓励旅游者使用环保交通方式,建立自行车道和步行区,以便旅游者更好地探索目的地。

第二节　全域旅游目的地发展

旅游目的地全域
旅游发展对话

一、全域旅游的基本概念

（一）全域旅游的概念

全域旅游是一种全新的旅游形式，主要包括全新的资源观、全新的产品观、全新的产业观、全新的市场观（厉新建，张凌云，崔莉，2013）。这一旅游发展理念和模式不仅可以在推动旅游业的繁荣上发挥作用，更能够统筹协调地推动整个区域的综合发展，带动各个领域的共同进步。

全域旅游是指在一定区域内，以旅游业为优势产业，通过对区域内经济社会资源尤其是旅游资源、相关产业、生态环境、公共服务、体制机制、政策法规、文明素质等进行全方位、系统化的优化提升，实现区域资源有机整合、产业融合发展、社会共建共享，以旅游业带动和促进经济社会协调发展的一种新的区域协调发展理念和模式（赵传松，2019）。

（二）全域旅游的特征、目标和基本原则

1.全域旅游的特征

1）全局性

全域旅游具有全局性，其核心在于站在区域经济社会发展的全局高度。传统的旅游发展往往只注重单一景区或景点的发展，而全域旅游的理念则强调通过整合区域内外的旅游资源、产业和服务，促进区域经济社会的全面发展。这种全局性视角要求对区域内的经济社会资源进行全方位、系统化的优化提升，涉及旅游资源、相关产业、生态环境、公共服务等诸多方面。通过跨学科的视角和综合性的考量，全域旅游致力于推动区域经济社会的结构调整、民生改善和经济增长，进而实现区域内外的协调发展和可持续发展。

2）空间性

全域旅游具有明显的空间性，其"域"指的是特定的地理范围，这一概念与旅游活动的异地性和流动性密切相关。传统的旅游发展模式往往局限于单一景区或景点，限制了旅游活动的空间流动性和贯通性。然而，全域旅游的理念强调跨区域旅游要素的有序自由流动、旅游产品的深度融合，以及旅游基础设施的均衡发展，从而在更广泛的地理范围内实现旅游资源的优化配置和利用。这种空间特征使得全域旅游不再局限于特定地点，而是更注重整体地域的旅游资源整合和利用，推动了旅游业的空间扩展和全方位发展。

3）带动性

全域旅游具有带动经济社会协调发展的特征，这意味着旅游业的发展不仅促进了经济增长，还在社会各个领域产生了积极影响，推动了经济、社会和环境的协调发展。通过全域旅游的推动，可以实现旅游业与其他产业的深度融合，促进了就业增长、收入提高和财富分配的均衡，同时也推动了社会服务和基础设施的改善。这种协调发展还体现在促进城乡一体化、区域间均衡发展以及文化传承与创新等方面。全域旅游的发展不仅是经济增长的动力，还是社会和谐发展的重要保障，为实现经济社会协调发展提供了重要路径和有效途径。

4）整合性

全域旅游具有整合社会经济资源的特征，这意味着旅游业的发展需要综合考虑和有效整合各种社会经济资源，以实现旅游业的可持续发展和区域经济的全面提升。在全域旅游的理念下，旅游业不再是孤立存在的单一产业，而是与其他产业密切相关，需要与各个领域进行协同合作。这种整合性体现在多个方面，包括但不限于人力资源、资金投入、物质设施、文化资源等各个方面的整合和协调。通过整合社会经济资源，可以实现旅游业与相关产业的良性互动，推动全域旅游目的地的综合发展，提升区域经济的整体竞争力和可持续发展水平。

5）共享性

全域旅游具有共享性，这意味着旅游发展成果应该惠及广大人民群众，而不仅仅局限于少数旅游从业者或特定群体。在全域旅游的理念下，旅游资源和经济收益应该更加平等地分配给社会各界，以促进经济社会的公平与共享。这种共享性体现在旅游业的发展过程中，需要充分考虑到当地居民的利益，尊重他们的文化和生活方式，确保他们能够分享旅游业发展所带来的利益。同时，全域旅游也应该致力于实现全社会共建共享的目标，通过旅游业的发展推动区域经济社会的协调发展，为更多人提供就业机会和增收渠道，促进城乡一体化发展，实现经济繁荣与社会和谐共赢。

2.全域旅游的目标

1）建立现代旅游治理体系

坚持党委、政府对全域旅游工作的领导，探索更加有效的综合管理体制和全域旅游发展考核机制，建立能够全面反映旅游对区域经济社会发展综合贡献的旅游统计体系和考评体系，建立以旅游者与居民为主的旅游评价机制，完善和优化"多规合一"的实施机制。

2）建立现代旅游产业体系

充分发挥市场力量，培育旅游企业，完善吃、住、行、游、购、娱等旅游要素，推动传统旅游要素的现代化发展，壮大旅游产业。充分发挥政府的主导作用，开发旅游公共产品，构建以智慧旅游、游客咨询等为代表的旅游公共服务体系，构建适合大众化和自助化新需求的现代全域旅游产业体系。

3）建立现代旅游经济体系

扩大旅游业的开放程度，推动农业、林业、工业、文化、体育、商贸、卫生与旅游的融合发展。通过产业融合，创新适合大众旅游的全域化旅游新产品和新业态。促进以旅游产业为主导的新型产业集聚区（带），探索无（低）门票全域旅游经济发展模式对区域经济社会发展的综合带动效应，使之成为区域经济的增长极，从而把旅游业融入国民经济大循环，建立现代旅游经济体系。

4）构建现代旅居社会

发展全域旅游最后会形成旅居社会形态，它是"以旅居居民为主、以旅游生产为主、以旅居生活为主"的新型居游一体、主客共享的旅游空间场域。在实践中已经出现大量游客规模远远大于固定居民规模的著名旅游目的地。

3. 全域旅游的基本原则

科学有序推进全域旅游应遵循以下六个基本原则。

1）党政统筹、市场主体

发挥地方党委、政府的主导作用，实现旅游发展动力切换，从区域发展战略全局出发，统筹规划、统一部署、整合资源、协同联动、全面优化，以发展全域旅游作为地方经济社会发展的重要平台产业，同时充分发挥市场对全域旅游资源配置的绝对作用，推动社会资本参与、社区参与，实现旅游管理的社会化，构建现代旅游治理体系。

2）共建共荣、形成合力

全社会树立全域旅游发展观，培育全域旅游意识，形成全域旅游发展共识，充分调动政府、企业、协会、民众等各方对全域旅游的积极性，形成推动全域旅游发展的强大合力。充分发挥"旅游＋"的整合和放大功能，推动特色产业、城乡建设、现代科技、创意文化、生态文明建设等与旅游业合理高效融合发展，构建现代旅游产业体系和现代经济体系。将全域旅游的发展成果惠及各方，使旅游者满意、居民实惠、政府有税收、企业有发展，构建共建共荣的全域旅游发展利益共同体。

3）因地制宜、突出特色

全域旅游发展既要完成国家规定的任务，达到国家建设标准，又要因地制宜，立足地方实际，选择好全域主题文化、选择好融合产业、控制好业态发展方向。深入挖掘地域文化特色，塑造旅游产品、设施与项目的特色，培育主打产品、主题形象和个性品牌，以特色引领全域旅游发展。

4）居游一体、主客共享

全域旅游发展要把"旅游者满意、居民满意"作为根本出发点和落脚点，建设和谐的旅居社会，让旅游者和居民有幸福感和获得感。这就要求开发主客共享的旅游资源，配套主客共享的公共设施，构建主客共享的旅游公共服务体系，形成"宜游、宜居、宜业"的居游一体的生活空间。把旅游业建设成为地方的富民产业、快乐产业和幸福产业，促进区域经济社会发展。切实提高旅游者满意度，让旅游者游得顺心、放心和开心，带动本地居民脱贫致富、提高生活质量,让居民生活更美好。

5)注重保护、集约发展

全域旅游发展需坚持保护优先,树立"绿水青山、蓝天白云、冰天雪地"的全域生态资源观和"望得见山、看得见水、记得住乡愁"的全域文化生态资源观。科学合理划定生态保护红线和文化保护紫线,守住生态底线和文化底线。充分发挥科技、人才、技术等现代旅游要素对旅游业发展的提升作用。实现经济效益、社会效益、生态效益相互促进和共同提升,提高土地和资源利用率,缓解热点景区旅游流量压力,使发展全域旅游成为积极有效的开发保护途径。

6)改革创新、释放活力

全域旅游发展以改革创新为动力,针对顶层设计、市场秩序、生态安全等全域旅游发展中的重大瓶颈,完善全域旅游发展的体制机制、产业运行机制和政策创新机制。重点建立党政统筹机制、产业协调发展机制、资源整合机制、综合执法机制等,并利用旅游业的综合性和带动效应,深化地方旅游综合改革创新,把旅游业综合改革经验和成果传导到涉旅产业,乃至成为我国全面深化改革的"破冰器"(邓爱民等,2016)。

二、全域旅游目的地发展策略

全域旅游是指通过整合地域内各种旅游资源和要素,打造全方位、多层次、多元化的旅游目的地,以提供更丰富、更综合的旅游体验。以下内容是全域旅游目的地发展的一些策略。

(一)综合规划,全方位发展

制定全面的发展规划,明确旅游目的地的定位、目标和发展方向。考虑地域特色、资源禀赋和市场需求,确定发展重点和优先发展项目。不仅要满足游客在"吃、住、行、游、购、娱"方面的体验需求,还应该增加"文化、科教、资讯、环境、制度"等相关要素上的供给。只有通过全方位的供给,旅游目的地的投资吸引力、旅游吸引力、综合竞争力等才能得到本质上的提升。

(二)加强企业合作与协同、产业深度融合

与周边地区、相关产业和旅游企业加强合作,形成产业链和价值链的协同效应。通过旅游业的启动,呈现"旅游+"和"+旅游"等多行业深度融合后的新业态,由此带动区域内物流、旅游者数量的增加,并形成文化休闲、生态观光、商务会展、休闲度假等一系列特色鲜明的产业深度融合旅游产品,区域形成独特的竞争力。制定和完善旅游产业政策,加强旅游产业政策与其他相关政策的衔接和配合,如财税政策、土地政策、人才政策等,形成政策合力,推动旅游业的全面发展。

(三)丰富旅游产品,整合旅游资源

开发多样化、个性化的旅游产品和服务。将整个旅游目的地作为吸引物,依附在整

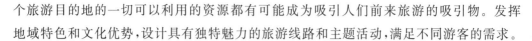

个旅游目的地的一切可以利用的资源都有可能成为吸引人们前来旅游的吸引物。发挥地域特色和文化优势，设计具有独特魅力的旅游线路和主题活动，满足不同游客的需求。

(四)科学定位与创新全域旅游形象

深入了解目标市场的特征和需求，分析目标市场的人口特征、兴趣、偏好，结合旅游目的地的特色文化，找准市场定位，制订战略性的市场营销计划。利用各种渠道，如社交媒体、内容营销和在线广告等，进行宣传。对全域旅游形象的塑造应注重差异性，突出本地特色，注重地方文化的传承和发扬。转变传统的以单个景点为中心的旅游发展模式，将全域旅游作为新的品牌名片。

(五)加强全域旅游基础设施与服务体系建设

旅游目的地在交通服务方面需要城市公共汽电车、快速公交系统、公交专用车、轨道交通等多种公共交通方式合理布局，构建较完整的公共服务体系。信息化与"互联网＋"的高速发展，可通过大数据挖掘与分析，根据不同服务方式的优势适应群体需求，提供多样化、定制化、个性化的服务，创新发展各类新型服务模式。完备的旅游安全预警、控制、救援、保险等体系也是预防旅游安全事故和提升旅游安全质量的重要保障。

(六)创新统筹协同的旅游管理体制

加强旅游管理部门与其他相关部门的合作，如文化、交通、环保、市场监管等部门，建立跨部门协调机制，实现旅游业的跨行业、跨领域协同发展。平衡和协调旅游相关方的利益关系，包括政府部门、旅游企业、旅游者、社区居民等，建立利益共享、风险共担机制，推动旅游业的可持续发展。加强区域间的旅游合作，推动旅游产业的区域协同发展。

(七)构建立足地方的全域旅游评价标准

从发展的实际情况来看，目前发展全域旅游的不同地区的资源环境与社会经济条件差异很大，因此全国性的全域旅游评价标准是否具备指导性，是否符合当地旅游业特色和发展路径值得商榷，需要进一步加大地方标准建设，提出适合地方发展全域旅游的特色途径。

案例分析一

岳阳平江：以全域旅游为引领，推进乡村振兴

平江县地处长江中游核心区域，资源丰富，以丰富的红色旅游资源著称。近年来，县政府将旅游产业作为支柱产业进行培育，不断完善行动计划，以推动产业发展。

1."旅游＋乡村振兴"：构建新发展格局

一是制订了多项行动计划，建立了12类项目库，推动旅游产业发展和乡村振兴战略。二是强调体验旅游发展，引入多样化体验项目，如全沉浸式裸眼3D环球飞行影院、悬崖秋千等，丰富游客体验。三是构筑全域旅游新格局，塑造"激情山水 自在平江"形象，打造多个全域旅游基地,争创国家示范区和知名旅游目的地。

2.以特色旅游产品助力乡村振兴:规划定位与策略布局

一是编制高标准规划。通过公开招标,委托北京大衍致用公司编制《平江县全域旅游规划》,并启动修编工作,以适应社会经济发展需求。二是打造特色旅游发展产品。依托丰富的历史文化和自然资源,推广旅游标准化体系建设,形成了激情运动游、生态休闲游、文化怀古游和乡村体验游等四大旅游品牌。三是深度开发精品旅游线路。打造自然山水、漂流玩水、历史人文休闲、红色激情、生态农庄度假和体验观光结合等多样化旅游线路,串珠成链,引领旅游向纵深发展。四是大力开展美丽乡村建设。结合美丽乡村建设,建设了横冲村、蒋山村、尚山村等10余个美丽乡村,并开发了多样化的旅游产品。

3.项目支撑

通过重点推进文旅项目建设、着力推进旅游配套设施建设和积极推进规划项目建设,把旅游景点升级建设作为乡村振兴的有力推手。

4.产业融合

将推动旅游业态高质发展作为乡村振兴的重要举措,主要包括三色结合推动研学旅游,农旅结合助力乡村振兴,文旅结合打造文化品牌,以及实施"旅游+"战略加大业态纵深发展。

(案例参考:本案例在归璞农旅发布的《岳阳平江案例|归璞农旅:以全域旅游为引领推进乡村振兴》和《潇湘晨报》发布的《以节会为媒,平江奏响乡村文旅高质量发展的最强音》等内容的基础上进行整合。)

问题:岳阳平江全域旅游成功的经验有哪些? 其未来发展还有哪些短板?

第三节　高质量旅游目的地发展

一、旅游业高质量发展的概念及背景

(一)旅游业高质量发展的概念

旅游业高质量发展的概念是从高质量发展概念衍生而来的,高质量发展在我国是一个全新的研究领域,学术界至今未形成统一的观点。因此,旅游业高质量发展的概念还处于探讨之中,研究者主要借鉴高质量发展的相关研究成果,从经济学、新发展理念、发展模式等视角,对旅游业高质量发展内涵进行阐释,形成了不同的观点(刘亚男,余瑶,董宇等,2023)。

1. 旅游质量说

何建民(2018)参照联合国世界旅游组织支持委员会对旅游产品质量的定义,将我国旅游业高质量发展系统定义为旅游活动利益相关者及其追求的各自利益与资源、社会人文环境和自然环境之间相和谐的合法(合理)的诸要素相互作用的综合体。

2. 旅游效率说

旅游业高质量发展是指旅游效率增长趋于稳定,区域间发展均衡,以创新为动力,实现绿色发展,让旅游发展成果更多更公平惠及全体人民(吕腾捷,2020)。

3. 旅游需求说

旅游业高质量发展是以旅游者为本的新发展(马波,高丽鑫,寇敏,2022),旅游业高质量发展就是能满足人民群众美好旅游生活需求的发展(胡欢欢,2021)。

4. 新发展理念说

旅游业高质量发展的核心是贯彻新发展理念(黄震方,陆林,肖飞等,2021),因此大部分研究者从新发展理念来定义旅游业高质量发展,认为旅游业高质量发展的内涵应由创新驱动发展系统、协调发展系统、绿色发展系统、开放系统、共享系统构成(张新成,梁学成,宋晓等,2020;谢攀,马纯怡,2022);刘雨婧和唐健雄(2022)认为,旅游业高质量发展的内涵至少应包括供需水平升级、创新驱动发展、生态文明建设、经济高效稳定、民生质量提升五个维度。

5. 发展模式说

有研究者认为,旅游业高质量发展是一种新时代背景下旅游业发展的新模式,是对旅游经济发展模式、发展效率产业结构等多方面发展结果的综合衡量(徐爱萍,2021)。周晋名(2020)认为,旅游业高质量发展是在保持旅游业一定增长速度条件下,凭借提升旅游业的发展质量、稳步推进旅游产业发展的一种可持续的旅游发展模式;廖军华和王欢(2022)认为,旅游业高质量发展是指以满足人民对美好生活的需要和对美好旅游的需要为发展目标,坚持习近平生态文明思想和新发展理念,产业向高效优质方向发展,达到经济、社会与生态相协调的旅游业发展模式;罗新颖(2022)认为,旅游业高质量发展是新发展理念及供给侧结构性改革等背景下的新发展方向,是具备高质量、高效率、高稳定性旅游供给、坚实稳固的地方与环境支撑,具有持续性旅游需求及高经济社会效益的新时代旅游业发展模式。

6. 综合说

研究者综合了各派的观点,对旅游业高质量发展的内涵进行阐释。胡静等(2022)基于经济产业与经济效益视角,提出旅游业高质量发展是旅游业作为经济产业和社会事业的协同发展,是效率与公平的有机结合,其核心要义是"供给的有效性"和"发展的公平性"。刘英基和韩元军(2020)认为,旅游经济发展质量是旅游业发展水平、市场竞争力及利益相关者满足程度的综合反映。黄震方等认为,新发展格局是高质量发展的内在要求和重要标志,应从"双循环"新发展格局来深刻理解高质量发展的科学内涵。王兆峰认为,旅游高质量发展内涵包括产业效率、综合效应、协调平衡、游客满意四个方面。戴学锋和杨明月(2022)认为,旅游业高质量发展在发展目标上应以人民为中心,在发展理念上要具备创新、协调、绿色、开放、共享的新发展理念,在发展模式上应全面深化改革,在发展形势上应从高速增长到高质量增长,在发展格局上应形成以内循环为主体的"双循环"发展格局,在空间布局上能解决区域间、城乡间不平衡不充分问题。旅游高质量发展具体表现为旅游产品和服务的高质量、旅游者的高质量、旅游业治理体系的高质量、旅游业治理能力的高质量。

(二)旅游业高质量发展的背景

旅游业高质量发展的背景涉及多个因素和趋势,其中一些主要的方面如下。

1.时代进步,旅游消费升级

进入新时代之后,我国社会主要矛盾已经转化为人民日益增长的美好生活需要和不平衡不充分的发展之间的矛盾。量变问题已经转变为质变问题,需改变发展方式,转换经济发展动能,转变需求目标,优化产业结构,推动经济高质量发展。随着人们生活水平的提高和可支配收入的增加,旅游者的消费升级,旅游需求呈现出多样化和个性化的趋势,旅游者对于更高品质、丰富多样的旅游体验有着更高的期望。他们追求独特、真实和有意义的旅行经历,注重文化交流和参与,以及对旅游目的地的可持续性和社会影响关注度的提升。

2.可持续发展和文化保护传承的需要

在全球范围内,对环境保护和可持续发展的关注度不断增加。旅游业作为一个具有潜在环境和社会影响的行业,也受到了更多关注。人们对于旅游业的发展要求更加注重环境保护、文化保护、资源管理和社区参与。旅游业高质量发展成了可持续旅游发展的重要方向,旅游业对于旅游目的地的文化遗产和传统艺术有着深远影响。为了保护和传承这些宝贵的文化资源,旅游业高质量发展强调对文化的尊重和保护。通过提供机会让游客了解当地文化,旅游业可以促进文化传承,并帮助当地社区维护自身独特的文化身份。

3.技术和社交媒体的影响

技术的发展和社交媒体的普及改变了旅游业的格局。旅游者可以更方便地获取旅行信息、预订行程,并分享他们的旅行体验。这促使旅游目的地和业界提供更好的服务和体验,以满足旅游者的期望,并在社交媒体上获得良好的口碑和推广效应。

4.市场竞争机制和品牌形象

旅游业竞争激烈,旅游目的地需要建立独特的品牌形象来吸引游客。旅游业在成长过程中转型发展是必然的,强调旅游业的内涵发展、结构调整、功能扩大和质量提升可以促进旅游业成长。旅游业高质量发展成为提升旅游目的地竞争力和吸引力的重要策略。通过提供卓越的旅游体验、注重可持续性和文化保护,旅游目的地可以塑造积极的品牌

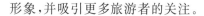

形象，并吸引更多旅游者的关注。

二、高质量旅游目的地的特征、发展目标和基本原则

（一）高质量旅游目的地的特征

高质量旅游目的地具有一系列特征，以下内容是其中一些主要的特征（杨琴，2020）。

1. 注重绿色低碳的生态基底

旅游绿色低碳发展是适应当前生态文明建设和可持续发展要求的重要途径。在保持核心竞争力方面，良好的生态环境至关重要。绿色发展实践理念的出现和人们环保意识的提高，使得资源开发和环境保护的平衡问题越来越受到重视。随着生态体系的建立，旅游的生态内涵和绿色优势也逐渐凸显。一方面，绿水青山、田园风光吸引大量游客前来，满足了人们对自然生态的需求；另一方面，绿色有机、天然无污染的生态产品备受消费者青睐，成为旅游业高质量发展的强大动力。

2. 强调创新驱动的智慧转型

通过新业态和信息技术的应用，推动旅游目的地产业高质量发展。过去，由于技术上的不成熟，一些旅游资源未能得到充分开发，难以满足旅游者多层次的消费需求。旅游目的地高质量发展的趋势是通过大数据技术分析旅游者的消费偏好，不断优化旅游项目，把信息化贯穿到旅游业的方方面面，并通过现代数字媒体宣传提高旅游产品的知名度，做到技术创新和产品创新有效统一。

3. 追求精神传承的文化赋能

文化赋能是提升高质量旅游附加值的重要突破口，要不断挖掘旅游目的地独特的人文内涵，并将传统文化与现代新理念、新观点相结合。旅游目的地高质量发展要求满足不同游客的精神个性及多元体验需求，因而应根据不同区域的文化特点，充分挖掘旅游地的文化底蕴和文化创意，将既有的文化要素与面向旅游者的旅游产品相融合，使旅游者享有高文化融合水平的旅游产品，共享旅游目的地高质量发展带来的成果。

4. 着力融合发展的产业优化

旅游目的地高质量发展是产业不断转型升级的发展，具体体现在旅游目的地产业规模扩大、结构优化、创新驱动转型升级、质量效益不断提升等方面。构建现代产业体系、优化旅游目的地产业结构、推动旅游目的地提质增效是高质量发展的内在要求，坚持以新发展理念指导旅游目的地高质量发展，扩大产业规模，持续优化产业结构。

这些特征共同构成了高质量旅游目的地的基本特征，使其能够提供独特、丰富、可持续和有意义的旅游体验。

（二）高质量旅游目的地的发展目标

高质量旅游目的地的发展目标包括以下几个方面。

（1）创新发展。创新是解决旅游发展动力问题的关键。旅游产业作为一项集资金和劳动密集型为一体的行业,不仅需要加大科技和人力资源的投入,还要将高科技和大数据技术有机地融入其中,推动旅游业从传统向现代、从单一向多元的转变。通过这些措施,可以不断激发旅游发展的内在活力和动力,推动旅游业的创新发展,实现旅游业的高质量发展。

(2)协调发展。协调发展的核心在于解决旅游发展的不平衡性。为实现旅游目的地的高品质发展,需要加速实施区域发展战略,以促进区域内外旅游的协调发展。此外,还可以加强与周边国家和地区的合作,推动跨境旅游发展,促进各地旅游业的互补和协同发展,实现全面协调、可持续发展的旅游业格局。通过这些举措,我国可以有效解决旅游发展的不平衡性,推动旅游业实现全面协调发展。

(3)绿色发展。绿色发展关注人与自然和谐共生。为了实现旅游目的地的高品质发展,必须坚持人与自然和谐共生的绿色理念。应该加强生态环境保护和修复工作,保护好山水林田湖草等自然要素,提升生态系统的稳定性和可持续性。加强环境治理和污染防治,实现经济发展与生态环境的良性循环。此外,要加强宣传教育和鼓励公众参与,提升公众对生态环境保护的意识和参与度,形成全社会共同参与、共同推动的生态文明建设格局。通过这些举措,我国可以实现绿色发展,促进人与自然和谐共生的目标也会得以实现。

(4)开放发展。开放发展的核心在于解决旅游业的内外联系问题。我国应该致力于加强旅游业的内外联系,以实现开放发展的目标。积极融入全球旅游市场,加强与国际组织、其他国家和地区的合作,促进旅游业的国际交流与合作,共同推动全球旅游业的健康发展。通过内外联系的深化,我国旅游业将更好地适应国内外市场需求,实现开放发展的新局面。

(5)共享发展。共享发展的关键在于解决社会公平正义问题。在国内方面,可以采取措施缩小城乡、区域之间的发展差距,加强教育、医疗、就业等基本公共服务均等化。此外,应加强社会保障体系建设,完善收入分配制度,保障低收入群体的基本生活权益,促进社会公平。在国外方面,我国应积极参与国际合作,倡导共享发展理念,推动建立多边合作机制,促进全球贫困地区的发展,为构建人类命运共同体贡献智慧和力量。通过解决社会公平正义问题,我国将实现社会各阶层共同富裕、共同发展的目标,实现共享发展的新局面。

(三)旅游目的地高质量发展的基本原则

旅游目的地的高质量发展需要遵循以下基本原则。

(1)保护和传承文化原则。尊重和保护旅游目的地的文化遗产,包括历史建筑、文物、传统艺术和当地习俗。促进文化传承,鼓励游客尊重当地文化,同时保护文化资源免受过度商业化和不适当利用的影响。

(2)旅游者满意度原则。为旅游者提供优质、个性化和丰富的旅游体验,满足他们的

需求和期望。提供良好的服务，并确保旅游者在旅游目的地积极互动和参与。

（3）开放协调共享原则。建立有效的旅游目的地管理机制，促进各利益相关者之间的合作和协调。旅游业各方应共同努力，共享信息、资源和最佳实践，以实现旅游目的地的共同利益和可持续发展。

（4）创新和适应性原则。积极采纳创新的思维方式和新兴的技术手段，不断提升旅游产品和服务的质量与多样性。适应不断变化的市场需求和旅游趋势，灵活调整和优化旅游目的地的发展策略和经营模式。

通过遵循这些基本原则，旅游目的地可以实现高质量的发展，平衡各方利益，保护自然环境和文化遗产，提供优质的旅游体验，并为社区的发展和经济繁荣做出积极贡献。

三、高质量旅游目的地发展策略

（一）加快旅游科技创新发展

集中智慧旅游发展力量，通过科技创新促进旅游业数字化水平和数字旅游的提升，深化"互联网＋旅游"融合创新，丰富数字旅游产品和服务。第一，加大旅游科技创新领域人才培养和引进力度，鼓励高校和旅游企业培养创新专业人才，支持各级旅游企业与高校、研究机构、职业学校合作，建立校企合作基地，完善校企旅游科技创新培养模式，培养旅游领域的创新人才。第二，通过引入先进的科技手段，如人工智能、大数据分析、虚拟现实等，可以提升旅游服务的智能化和个性化水平，改善旅游者体验，提高旅游产品的品质和竞争力，为旅游业的高质量发展提供有力支撑。

（二）推动绿色生态旅游发展

坚持以环境保护为首要任务，资源节约为核心原则，自然恢复为主导方向的指导思想，是实现可持续发展的基本要求。在旅游业发展过程中，应当始终把保护环境作为头等大事，通过科学规划和合理管理，最大限度地减少对自然资源的消耗和污染。同时，要以节约资源为核心原则，提倡绿色、低碳的旅游方式，推动旅游业的可持续发展。此外，还应当以自然恢复为主导方向，积极采取措施保护和修复自然生态系统，促进生态环境持续改善。只有坚持以上指导思想，才能实现旅游业的可持续发展，实现经济、社会和环境的协调和谐。

（三）深挖特色文化，培育特色品牌

独具特色的旅游目的地文化是吸引广大旅游者前往的核心因素。深挖特色文化、培育特色品牌，旅游业可以采取一系列策略和举措。第一，加强对本地区历史、传统文化的挖掘和保护工作，以展示地方特色文化魅力。第二，加强与文化创意产业的合作，推动文化产品与旅游产品融合，打造具有独特文化内涵的特色品牌。综合利用各类营销渠道和平台，积极推广特色品牌形象，提升其知名度和美誉度。通过这些举措，旅游业可以不断

挖掘和传承地方特色文化,推动旅游业的健康发展。

(四)实现旅游经济共有共建共享共富

旅游经济利益的合理分配和公平分配是实现旅游目的地高质量发展的基础,也是推动区域旅游经济实现良性循环发展的关键。具体策略如下:首先,建立健全旅游经济共有机制,包括政府、企业、居民等各方参与的共有模式,促进旅游资源的公平共享和共同开发。其次,推动旅游业的共建,通过跨部门、跨行业合作,共同建设旅游基础设施和公共服务体系,提升旅游业的整体竞争力和服务水平。最后,推动旅游经济的共享,促进旅游收益的公平分配,确保旅游业发展的成果惠及广大民众。通过这些措施,可以实现旅游经济的共有共建共享共富,推动旅游业持续健康发展,促进经济社会全面发展。

第四节　文旅融合下的旅游目的地发展

文旅融合旅游目
的地发展对话

一、文旅融合的概念

文化与旅游两者都属于"集合概念",具有综合性与包容性,容易引发两者的边界模糊甚至重叠现象(桑彬彬,2012)。这种模糊性会导致文化产业与旅游产业两者相互或与其他产业的交叉渗透(李树民,2011)。随着文化和旅游融合的深入发展,文化和旅游关系呈现新趋势和新方向,表现为文化和旅游关系研究由模糊化到更加具象化,由浅层向深层、由物质向精神、由资源到创意等方向转变(张新成,2021)。

从概念界定来看,钟贤巍(2006)从旅游学视角出发,从本质上将旅游产业发展的过程视为一种文化的现象。沈祖祥(2006)则从文化学角度出发,将旅游看作一种文化现象,并在文化现象发展的基础上衍生出旅游的文化系统。这种文化旅游系统主要是旅游者这一旅游主体借助旅游媒介等外部条件,通过对旅游客体的能动的活动,为实现自身某种需要而做的非定居的、旅行的一个动态过程的复合体。这种复合体的发展过程可以看作旅游文化性的过程,是以旅游者为载体,承载产业融合发展的中介媒体,有助于文化旅游的融合发展。从产品来看,文化旅游是一种产品,文化元素加入成为旅游目的地的独特产品和竞争优势(Csapo,2012)。Muntean 等(2012)指出任何形式的旅游活动都离不开对文化的需求,旅游者远离惯常环境的外出旅行就是文化旅游(Jelen,2018)。除了文旅融合的产品之外,文旅融合的旅游目的地也存在着企业融合、技术融合、市场融合、制度融合、人才融合等(徐虹,范清,2008)。

二、文旅融合下旅游目的地发展的特征、目标和基本原则

（一）文旅融合下旅游目的地发展的特征

1. 文化资源的整合和利用

旅游目的地积极整合和利用本地的文化资源，包括历史遗迹、传统手工艺、文化表演、艺术展览等，打造具有独特文化魅力的旅游产品和体验。旅游目的地将文化元素融入景区建设、旅游线路规划、活动策划等方面，使游客在旅游过程中深入了解和体验当地的文化。

2. 旅游产品的文化内涵

旅游目的地开发的旅游产品强调文化内涵，注重向旅游者传递文化价值和意义。旅游活动和景点设计融入当地的传统文化、历史故事和民俗风情，让旅游者在旅游过程中有深入了解和体验文化的机会。

3. 文化创意产业的融入

旅游目的地将文化创意产业与旅游业有机融合，创造独特的文化旅游产品和体验。通过与文化创意产业合作，开发具有创新性和艺术性的旅游产品，如文化艺术展示、创意工坊、艺术品购物等，为旅游者提供更加丰富多样的旅游体验。

4. 体验式旅游的重视

在文旅融合背景下，旅游目的地越来越注重提供丰富的体验式旅游活动。这些活动可以包括参与传统手工艺制作、参观文化创意产业园区、参与文化节庆活动等，使旅游者能够更好地感受当地的文化。

（二）文旅融合下旅游目的地发展的目标

1. 丰富旅游体验，提高旅游分享价值

旅游目的地希望通过文旅融合，提供丰富多样、具有独特魅力的旅游体验。对于这些出于娱乐等目的而参与文化旅游的人来说，文化想象成为现实是文化旅游发现与体验的一个重要因素，哪怕对于这种现实的体验只是暂时的和替代性的行动。这种文化诉求必然要求旅游目的地将历史文化、民俗民艺等文化资产转化为场景、故事、体验项目等奇妙之境，通过丰富和优化文化吸引物供给、创新内容表达和展览展示手段，向旅游者提供一个带有梦幻色彩的氛围和空间，从而成功传达文化价值信息，满足旅游者的文化需求，引发情感共鸣，使其成为能够驱动旅游者克服重重困难仍然向往和喜爱的文化体验目的地。

2. 增进文化创造，保护和传承文化遗产

旅游目的地将文化遗产保护与旅游开发相结合，致力于保护和传承当地的历史遗迹、传统文化和民俗风情。通过旅游活动的开展，让旅游者深入了解和体验当地的文化遗产，加深对文化的理解和尊重。文旅融合促进了文化创意产业与旅游业的合作和发展，激活了历史文化遗产在当代的审美价值和人文价值，让文化遗产在发现创造和消费

中重新走进人们的生活,真正让文化可体验,让文化与时代潮流相结合。旅游目的地希望通过与文化创意产业的融合,推动创意产业的发展和创新,培育文化创意企业,打造具有独特品牌和价值的文化创意产品,提升旅游目的地的经济价值和文化影响力。

3.强化民族形象,增强文化认同和文化自信

文旅融合在强化民族形象塑造、增强文化认同和文化自信方面所发挥的作用常常未被充分认识。利用文化资产来标识民族身份,营造文化归属感、认同感,文化旅游在民族形象塑造中所发挥的作用在许多方面比经济回报更为重要。民族身份是建立在文化身份认同基础之上,并通过建筑、文物、非物质文化遗产等各种民族象征物和话语来建构与表达的。因此,将民族象征物、民族文化图景作为旅游吸引物在旅游过程中进行推广,有助于维护文化认同与民族身份的一致性,从而强化民族形象的塑造。

4.促进地方经济发展,为旅游目的地人民谋福祉

旅游目的地希望通过文旅融合,促进地方经济的发展,为旅游目的地人民谋福祉。文化旅游具有强大的经济力量,能够为旅游目的地创造就业岗位、引入投资,以及为当地经济注入新的活力。对于经济发展项目有限的乡村、少数民族地区而言,文化旅游尤为重要。当地居民可以通过掌握旅游吸引物的所有权,经营特产店、民宿、餐饮店,提供本地导游服务,参加旅游文化演出等途径直接参与文化旅游活动,也可以通过制作手工艺品、民间艺术品和纪念品出售给旅游者来间接参与文化旅游活动(柴焰,2019)。

(三)文旅融合下旅游目的地发展的基本原则

在文旅融合下,旅游目的地的发展应遵循以下基本原则。

1.文化保护和传承原则

旅游目的地应致力于保护和传承当地的文化遗产与传统文化,尊重本土文化,防止文化的商业化和虚化。在旅游开发过程中,要注重保护历史建筑、民俗风情、传统技艺等,传承文化传统,让旅游者在体验中深入了解当地文化。

2.市场导向原则

旅游目的地的发展应以市场需求为导向。根据目标市场对文化和旅游的需求,开发具有竞争力和吸引力的文旅融合产品与服务,提供符合市场需求的旅游体验,增加旅游目的地的市场份额和收入。

3.创新驱动原则

旅游目的地应注重在文旅融合方面的创新驱动,通过技术创新、产品创新、服务创新等方式,促进文化和旅游在多重维度上的深度融合。注重引入新技术、新理念,探索新的旅游业态和模式,提升旅游目的地的创新能力和竞争力。

4.参与共享原则

旅游目的地的发展要注重社区参与和共享。社区居民作为地方文化的生产和传播主体,可通过积极参与旅游业发展传播地方文化,促进旅游业与社区的共同发展。

三、文旅融合下旅游目的地的发展策略

(一)发展文化创意产业,打造特色旅游产品

与文化创意产业融合是文旅融合发展的重要方向之一。旅游目的地可以与文化创意产业合作,开发创意旅游产品和服务、文化演艺产品,推动文化创意企业的发展。例如,与艺术家合作举办艺术展览,设立文创街区或文化创意园区,推动艺术品和手工艺品的创作与销售。旅游目的地应注重打造具有独特特色和差异化的旅游产品,以吸引旅游者,可以开发主题旅游线路、打造特色主题公园或景区、提供特色文化体验活动。通过提供独特的旅游产品,吸引更多旅游者来到旅游目的地,并延长旅游者的停留时间。基于市场需求提供高品质的创新产品,促进文旅融合市场主体内新业态的形成与发展(冯学钢,2020)。

(二)强化文化公共设施建设,提升旅游服务水平

首先,优化文化公共设施布局,在区域规划中有意识地增加对历史文化遗产、博物馆、艺术馆等文化公共设施的投入,使其分布更加合理,方便游客参观。其次,提升文化公共设施品质,注重文化公共设施的硬件和软件建设,提供高质量的文化体验和服务。例如,可以提升展品的陈列水平,提供多元化的参观体验,使旅游者更深入地了解相关文化背景。最后,拓展公共文化设施的旅游服务功能,提升旅游服务意识,以满足旅游者的多元化需求。这包括提供清晰、便捷的旅游信息,为旅游者提供舒适的参观环境和专业的导游服务等。

(三)强化文旅融合发展要素协同

文化和旅游产业融合发展要素短板主要集中于冷点区,面临人力资本和产业投资发展滞后问题,但是冷点区多数为社会经济发展条件落后地区,区位条件较差,经济发展外向度不高,且多位于胡焕庸线西北侧,在吸引文化旅游人才和发展投资上存在瓶颈,单纯依赖自身发展难以改变现状,需要周边或者发达地区的帮扶,建立起地区之间的协同与合作,通过资源优势互补形成相互促进的发展格局(张新成,2021)。

(四)提升文旅营销的灵敏度、响应度

结合本地的文化特色和旅游资源,打造具有地域特色的文化和旅游品牌。通过品牌建设,提升本地的文化旅游形象,增强对旅游者的吸引力。采用创新的旅游营销手段,如文化体验之旅、民俗文化节、旅游主题活动等,将文化与旅游有机结合。充分利用现代传媒手段,如互联网、社交媒体、短视频等,宣传和推广本地的文化和旅游资源。通过多元化的宣传形式,向潜在旅游者展示本地的文化魅力和旅游特色,提高旅游目的地的知名度和吸引力。积极参与跨文化交流合作活动,学习借鉴其他国家和地区的先进经验,推广本地的文化和旅游资源(刘后鑫,2022)。

（五）建设文旅融合开放发展体系

开放发展揭示了地区文化和旅游产业融合"引进来""走出去"的发展现状,目前除了部分发达地区外,多数地区的开放发展水平不高,不利于文化和旅游产业融合发展的知名度和影响力传播,不利于形成国际化的文化旅游形象,不利于引导入境旅游流,难以形成多元平衡的开放发展格局。一方面需要提高本省份文化和旅游产业融合对外传播力,另一方面通过构建地区之间的协同营销机制,降低对外宣传成本,扩大开放水平。为此,要提高对外传播力和构建地区协同营销机制(张新成,2021)。

案例分析二

洛阳全面实施文旅文创融合战略,倾力打造沉浸式文旅目的地

自党的十八大以来,洛阳以其深厚的历史文化底蕴为支撑,通过打造文旅重点项目、推进旅游配套设施建设和规划项目落地,成功塑造了"行走河南·读懂中国"的品牌形象。同时,以"颠覆性创意、沉浸式体验、年轻化消费、交互式传播"为理念,突出"黄河文化""盛世隋唐""伏牛山水""国花牡丹""工业遗产"五大旅游名片,助力乡村振兴。

保护性利用,重塑古都风貌。洛阳以传承黄河文化为引领,深入推进中华文明探源工程,加大非物质文化遗产保护、传承、利用力度,恢复古都历史中轴线气象,重塑洛阳古都肌理和风貌。

颠覆性创意,建设文创高地。洛阳坚持创意驱动,推动中华传统文化的创新发展,打造城市IP和内容平台合作模式,积极推动文旅文创融合,推出多个备受欢迎的文创产品。

沉浸式体验,丰富新兴业态。洛阳不断提升景区的沉浸式体验水平,提供各种项目丰富游客的体验。同时,大力发展乡村旅居产业,打造系列精品民宿,推动乡村旅游的全面发展。

年轻化消费,增强发展活力。洛阳着力搭建文旅消费新场景,推出适合年轻人需求的活动,以国风为符号,吸引更多年轻人参与其中。

交互式传播,打造"网红洛阳"。洛阳注重移动优先、视频为主的传播策略,通过各类活动和大型国际、国内活动,提升城市的知名度和影响力,使其成为备受关注的"网红城市"。

(案例参考:本案例在洛阳网发布的《这十年,洛阳全面实施文旅文创融合战略,倾力打造沉浸式文旅目的地》和河南省文化和旅游厅发布的《洛阳文旅文创融合发展经验做法激活全省文旅"一池春水"》等内容的基础上进行整合。)

(1)请根据以上材料,分析旅游目的地发展文旅结合有哪些途径。

(2)请总结洛阳文旅融合旅游的成功经验。

本章小结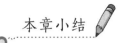

　　旅游业是一个不断发展和演变的领域。本章主要介绍了可持续旅游发展、全域旅游发展、高质量旅游发展和文旅融合下旅游目的地发展的相关概念,在此基础上总结概括了旅游目的地在不同发展新趋势下的发展目标和发展策略,为旅游目的地的新发展构建了系统的理论体系。了解发展新趋势对旅游目的地管理者来说意义重大,它有助于实现经济、文化和环境的可持续性,提高旅游目的地的吸引力,并为游客和当地社区创造更多机会。

复习思考题

　　(1)旅游目的地可持续发展应该遵循什么原则?

　　(2)如何实现旅游目的地高质量发展?

　　(3)论述全域旅游的特征。

　　(4)理解高质量旅游目的地的发展目标。

　　(5)分析文旅融合下旅游目的地发展基本原则。

习　题

　　获取更多更新资源,请到中国大学 MOOC 网站搜索"走进旅游目的地:理论与实务"课程进行学习。

参考文献

[1]柴焰.关于文旅融合内在价值的审视与思考[J].人民论坛(学术前沿),2019(11):112-119.

[2]程锦,陆林,朱付彪.旅游产业融合研究进展及启示[J].旅游学刊,2011,26(4):13-19.

[3]戴学锋,杨明月.全域旅游带动旅游业高质量发展[J].旅游学刊,2022,37(2):6-8.

[4]冯斐.长江经济带文旅融合产业资源评价、利用效率及影响因素研究[D].上海:华东师范大学,2020.

[5]何建民.新时代我国旅游业高质量发展系统与战略研究[J].旅游学刊,2018,33(10),9-11.

[6]胡欢欢.中国旅游业高质量发展水平的时空特征及影响因素研究[D].湘潭:湘潭大学,2021.

[7]胡静,贾垚焱,谢鸿璟.旅游业高质量发展的核心要义与推进方向[J].华中师范大学学报(自然科学

版),2022,56(1):9-15.

[8] 黄震方,陆林,肖飞,等."双循环"新格局与旅游高质量发展:理论思考与创新实践[J].中国名城,
2021,35(2),7-18.

[9] 库珀,等.旅游学:原理与实践[M].张俐俐,蔡利平,译.2版.北京:高等教育出版社,2004.

[10] 李树民.旅游产业融合与旅游产业协整发展[J].旅游学刊,2011.26(6):5-6.

[11] 李星群,廖荣华.生态旅游地可持续旅游评价指标体系探讨:以自然保护区为例[J].邵阳学院学报
(自然科学版),2004(1):100-104.

[12] 厉新建,张凌云,崔莉.全域旅游:建设世界一流旅游目的地的理念创新:以北京为例[J].人文地
理,2013,28(3):130-134.

[13] 廖军华,王欢.新发展阶段旅游业高质量发展的现实困境与破解之道[J].改革,2022(5):102-109.

[14] 刘后鑫.高邮市文旅融合发展的问题与对策研究[D].上海:华东师范大学,2022.

[15] 刘亚男,余瑶,董宇,等.我国旅游业高质量发展研究综述[J].西南师范大学学报(自然科学版),
2023(4):109-116.

[16] 刘英基,韩元军.要素结构变动、制度环境与旅游经济高质量发展[J].旅游学刊,2020,35(3):28-38.

[17] 刘雨婧,唐健雄.中国旅游业高质量发展水平测度及时空演化特征[J].统计与决策,2022,38(5),
91-96.

[18] 刘锰.生态旅游的可持续性评价模型研究:以九寨沟景区为例[J].长江流域资源与环境,2009,18
(12):1103-1108.

[19] 罗新颖.中国50个重点旅游城市旅游业发展质量定量评估[D].大连:辽宁师范大学,2022.

[20] 吕腾捷.旅游业高质量发展的测度与促进:基于效率分解视角的研究[D].北京:中国社会科学院研
究生院,2020.

[21] 马波,高丽鑫,寇敏.旅游业高质量发展的微观机理探析:以旅游性价比为中心[J].华中师范大学
学报(自然科学版),2022,56(1),16-24.

[22] 马勇,王焱.旅游业证券化融资可行性分析[J].经济导刊,2007(12):43-45.

[23] 马月琴,甘畅.基于DPSIR模型的湖南省旅游可持续发展评价[J].清远职业技术学院学报,2020,
13(1):38-43.

[24] 彭红松,刘晗,尚晓艳,等.旅游衔接2030年可持续发展目标:文献回顾与未来议程[J].中国生态
旅游,2022,12(2):220-236.

[25] 桑彬彬.从产业边界看旅游产业与文化产业的融合发展[J].思想战线,2012.(6):147-148.

[26] 沈祖祥,林弈言.我国"八大古都"古都文化旅游发展战略思考[J].旅游科学,2006(3):13-15,22.

[27] 孙九霞,黄秀波,王学基.旅游地特色街区的"非地方化":制度脱嵌视角的解释[J].旅游学刊,
2017,32(9):24-33.

[28] 田光晶,徐鹤桐,朱玉,等.可持续旅游评价指标体系研究初探[J].中国标准化,2021(13):91-96.

[29] 王平,石惠春,李勇峰.基于旅游生态足迹模型的旅游可持续发展评价:以贵阳市为例[J].甘肃农
业大学学报,2013,48(3):105-109,115.

[30] 王庆生,张亚州.文化旅游目的地可持续发展竞争力评价研究:天津"五大道"案例[J].地域研究与
开发,2017,36(2):83-88.

[31] 吴更敏,王力峰.基于"共生理论"的旅游区可持续发展评价指标体系的构建[J].沿海企业与科技,

2008(5):122-125.

[32] 吴光宇,樊文斌,郭海清.最优群信息下的旅游可持续发展评价[J].技术经济与管理研究,2018
(5):103-108.

[33] 吴毅.基于改进旅游生态足迹模型研究生态旅游可持续发展能值评价[J].重庆理工大学学报(自
然科学),2019,33(10):212-218.

[34] 徐爱萍.我国旅游业高质量发展评价及影响因素研究[D].上海:华东师范大学,2021.

[35] 徐红罡,袁红.广州文化生产的旅游功能研究[J].城市问题,2007(5):70-74.

[36] 徐虹,范清.我国旅游产业融合的障碍因素及其竞争力提升策略研究[J].旅游科学,2008,22(4):1-5.

[37] 杨琴.乡村旅游业高质量发展研究[D].湘潭:湖南科技大学,2020.

[38] 杨秀翠.国内"负责任旅游"研究综述[J].绿色科技,2013(12):240-242.

[39] 易平.基于脱钩理论的地质公园旅游可持续发展评价研究:以嵩山世界地质公园为例[D].武汉:中
国地质大学,2014.

[40] 张建伟,李国栋,杨琴.西藏旅游经济高质量发展:理论内涵与水平测度[J].西藏大学学报(社会科
学版),2022(4):9-10.

[41] 张新成,梁学成,宋晓,等.黄河流域旅游产业高质量发展的失配度时空格局及成因分析[J].干旱
区资源与环境,2020,34(12):201-208.

[42] 张新成.文化和旅游产业融合质量评价及空间溢出效应研究[D].西安:西北大学,2021.

[43] 章杰宽,姬梅,朱普选.21世纪中国的可持续旅游:一个研究述评[J].经济管理,2013(1):121-129.

[44] 赵传松.山东省全域旅游可持续性评估与发展模式研究[D].济南:山东师范大学,2019.

[45] 钟贤巍.旅游文化学初探[J].社会科学战线,2006,142(4):34-38.

[46] 周晋名.区域旅游高质量一体化发展评价研究:以长三角为例[D].上海:上海师范大学,2020.

[47] 周小凤,张朝枝.可持续旅游概念内涵的中西比较与反思[J].旅游论坛,2023,16(1):43-52.

[48] 邹统纤.旅游目的地管理[M].2版.北京:高等教育出版社,2019.

后 记

教育部高等教育司组织高等学校教学指导委员会研究制定了 2018 年版的《普通高等学校本科专业类教学质量国家标准》，其中针对旅游管理类专业，提出了三门专业核心课，即"旅游学概论""旅游消费者行为学"和"旅游目的地管理"。时值浙江工商大学旅游与城乡规划学院修订 2019 级旅游管理类专业的培养方案，有鉴于旅游目的地作为旅游活动发生的空间容器，在整个旅游业中所具有的核心地位，"旅游目的地管理"就顺理成章地被纳入了专业核心课。在此前，学院从未开设过这一门课程，建设新课的任务摆在了面前。历时五年，课程团队实现了从零到一的跨越，面对综合性的旅游目的地管理系统和纷繁复杂的管理内容，对课程体系进行了多轮论证，确定了课程大纲，进而完成了课程讲义建设、课程思政建设、课程实践建设和在线精品课程建设，使"旅游目的地管理：原理、方法、实务"这一门课程有幸被列为浙江省一流本科课程。而今天作为课程重要支撑的教材也将付梓，数年心血印证了课程建设的一步一个脚印。

在教材成稿之时，对为本书付出辛勤劳动的多位同人和同学表示真挚的感谢。从准备在中国大学 MOOC 上线的"走进旅游目的地：理论与实务"开始，周荣、程诗韵、朱定雯、张芸、王云鹤、王彦会等多位研究生接力编写了课程讲稿的初稿，搜集了旅游目的地案例，参与了若干视频的拍摄，完成了教材各章节的初稿。其中，第三章"旅游目的地系统"、第四章"旅游目的地客源市场分析"由董雪旺教授提供初稿，本人完成最后定稿工作；剩余十章皆由研究生编写初稿，本人完成最后定稿工作；最后全书由夏明博士进行整理和校对。此外，也感谢王莹教授、黄玮博士、叶俊博士、迟瑶博士对本教材编写的支持。感谢浙江省普通本科高校"十四五"首批新工科、新文科、新医科、新农科重点教材建设项目的支持。

自落笔之日，寒来暑往已是一年春秋。而今将拙作献于旅游管理类专业的莘莘学子，期望能助力大家更全面地理解旅游目的地的管理和发展。对于旅游目的地的管理者和旅游行业从业者，本教材也可一读，或在实践工作之时能更好地促进理论与实际的联系，培养系统性思维。

整书参考了诸多学者的学术论著以及教材，相关借鉴已在文中一一列出。在此对前人表示感谢，作者文责自负，如有疏漏之处，敬请告知。

管婧婧
卯兔年于杭州